Für Pfarrer R. Freihsl

Dolores M. Bauer – Israel/Palästina

Dolores M. Bauer

Israel/Palästina

Wenn aus Opfern Täter werden

Berichte, Gespräche, Begegnungen

Eine Recherche

EDITION VA BENE

Die Deutsche Bibliothek – CIP-Einheitsaufnahme

Bauer, Dolores M.:
Israel – Palästina : wenn aus Opfern Täter werden ;
Berichte, Gespräche, Begegnungen / Dolores M. Bauer. –

Wien ; Klosterneuburg : EDITION VA BENE, 2002.
(Eine Recherche)
ISBN 3-85167-125-2

EDITION VA BENE
Wien–Klosterneuburg, 2002

E-Mail: edition@vabene.at
Homepage: www.vabene.at

Umschlaggestaltung: Jürgen Kirchner, Wien
Druck: Theiss Druck, Wolfsberg
Satz und Druckvorlage: Mag. Franz Stadler, Königstetten
Produktion: Die Druckdenker GmbH, Wien

Printed in Austria

ISBN 3-85167-125-2

Inhalt

Anhang: Texte und Dokumente

Vorwort

von MR Prof. Dr. Peter Stiegnitz

Jeder echter Antisemit war ein falscher Freund Israels – jeder echte Israelfeind ist ein falscher Freund der Juden.

Wirklich?

Alle geeichten Antisemiten, Alt- und Jungnazis, die Juden wie Pestbazillen liebten, „schwärmten" für Israel, vorwiegend für die „harten Jungs und Mädchen" in Uniform, welche die „bloßfüßigen Maulhelden arabischer Provenienz", die nicht schnell genug Waffen und Uniform loswerden konnten, zum Teufel jagten. Diese Antisemiten bewunderten die kämpfenden Juden in Israel: erstens, weil sie dem „altdeutschen" Ideal glichen, und zweitens, weil sie weit weg waren.

Diese Antisemiten waren natürlich die falschen Freunde Israels. Die echten Israelfeinde, vorwiegend links der politischen Mitte, denen jedes zerstörte palästinensische Haus mehr weh tut als unschuldige Opfer der Selbstmordattentäter, erweisen sich als die falschen Freunde der Juden.

„Na und? Warum sollte es keinen jüdischen Faschisten geben?" sagte mir ein jüdischer Freund, nachdem ich Ariel Sharon als einen solchen bezeichnet hatte; als einen Politiker, der leichtfertig die wohl grauslichste Form der Intifada heraufbeschwor und sich nur mit Hilfe unzähliger unschuldiger jüdischer und palästinensischer Opfer an der Macht hält.

Als Jude und echter Freund eines demokratischen Israels – ohne seine jetzige Regierung – teile ich voll und ganz die Meinung der Tel Aviver Universitätsprofessorin Rivka Feldhay, die offen „... das Unrecht der Besatzung und der Demütigung des palästinensischen Volkes" beklagt.

Jahrzehntelang wurde jegliche Kritik an der israelischen Politik mit Judenfeindlichkeit gleichgesetzt. Jetzt ändert sich diese Situation. „In Stellungnahmen zum Nahen Osten wird dem Staat Israel immer weniger historisch begründeter Kredit eingeräumt" – so Jan Ross in „Die Zeit". Heute kann – und sollte – man auch die Regierungspolitik Israels kritisieren und erst recht die Siedler in den „besetzten" Gebieten. Ohne dabei ein Antisemit zu sein!

Große Schwierigkeiten haben naturgemäß die Diasporajuden mit ihrer Meinung Israel gegenüber. So auch der holocaustüberlebende Schriftsteller Imre Kertész nach einer Israelreise: „Ich bin ein Besucher, der das Los derer nicht teilt, zu denen er eigentlich gehört." – Jede jüdische Kritik an Israel, die ohnedies meilenweit von der Objektivität entfernt liegt, wird durch Sprücheklopfer wie den portugiesischen Schriftsteller Saramago, der Israels Vorgehen mit Auschwitz vergleicht, bereits im Keine erstickt.

Im Gegensatz zu Saramago und Konsorten erweist sich Dolores M. Bauer als wahre Freundin der Juden und der Palästinenser. Mit ihrem vorliegenden Buch, das sie selbst als „Blick hinter die politische Fassade" bezeichnet, erweist die vielgereiste Reporterin – das im besten Sinne dieses außerordentlich schweren Handwerks – den getrennten und aufeinander gehetzten jüdischen und palästinensischen Brüdern einen guten, einen wahren Dienst für mögliches Zusammenleben.

Gemeinsam mit vielen israelischen Friedensaktivisten wie z. B. Uri Avnery, sucht und findet Dolores M. Bauer das wahre Gesicht der beiden hinter Militär und Terroristen. In einem Brief an mich schrieb Frau Bauer: „... mir geht es nicht um Schuldzuweisung, mir geht es auch nicht um das Zählen der Toten, der Verwundeten, die Auflistung des Vor und Zurück, mir geht es um den Versuch, den Leserinnen und Lesern ein wenig Verstehen zu ermöglichen, denn das wird überall reklamiert."

Genau um dieses „Verstehen" geht es uns allen Wohlgesinnten. Nicht die Ironie, sondern die Tragik des Schicksals ist das Auseinanderdriften dieser beiden Völker, die zusammen eine geistige Weltmacht sein könnten. Die seit Jahrtausenden verfolgten Juden und die Palästinenser, die „in allzu vielen arabischen Ländern in Lagern, Elendsvierteln und Notunterkünften hausen", so der palästinensische Literat Edward W. Said, müssen, sollten zueinander finden. Oder Marx abgeändert: „Verfolgte beider Länder – vereinigt euch!"

Kirchschlag (OÖ), am 29. April 2002 *Peter Stiegnitz*

Einleitung

Wo Haß ist, hat Gott keinen Raum

In diesen Frühlingstagen 2002 steht die Welt machtlos, hilflos, fassungslos vor dem grauenvollen Geschehen im Nahen Osten. Israel/Palästina ist jene Region der Welt, die für die Gläubigen der drei großen abrahamitischen Religionen – für die Juden, die Christen und die Muslime – heiliges Land, heiliger Boden ist, harter, mit Blut getränkter Boden. Es ist die geopolitisch sensibelste Region der Erde. Das zeigt die Geschichte. Es ist eine Region, die einfach nicht zur Ruhe kommt, weil Haß und Zwietracht von Generation zu Generation weitergegeben werden, weil der Keim des Hasses schon in Kinderseelen gelegt und konditioniert wird, weil es immer nur um Rache und Vergeltung geht.

In dieser Region wurde vor etwa 2000 Jahren ein Mensch geboren, der seinen Schülern den Frieden zugesprochen hat, der von Versöhnung und Liebe gepredigt und sie auch gelebt hat, bis hinauf aufs Kreuz von Golgatha. Diesen Jesus (das heißt: „Gott rettet"), diesen Rabbi aus Nazareth verehren Juden und Muslime als Propheten. Für die Christen ist er der Mensch gewordene Gott, die Wahrheit und das Leben. In dem Land seiner Geburt, seines Lebens, Leidens und Sterbens und – für die Christen – auch seines Auferstehens ist kaum etwas von seinen Lehren, aber auch kaum etwas von Gottes Botschaft an die Menschen zu spüren, denn – so scheint es zu sein – wo Haß ist, hat Gott keinen Raum.

Mich hat dieses unheilige „Heilige Land" immer fasziniert, und daher bin ich, wie ein Wiederholungstäter, immer wieder dorthin aufgebrochen, weder als Touristin, noch als Pilgerin, sondern, meiner Profession entsprechend, als Journalistin. Was ich über die Jahrzehnte dort gesehen, gehört und erfahren habe, davon wird im Text dieses Buches die Rede sein. Wie aber geht es mir jetzt, heute, an diesem 19. April 2002 mit diesem Land? Schlicht und einfach gesagt: schlecht.

Gestern habe ich mit meiner lieben Freundin, einer alten aus Riga stammenden Jüdin in Tel Aviv telephoniert. Sie sagte in ihrer unverwechselbaren Art: „Es gibt viele Leute, die sich wundern." „Und du?" fragte ich zurück. Sie: „Ich wundere mich nicht. Ich habe gewußt, daß es so kommen würde. Ich wußte das, seit sie diesen Ariel Sharon gewählt haben. Dieser Mensch kann ohne Krieg nicht leben. Krieg ist für ihn so wichtig, wie die Luft zum Atmen. Er ist zerfressen von Haß."

Städte und Dörfer sind militärisches Sperrgebiet. Straßen werden Haus für Haus von israelischen Soldaten nach Terroristen durchkämmt. Nacht für Nacht fallen Bomben. Raketen durchschlagen Wände und setzen Räume im Inneren der Gebäude in Brand. Panzer rattern durch die engen Gassen der alten Stadtkerne. Die Schützen feuern auf alles, was sich bewegt, und wo es den riesigen Dingern zu eng wird, schlitzen sie die Häuser auf. Mauern stürzen ein, egal ob Menschen darin sind oder nicht. Verwundete und Tote liegen tagelang in den Straßen, auf den Plätzen, in Gebäuden und unter Trümmern. Ärzten und Ambulanzen wird die Zufahrt verwehrt. Die Lebensmittelversorgung wird erschwert bis unmöglich gemacht. Strom und Wasser gibt es nur selten. Die Menschen in den besetzten Gebieten werden aufs äußerste gedemütigt und in die Verzweiflung getrieben.

Und dann passiert es immer wieder und immer öfter, daß sich verzweifelte und dazu noch religiös fanatisierte junge Männer, und seit neuestem auch junge Frauen, mit Bombengürteln oder Bombenrucksäcken an belebten Plätzen oder auch bei privaten religiösen Feiern in Israel in die Luft sprengen und Zivilisten, Männer, Frauen und Kinder mit in den Tod nehmen. Und darauf folgen wieder verschärfte Aktionen der israelischen Armee in den palästinensischen Städten und Dörfern. – Ein Teufelskreis von Rache und Vergeltung. Wo soll das enden?

Vor zwei Tagen habe ich mit dem bekannten israelischen Historiker Professor Moshe Zimmermann telephoniert. „Es schaut schlimm aus", sagte ich. „Ja, es schaut schlimm aus", antwortete die Stimme am anderen Ende der Leitung. Und dann: „Ich sage Ihnen, es schaut mehr als schlimm aus, aber ich kann nicht mehr hinschauen, ich halte es nicht mehr aus. Ich spiele Fußball." Das war am vergangenen Sonntag. Und gestern, am 18. April habe ich nach tagelangen Versuchen endlich Viola Raheb, die evangelische Theologin und Direktorin des Schulrates für Palästina und Jordanien, bei ihrem Bruder Mitri, dem Pfarrer der schwer beschädigten „Weihnachtskirche" in Bethlehem, erreicht. Ich war froh, ihre

Stimme, sie also lebend zu hören. – Man weiß ja heute von einem Tag auf den nächsten nicht mehr, ob man einen Menschen noch lebend und unverletzt antrifft. Von ihr wußte ich, daß sie das zur Zeit Unmögliche versucht hat, nämlich von ein paar Urlaubstagen in Wien nach Bethlehem zurückzukehren. Ich weiß nicht wie, aber irgendwie hat sie es geschafft.

Als sie den Hörer abhob, hörte ich ein Kaugeräusch. Ich entschuldigte mich: „Verzeih, ich störe Euch beim Essen.“ „Nein“, kam da ihre wie immer klare und lebhafte Stimme. „Nein wirklich nicht, aber es ist eines der letzten Stücke Brot, die wir noch haben. Morgen ist das wenige, das ich meiner Familie mitbringen konnte, zu Ende. Wir wissen nicht mehr, wie es weitergehen soll. Wir sind verzweifelt, hocken den ganzen Tag in diesem dunklen Raum. Draußen fahren die Panzer vorbei, und jeden Augenblick kann es sein, daß sie auf uns schießen. Die Kinder schreien, und unsere blinde Mutter, die sonst so tapfer ist, weint nur noch vor sich hin. Du kennst meine Wohnung neben der Geburtskirche?“ fragte Viola plötzlich dazwischen. „Ja, natürlich, und du weißt, daß ich sie sehr mag“, sagte ich. Und sie darauf: „Da ist alles drinnen, was ich habe. Jetzt sind die israelischen Scharfschützen dort. Sie haben die Wände aufgebrochen und haben sich dort verschanzt. Ich kann nicht hin und weiß nicht, was ich noch vorfinden werde, wenn der Albtraum vorbei sein wird. Wahrscheinlich ist alles weg, denn sie stehlen wie die Raben, nehmen alles mit, was nicht niet- und nagelfest ist. Das ist ein Raubzug, eine Plünderung, ein Vernichtungskrieg. Niemand weiß, was sie wirklich im Sinn haben. Ich bin ziemlich fertig, weißt du. Wir alle sind ziemlich am Ende. Aber trotzdem, liebe Grüße an alle Freunde in Wien.“ Die letzten Worte waren schon fast nicht mehr zu hören, verschwammen in Tränen.

Das ist nur ein schmales und wahrscheinlich unwichtiges Schlaglicht auf das Heute in den besetzten Gebieten. Es gäbe viel Schlimmeres zu erzählen, und das wird sicherlich auch noch erzählt werden, irgendwann, aus dem Flüchtlingslager von Jenin, wo die Soldateska besonders gewütet haben soll, aus Gaza, aus Ramallah, aus Hebron und aus all den Dörfern, die nicht vor die Kameras gekommen sind.

Wohin das alles noch führen wird, was noch geschehen wird, jetzt nachdem der US-Außenminister Colin Powell unverrichteter Dinge wieder abgereist ist, und auch sonst keine der vielen Initiativen zu greifen scheint. Wie weit der Haß die beiden Konfliktparteien noch treiben wird, weiß im Moment niemand zu sagen, aber trotzdem, so meine ich, lohnt ein Rückblick, um den Versuch zu machen, zu verstehen, zu ahnen.

Das, was Ihnen hier vorliegt, ist ein sehr persönliches Buch. Es ist keine wissenschaftliche, keine historische oder politische Analyse, sondern eine Zusammenschau von Begegnungen, von unzähligen Gesprächen, von Momentaufnahmen, die über Jahre, nein Jahrzehnte gingen, und die Ihnen in Ausschnitten zeigen mögen, wie sich das alles entwickelt hat, und wie es den Menschen auf beiden Seiten in diesen Zeiten und bis vor wenigen Wochen ergangen ist, so wie ich das alles erlebt, gesehen, gehört, verstanden, und – so kann ich es sagen – auch mitgelitten habe.

Vielleicht noch eine Schlußbemerkung aus einer anderen Perspektive: Vor wenigen Jahren, es war an der Wende der Jahre 1997/98, war ich in Chiapas, dem südlichen und ärmsten Bundesstaat Mexikos. Am 22. Dezember war es in Acteal, einem kleinen Dorf in den Bergen, zu einem Massaker an der Zivilbevölkerung gekommen. Paramilitärs hatten Menschen überfallen, die vor einem Bildstock zu einem Gebet um Frieden zusammengekommen waren. Nach einer vierstündigen Menschenjagd – unter den Augen der mexikanischen Polizei – blieben fünfundvierzig Tote zurück, Frauen, Männer und fünfzehn Kinder. Am 31. Dezember gab es eine beeindruckende katholisch-indianische Trauerfeier, bei der ich eine junge Katechistin, Maria Vazquez-Gomez kennenlernte. Sie hatte bei dem Überfall neun ihrer engsten Familienmitglieder verloren, die Mutter, zwei Brüder, Schwägerinnen, Nichten und Neffen. Einige Tage später traf ich sie im Spital von San Cristobal de las Casas.

Nach einem längeren Gespräch fragte ich sie: „Maria, haßt du diese Menschen, die dir und euch das angetan haben?" Sie hob fragend die dunklen Augen, und sagte ruhig: „Que es odio? – Was ist Haß? – Ja, es ist schlimm. Mein Herz tut sehr weh, aber ich weiß, daß Gott bei uns ist, daß Gott seine Armen nicht verläßt. Und *wo Gott ist, hat Haß keinen Raum.*"

Das wäre eine andere Perspektive, wäre vielleicht auch ein Lernprogramm, nicht nur für die Konfliktpartien im Nahen Osten, sondern für die Völker der Welt.

Wien, 19. April 2002 *Dolores M. Bauer*

I.

Wenn aus Opfern Täter werden

Ein grauer Morgen, kurz vor Sonnenaufgang im Warschauer Ghetto. Stiefeltritte, Gewehrkolbenschläge gegen die Holztür der viel zu kleinen Unterkunft einer jüdischen Familie. Die Tür springt auf. Junge Männer in schwarzen Uniformen. Eine Serie von Schüssen. Die Familie liegt in ihrem Blut. Nur ein kleiner Junge von etwa vier Jahren überlebt, weil er unter den sterbenden Körper seiner Tante zu liegen kommt. Die Soldaten, die wieder einmal „ihre Pflicht" getan hatten, wenn auch etwas schlampig, ziehen ab.

So hat mir vor Jahren, es war nach dem berüchtigten Libanonfeldzug der israelischen Armee, eine renommierte Psychotherapeutin in Israel den Anfang der tragischen Geschichte eines ihrer Patienten erzählt, auf den sie während einer Feldforschung in der Armee gestoßen war.

Die Geschichte des kleinen Jungen geht weiter. Jemand aus der Nachbarschaft muß den, wie durch ein Wunder, völlig unverletzten Buben gefunden und so gerettet haben. Auf irgendeine Weise muß es dann gelungen sein, ihn nicht nur aus dem Ghetto, sondern auch aus dem Land zu schmuggeln und in der Folge nach Palästina zu bringen. Dort hat das Waisenkind Adoptiveltern gefunden, die den Buben aufgezogen haben. Er kam zum Militär, und weil es ihm dort gefallen hat – schließlich sollte das, was seiner Familie zugestoßen ist, nie wieder einer jüdischen Familie widerfahren! – ist er auch geblieben und hat mit der Zeit und durch verschiedene Spezialausbildungen eine mittlere Offizierskarriere gemacht.

Und dann kommt, nach den knappen Erzählungen der Psychotherapeutin, das Gegenbild: Mit einer Spezialeinheit wurde der aus Polen stammende Soldat in den Süden des Libanon beordert. Terroristennester sollten ausgebrannt, Ausbildungslager der PLO zerstört werden. Dabei blieb es aber nicht. Auf der Suche nach wirklichen oder vermeintlichen Terroristen wurden auch Dörfer überfallen. So kam es dazu: Ein grauer Morgen, kurz vor Sonnenaufgang. Stiefeltritte und Schläge mit Gewehrkolben gegen die Holztüre eines kleinen Hauses. Die Tür springt auf und – siehe oben.

Da ist im Kopf und in der Seele des Soldaten etwas passiert. Von da an hatte er jede Nacht denselben Albtraum: Das Bild von jenem frühen Morgen im Warschauer Ghetto knallte in seinen Schlaf. Einziger Unterschied, der SS-Offizier hatte *sein* Gesicht. Jede Nacht wachte er schweißgebadet, zitternd und schreiend auf. Er hielt die Sache nicht lange durch, obwohl er sich und seine Familie damit quälte und immer noch versuchte, so zu tun, als wäre da nichts Besonderes. Glücklicherweise kam das Gespräch mit der Ärztin dazwischen, bei dem er sich endlich erleichtern konnte. Er kam in Behandlung und mußte bald auch seinen Dienst in der Armee quittieren. „Dieser Mann ist heute trotz aller Behandlungsversuche ein seelisches und körperliches Wrack. Und er ist kein Einzelfall, sondern einer von vielen", sagte mir die Ärztin damals.

Mich hat diese Geschichte tief erschüttert und auch nicht mehr losgelassen. Je tiefer Israel in den Konflikt mit dem palästinensischen Volk schlittert – und ein Ende ist ja nicht abzusehen – desto öfter stelle ich mir – und ich bin damit nicht alleine – die Frage, wie es denn passieren konnte, daß die Enkel und auch schon die Urenkel der Opfer von gestern zu den Tätern von heute geworden sind.

Eine junge Israelin mit dem hübschen Namen Yasmin, mit der ich erst im vergangenen November in Tel Aviv gesprochen habe, hat aus ihren eigenen Erfahrungen versucht, eine Antwort zu formulieren: „Das ist nicht einfach passiert, das war eine beabsichtigte, meines Erachtens nach falsche Strategie zur Bewältigung des Traumas der Shoa und wird auch heute noch in dieser Form betrieben. Aus dem Nie-mehr-Wieder, aus dem Wir-werden-uns-nie-mehr-wieder-wie-Schafe-zur-Schlachtbank-führen-lassen, wurde ein Kult. Und dieser Kult ist Teil, ja sogar ein wesentlicher Bestandteil unserer Erziehung, die auf die Militarisierung der Gesellschaft und jedes einzelnen abzielt. Seit 1989 werden jedes Jahr Schülergruppen nach Auschwitz gebracht und dort nicht nur informiert – das wäre ja in Ordnung, denn wir müssen ja mit unserer Vergangenheit leben lernen, das ist richtig –, aber sie werden auch indoktriniert. So ist es dann nur natürlich, wenn der überwiegende Teil der Auschwitzbesucher in den Aufsätzen schreibt, daß Israel nur überleben kann, wenn es militärisch stark ist und auch vor Offensivkriegen nicht zurückschreckt. In solchen Offensivkriegen ist es dann auch klar, daß Grausamkeiten gegenüber den Feinden erlaubt sind. Und Feinde – das ist auch klar –, Feinde sind überall. Nur ein kleiner Teil der jungen Leute gibt in den Aufsätzen zu bedenken, daß es andere Wege geben müsse, das eigene erlittene Unrecht großzügig und friedensfähig zu machen."

Das Gesicht der hübschen jungen Frau, die mir da gegenüber sitzt, wirkt plötzlich verstört und tief traurig: „Gerade wir Juden, ein Volk, das viel erleiden mußte, gerade wir sollten wissen, was und wie das ist, was wir heute den Palästinensern antun, und endlich Frieden machen", kommt es mit zitternder Stimme. „Aber", fährt sie fort, „das Gegenteil ist der Fall. Wir werden von klein auf für den Krieg erzogen. Es wird uns eingetrichtert, daß wir Juden die ultimativen Opfer sind. Und ich sage Ihnen eines" – und jetzt wird ihre Stimme scharf und viel zu laut –, „wie stark Israel auch immer werden mag, wirtschaftlich, militärisch, wie auch immer, wir werden immer die ultimativen Opfer bleiben ... und das ist in meinen Augen paranoid."

Nach diesem Gespräch in einem verwinkelten Haus am Rothschild-Boulevard komme ich in mein Quartier in der Rupin-Street, einer kleinen stillen Straße zwischen der lärmenden Ben Jehuda und den Hotelketten am Strand zurück. Nach einem langen, dicht gewebten Tag genieße ich den wunderbar lauen Novemberabend am Balkon der kleinen Wohnung meiner Freundin Ella. Wir sitzen in einer schon ziemlich wackeligen Campinggarnitur nahe den leise raschelnden Kronen der hochgewachsenen Bäume. Ella, heute dreiundachtzig Jahre alt, stammt noch aus der Zeit des Naziregimes, zählt zu dem, was man heute „israelisches Urgestein" nennt. Sie wurde in Riga geboren, ist in Königsberg aufgewachsen, wo es schon früh zu Übergriffen gegen jüdische Familien gekommen ist. Renitent wie sie war, wollte sie die ewigen Belästigungen in der Schule nicht einfach hinnehmen und ist schon sehr früh in eine zionistische Jugendbewegung eingetreten. Dort erfuhr sie auch von der Jugend-Alliah, einer jüdischen Einwanderungsorganisation, bei der sie sich mit Wissen ihrer Eltern anmeldete. Sie war gerade siebzehn Jahre alt, als sie ihrer Schwester folgte, die schon zwei Jahre vorher weggegangen und inzwischen auch schon verheiratet war. Die Eltern und ein jüngerer Bruder blieben zurück. Wo sie geblieben sind, weiß Ella bis heute nicht genau.

Da die junge Familie der Schwester keinen Platz für sie hatte, lebte Ella zuerst in einem Heim der Jugend-Alliah, wo das Leben streng reglementiert zwischen Lernen und Arbeit aufgeteilt war. „Ich blieb dort nicht lange. Die Arbeit war schwer, und gelernt haben wir eigentlich auch nichts“, brummt Ella und bläst kleine Rauchwölkchen in die Abendluft. Im Kibbuz gefiel es ihr schon besser, vor allem, weil sie die Arbeit in der Landwirtschaft und da vor allem die Obsternte mochte. Aber mit Neunzehn wurde es der freiheitsliebenden Ella auch dort zu eng. Da sie nichts Ordentliches gelernt hatte, verdingte sie sich als Hausmädchen bei einer Arztfamilie und besuchte Abendkurse in einer Schule, in der Lehrer für den Werkunterricht ausgebildet wurden. Das war sie dann auch: vierzig Jahre lang Lehrerin für Werken in einer Schule für schwer erziehbare Buben – und sie war es gerne. Noch heute ist ihre Wohnung vollgestopft mit Dingen, die sie für den Unterricht entwickelt hat. Einen besonderen Platz nehmen dabei aus Stoffen und anderen Textilien gefertigte Hexen ein. Im Bett neben mir türmen sie sich geradezu.

Es ist ein bescheidenes Leben, das sie geführt hat, denn auch ihr Mann, ein Musiker und Komponist, verdiente nicht viel und hatte außerdem für seine beiden geschiedenen Frauen und deren Kinder zu sorgen. Auch heute kann sie mit ihrer kleinen Rente keine großen Sprünge machen, will sie auch gar nicht. Sie lebt allein mit Nikki, einer ziemlich runden Dackeline, und engagiert sich intensiv in der Friedensbewegung Gush Shalom. Das ist zu ihrem eigentlichen Lebensinhalt geworden: „Es muß doch jemanden geben, der sich gegen den wachsenden Militarismus im Land engagiert“, meint Ella, und ihre schmalen Augen blitzen lebenslustig. „Weißt du“, fährt sie fort, „ich habe mehr und mehr das Gefühl, wir haben uns 1967, in diesem berühmten Sechs-Tage-Krieg, irgendwie zu Tode gesiegt. Seit damals meinen unsere Militärköpfe – und die meisten unserer Politiker waren und sind solche Militärköpfe –, es gehe alles nur noch mit Waffengewalt. Und diese verrückten Amerikaner bestärken sie auch noch darin, weil dieser Dauerkonflikt im Nahen Osten erstens ein blendendes Geschäft für ihre Waffenschmieden ist, und dieses von ihnen hochgerüstete Israel eine gute Basis für ihre Erdölinteressen abgibt. Daß sie das Volk damit in die

Schußlinie der arabischen Mächte rücken, scheint ihnen völlig egal zu sein.

Die Tragödie ist nur, daß wir gerade jetzt eine Regierung haben, die offensichtlich jeden Bezug zur Realität verloren hat und nicht merkt, daß das Land dabei langsam ausblutet, während sie pausenlos mit dem Siegen gegen ein unterdrücktes Volk in einem besetzten Land beschäftigt ist. Da gibt es die Terroristen, ja natürlich, und die wachsen auch immer schneller nach, je mehr wir die Daumenschrauben anziehen. Das palästinensische Volk ist kein Volk von Terroristen, aber das muß ich dir ja nicht sagen."

Während Ella über die israelischen Militärköpfe und die zunehmende Militarisierung der Gesellschaft sinniert und an ihrem Rotweinglas nippt, kommt mir das Gespräch mit Yasmin wieder in den Kopf. Ich erzähle ihr davon. Sie nickt und meint, daß sie diese Erfahrungen auch gemacht habe, aber damals sei es nicht so schlimm gewesen, nicht so indoktrinierend. Aber sie selber habe ja keine wirklichen Gelegenheiten zu schulischen Erfahrungen gehabt. „Und", fügt sie bübisch grinsend hinzu, „warum glaubst du, daß ich Lehrerin für Werken geworden bin? Da hab' ich zwar mit schwer erziehbaren Buben, nicht aber mit schwer erziehbaren Politikern zu tun gehabt."

Es ist noch nicht lange her, da fiel mir ein Artikel aus dem Magazin der „Süddeutschen Zeitung" in die Hände. Der Titel erschreckte: „Du sollst töten", stand da in großen Lettern gedruckt. Es war der Bericht eines israelischen Autors, der ein Gespräch mit einem Soldaten namens Yaacob wiedergibt und seine Geschichte erzählte.

Yaacob, so lese ich, wurde von klein auf zum Soldaten erzogen, mehr noch, gedrillt. Der Bruder seines Vaters hatte das Härtetraining übernommen und war auch vor Grausamkeiten nicht zurückgeschreckt: Aussetzen in den Bergen, Hineinstoßen in kalte Seen und so weiter. Im November 1987 wurde er angelobt. Er war gerade achtzehn. Seine Mutter weinte bei der Zeremonie, so stolz war sie. Sie war als Kind gemeinsam mit ihrer ganzen Familie aus einem arabischen Land vertrieben worden und zu Fuß in das Land gekommen, arm und zerschunden, und jetzt war ihr einziger Sohn Soldat geworden und würde schon dafür sorgen, daß sie nie mehr flüchten müsse.

„Nach zwei Jahren war ich ein ausgezeichneter Soldat", so zitiert der Autor aus dem Gespräch mit Yaacob, „ein Profi. Im

Südlibanon lag ich auf der Lauer, um Hisbollah-Kämpfer zu erschießen. In den besetzten Gebieten habe ich aufmüpfigen Palästinensern die Arme und Beine gebrochen, wie es uns Yitzhak Rabin bei einem Besuch in der Kaserne empfohlen hatte. Ich war ein guter Nazi." Yaacob, so wird erzählt, soll sich sogar so sehr bewährt haben, daß man ihn zum Ausbildner gemacht hat. Er wurde auch ein perfekter Ausbildner, der den Jungen beibrachte, wie man ein Haus stürmt, einen Hinterhalt legt, wie man foltert, wie man tötet. Er wurde aber auch selbst immer wieder zu Spezialschulungen beordert und mußte dabei die Folter am eigenen Leib erfahren. Man sagte ihm immer wieder, daß er es nicht persönlich nehmen solle, daß man ihn nur trainieren müsse, damit er seinerseits einem Verhör standhalten könnte, wenn er einmal erwischt werden sollte. Yaacob, so schreibt der Autor, habe das aber nicht auf die Dauer ausgehalten, sei nach Amerika geflüchtet und lebe dort in ständiger Angst, wieder nach Israel zurückgebracht zu werden.

Nach so manchen schrecklichen Geschichten aus dem Leben des Soldaten Yaacob, die Philipp Oehmke beschreibt und die verständlich machen, warum so ein Leben in Angst und Schrekken enden kann, läßt der Autor Yaacob noch einmal zu Wort kommen: „Sie pflanzten beides in uns Kinder ein, Traum und Trauma. Wir Kinder verstanden, daß wir hervorragende Soldaten werden mußten und mutig genug, uns zu opfern für den Traum von unserem Land. Als wir 18 wurden, sagten wir folgerichtig: Gebt uns Gewehre und laßt uns ein paar Araber abknallen."

„Also knallten diese Jugendlichen Araber ab", schreibt Oehmke, „in Gaza, Hebron oder in den Gassen von Beirut. Doch irgendwann begriffen Yaacob und viele andere seines Alters, daß es den Traum für sie nie gegeben hat." Dann erzählt Oehmke von einem Gespräch zwischen Yaacob und einem seiner Kommandanten. Yaacob habe erklärt, daß ihm die besetzten Gebiete wie ein einziges Konzentrationslager erschienen seien und habe nachgefragt, ob es denn nicht auch möglich sei, daß die Palästinenser die Guten, und die Israelis die Bösen seien. Die Antwort des Kommandanten sei die Gegenfrage gewesen, ob er denn einen zweiten Holocaust wolle. Oehmke zitiert Yaacob wörtlich: „Dieses Land ist auf der Asche des Holocaust gebaut, doch auf einmal war der Holocaust als moralisches Element verbraucht, denn Israel hatte seine Unschuld verloren. Wir sind die Generation ohne Traum.

Ich wünschte, ich könnte dieses Land hassen, doch ich kann es nicht." – Der Haß des inzwischen achtunddreißigjährigen ehemaligen Soldaten richtet sich gegen die politischen Führer, die nicht imstande sind, die Spirale der Gewalt zu unterbrechen, weil sie selber von Haß erfüllt sind und das Land, von dem es hieß, daß in ihm Milch und Honig fließen würden, in ein Land aus Blut und Tränen verwandelt haben. Yaacob wörtlich: „Anstatt zu leben, rächen wir immer wieder die Toten."

Der Mann, der seinem Landsmann solche Sätze hinterlassen hat, ist – wie ich aus dem Bericht erfahren habe – schwer gezeichnet. Er und der andere, von dem mir die Psychotherapeutin erzählt hat, sind nicht die einzigen, die irgendwann aus ihren Soldatentraum gefallen sind und nun vor einem kaputten Leben stehen.

Erst im Jänner hat die Zeitung „Ha'aretz" ein Inserat von sechsundfünfzig Offizieren und Soldaten abgedruckt, in dem sie erklären, ihrem Land überall dienen zu wollen, aber den Dienst in den besetzten Gebieten verweigern. Diesen Männern und Frauen haben sich inzwischen Hunderte angeschlossen, und immer mehr Reservisten verweigern diesen Dienst, bei dem es ja nicht um soldatischen Einsatz, sondern um Menschenquälerei geht, wie man sich immer wieder überzeugen kann. Immer mehr junge Leute, Männer wie Frauen, verweigern überhaupt den Wehrdienst, gehen lieber für ein paar Monate oder auch länger ins Gefängnis, wobei für sie das Gefängnis nicht das Schlimmste ist, sondern der noch immer übermächtige Druck der Gesellschaft, oft sogar der eigenen Familie.

Warum man so selten davon erfährt, warum die Zeitungen darüber nicht berichten, frage ich eine bekannte Historikerin, deren Tochter gemeinsam mit einer Freundin kurz zuvor ihre Wehrdienstverweigerung erklärt hat und nun auf die Reaktion der Militärbehörde wartet. Die Mutter – sie ist besorgt, unterstützt das Mädchen aber voll – meint: „Es ist interessant, aber die Strafen werden milder, vor allem bei Mädchen. Man will kein Aufsehen, keine öffentliche Reaktion, was uns zu der Überzeugung bringt, daß die Zahlen massiv im Steigen begriffen sind, sodaß man es vorzieht, zu schweigen, um das israelische Heldenimage nicht zu gefährden."

Während meines lauschigen, friedvollen Abends mit der guten, alten Ella erzähle ich ihr auch von dem Gespräch mit Amira

Gelblum, der Historikerin. Ich zitiere auch die Aussagen über die wachsende Zahl der Wehrdienstverweigerungen. Ella zuckt mit der Schulter und meint lakonisch: „Wenn das nur nicht auch wieder nur ein Traum ist“, und sagt dann, daß es schon möglich sei, daß diese Bewegung wachse, aber wenn, dann halt nur ein bißchen. Sie räumt aber ein, daß bei der großen Demonstration am 2. November, bei der die Friedensbewegungen eine völlig apolitisch gemeinte Trauerfeier für Yitzhak Rabin in eine hochpolitische Kundgebung umgepolt hatten, auffallend mehr junge Gesichter zu sehen waren als in den vergangenen Jahren. „Der Druck auf die jungen Leute wächst, das erfahre ich allenthalben. Und Druck – politischer und wirtschaftlicher Druck – erzeugt Gegendruck. Da kann irgendwann schon etwas in Bewegung kommen. Irgendwann – nicht jetzt. Wenn man solange in Israel lebt, wie ich, wenn man all diese Ups und Downs miterlebt hat, dann hat man keine Illusionen mehr. Noch dazu jetzt mit dieser Regierung“, kommt es doch etwas resigniert von meinem Vis-à-vis.

2.

Die falsche Richtung

Ich kann mich noch gut erinnern, mit welch großem Interesse und mit welcher Begeisterung – ich und viele meiner Freunde und Kollegen – die Entwicklung, die Aufbauarbeit in Israel verfolgt haben. Wir bewunderten die Leistungen, den Pioniergeist dieser Menschen, die da nach dem Krieg in hellen Scharen in das kleine Land am Mittelmeer strömten. Das andere Volk, das dort lebte, kam kaum jemals in den Blick. Dieses andere, dieses palästinensische Volk, entdeckte ich erst während meines ersten Besuches im Heiligen Land, der mich aber nicht nach Israel sondern in das streng abgegrenzte, von Jordanien besetzte Land um die Heiligen Stätten führte. Da umfing mich der Zauber Jerusalems mit seinen engen Gassen und dem orientalischen Flair im Suk und natürlich auch die religiöse Ernsthaftigkeit der Beter an der Westmauer.

Auch der im darauf folgenden Jahr ausbrechende Sechs-Tage-Krieg machte meinen Blick noch nicht schärfer, sondern weckte doch eher Bewunderung für dieses junge Land, das den mächtigen und reichen arabischen Staaten trotzte und das, obwohl mir Krieg an sich verhaßt war und die Kindheitserinnerungen noch schmerzten.

Erst als ich dann meine ersten Recherchereisen nach Israel und in die von Israel inzwischen besetzten Gebiete unternahm, mit vielen Menschen auf beiden Seiten sprechen konnte, wurde der tiefe Konflikt zwischen den beiden Völkern, ihre innere Zerrissenheit deutlicher, und ich begann zu begreifen, daß da etwas total falsch lief.

Viele Jahre später erzählte mir der aus Rumänien stammende Historiker Ruwen Moskowicz – auch er zu der Kategorie des israelischen Urgesteins zählend – eine bezeichnende Geschichte.

Sie handelte von zwei Juden, die in einem Eisenbahnabteil saßen und in ihre Thora vertieft waren. Dem einen fiel so nebenbei auf, daß sein Gegenüber in jedem Bahnhof den Blick vom Buch erhob und immer tiefer, immer lauter seufzte. Beim dritten Bahnhof begann er sich schon das Haar zu raufen. Der eine fragte ihn: „Warum seufzen Sie denn so herzzerreißend, wenn wir in einen Bahnhof einfahren?" „Wie soll ich nicht seufzen, wenn ich doch jedes Mal merke, daß ich im falschen Zug sitze, mich in die falsche Richtung bewege?" antwortete der andere. Gegenfrage: „Na und warum steigen Sie dann nicht einfach aus und warten auf einen Gegenzug?" „Wie soll ich denn aussteigen, wenn ich doch in diesem Zug einen so guten Sitzplatz habe und eine so teure Fahrkarte gekauft habe?"

Ruwen Moskowicz lachte laut über seine Geschichte und meinte: „Sehen Sie, so geht es Israel, und das weiß ich schon seit langem. Wir sind in der falschen Richtung unterwegs und die meisten merken es nicht einmal."

Wann er es denn bemerkt habe, fragte ich den jugendlich in einen Jeans-Anzug gekleideten älteren Herrn mit einem ebenso kantigen wie freundlichen Gesicht. Er berichtete von seinen Anfängen im Kibbuz, in dem er zur Baggerarbeit eingeteilt war. Damals habe man neues Land, das man zum Aufbau und zur Landwirtschaft brauchte, von den Nachbarn gekauft. Er sei dann zu einer Schulung nach Italien geschickt worden und nach etwa eineinhalb Jahren wieder zurückgekommen. Sehr schnell sei ihm eine schlimme Veränderung aufgefallen. Jetzt handelte man nicht mehr mit dem Nachbarn, sondern vertrieb die Leute mit Gewalt und in immer kürzeren Abständen. Er begann mit den Verantwortlichen zu diskutieren, und die Diskussionen wurden immer heftiger, bis er und einige Gleichgesinnte den Kibbuz unter lautstarkem Protest verließen.

„Da", so Ruwen Moskowicz, „habe ich begriffen, daß dieser neue und so hoffnungsvolle Staat sich in die falsche Richtung entwickelte, und so sind wir immer noch unterwegs."

Obwohl er als Jude vor den antisemitischen Attacken des kommunistischen Systems in Rumänien nach Israel geflüchtet war, trat er jetzt aus Protest der kommunistischen Partei bei. Er verdingte sich zuerst als Hafenarbeiter in Haifa, später bei einer Baufirma in Jerusalem, wo er nebenher die Universität besuchte und Geschichte studierte. „Ich habe oft ans Auswandern gedacht, als der Konflikt sich immer weiter verschärfte. Aber wenn alle, die Frieden und Versöhnung wollen, auswandern, dann überlassen wir den Faschisten das Feld und das dürfen wir nicht."

Uri Avnery, ein anderer Mann der Gründergeneration, der bereits im Alter von zehn Jahren, also noch vor der Staatsgründung, aus Deutschland nach Palästina gekommen war, ortet die Fehlentwicklung noch früher.

„Die Zionisten, die Leute, die diese Bewegung mit einem Kongreß in Basel im Jahre 1897 gegründet haben, waren nie in Palästina gewesen. Sie hatten keine Ahnung von diesem Land und wirklich die krause Vorstellung, daß es ein praktisch unbewohntes Land sei. Es gab dann die berühmte zionistische Parole, die allerberühmteste: *Ein Land ohne Volk für ein Volk ohne Land.* Natürlich hatten sie eine vage Ahnung, daß da Menschen leben. Aber ein Volk, das paßte nicht in ihre Gedanken. Die Zionisten waren Europäer ihrer Zeit, und am Ende des 19. Jahrhunderts waren Menschen für gewöhnliche Europäer in Basel, Wien, Berlin oder St. Petersburg nur Weiße. Schwarze, Braune, Rote und Gelbe waren im Grunde keine Menschen sondern Teil der Landschaft."

Hier liegt für Uri Avnery die Wurzel allen Übels, der Urgrund der fatalen Fehlentwicklung, die er selber allerdings auch erst später erkannte. Er trat als Fünfzehnjähriger – damals hieß er noch Helmut Ostermann – in die radikale Untergrundorganisation IRGUN ein. „Heute würde man die IRGUN als Terroristenorganisation bezeichnen", bemerkt Uri Avnery bissig und auf die derzeit weltweit betriebene Terroristenhatz gemünzt. Man bekämpfte die englische Kolonialregierung, aber auch arabische Gruppen. Diese Kämpfe und vor allem die zunehmende Brutalität gegen die Araber begannen den anfangs begeisterten Untergrundkämpfer zunehmend zu irritieren. Sein langsam erwachendes politisches Bewußtsein ließ ihn erkennen, daß er sich weder mit den Zielen noch mit den Methoden der IRGUN weiter identifizieren konnte. Er wagte einen Schritt, der damals äußerst ungewöhnlich war, denn ungestraft konnte man an sich eine solche Organisation nicht verlassen. Er aber tat es, als er gerade neunzehn Jahre alt geworden war. Ein Jahr später hat er eine kleine Broschüre veröffentlicht. Der Titel: „Terrorismus: Kinderkrankheit der hebräischen Nation." Wie er heute erklärt, war ihm schon damals klar geworden, daß Nationalismus, richtig verstanden, heißen muß: Ich gehöre zu meiner Nation, und das verpflichtet mich dazu, die Nationalität des anderen zu respektieren. Seine Schlußfolgerung: „Es ist also völlig unsinnig, zu bestreiten, daß es ein palästinensisches Volk und eine palästinensische Nation gibt, und das heißt weiter, daß man mit dieser palästinensischen Nation Frieden schließen muß."

Uri Avnery war Soldat im Unabhängigkeitskrieg des Jahre 1948, hatte also selber miterlebt, was damals geschehen ist, wie in den Dörfern gewütet wurde und wie durch gewalttätige Vertreibung der Bewohner das noch heute virulente und explosive Flüchtlingsproblem geschaffen wurde. Unmittelbar nach dem Krieg begann Uri Avnery zu schreiben. Trotz ihres brisanten Inhalts wurden seine Artikel auch veröffentlicht. Es tauchte in ihnen vor allem immer wieder die eine Forderung auf: „Nach diesem Krieg ist es die erste Pflicht des neu gegründeten Staates, Frieden mit den Palästinensern zu schließen, sonst wird Israel nie Frieden haben."

Die Forderung des jungen Journalisten und seiner wenigen Freunde stießen in diesem Sieges- und Gründungstaumel nicht einmal auf Widerstand, sondern löste Hohngelächter aus. Man hielt das alles einfach für absurd und die jungen Leute für verrückt. Warum Frieden machen, wenn man doch endlich am Ziel war? Man hatte die Kolonialmacht England, immerhin eine europäische Großmacht, vertrieben, den ersehnten Staat gegründet und damit eine Heimat für die Diasporajuden in aller Welt geschaffen. Warum also mit Leuten Frieden schließen, die bedeutungslos, nichts weiter als ein „Teil der orientalischen Folklore" waren?

Uri Avnery schaut noch einmal auf die Anfänge des Konflikts zurück und macht die Entwicklung an den Waffen fest, wenn er sagt: „Nach der immer massiver werdenden jüdischen Einwanderung begannen die Palästinenser sich zu wehren. Der Konflikt wurde mit Stöcken und Steinen ausgetragen. Als ich jung war, hatten wir schon Revolver und Pistolen. Dann kamen Gewehre und Maschinengewehre, Tanks und Jagdflieger. Heute haben wir überall im Nahen Osten Massenvernichtungswaffen, Giftgas, biologische und atomare Waffen. Wenn das so weitergeht, werden wir uns sicherlich gegenseitig vernichten."

Er ließ sich allerdings nicht entmutigen und schrieb weiter, gründete später eine eigene Zeitung als Sprachrohr für seine politischen Zielsetzungen. Aus der Zeitung entwickelte sich eine Partei, die ihn für Jahre als Oppositionspolitiker in die Knesset brachte. Es gelang ihm auch, sich international Gehör zu verschaffen, da der wachsende israelische Nationalismus und damit die Isolierung des jungen Staates in der ihn umgebenden arabischen Welt und auch teilweise in Europa mit wachsender Sorge betrachtet wurde.

Trotz der derzeit verzweifelten und immer weiter eskalierenden Gewaltsituation ist der Friedenskämpfer mit dem inzwischen schlohweißen Haupt- und Barthaar davon überzeugt, daß er und seine langsam wachsende Zahl von Mitstreitern Erfolge erzielt haben. Denn heute zweifelt niemand außer den extrem rechten Fanatikern mehr daran, daß die Palästinenser ein Volk sind, daß die PLO des Yassir Arafat die legitime Vertretung des palästinensischen Volkes ist, und immer mehr Israelis sind davon überzeugt, daß es einen eigenen und unabhängigen Staat Palästina geben wird.

An dieser Stelle unseres Gesprächs fragte ich Uri Avnery nach dem zentralen Gegner dieser Idee, nach Ministerpräsident Ariel Sharon, den er, wie nur wenige, seit vielen Jahren gut kennt. „Wer ist dieser Mann, wo kommt er her, wo sind seine Wurzeln?“ Uri Avnery lächelte und meinte: „Nur wenige Leute kennen Ariel Sharon wirklich. Ich glaube, ich gehöre zu ihnen. Ariel Sheinermann, wie er ursprünglich hieß, wurde 1928 im Dorf Kefar Malal, etwa zwanzig Kilometer nördlich von Tel Aviv geboren. Ariels ganze Kindheit stand unter dem Einfluß der Angst vor den Arabern. Das Dorf, in dem er aufwuchs, war damals ziemlich isoliert und von arabischen Dörfern umgeben. Das machte vor allem seiner Mutter, einer vom Leben enttäuschten und verbitterten Frau, die mit allen Nachbarn zerstritten war, Angst. Als im Dorf das Gerücht aufkam, daß Araber aus der nahegelegenen Stadt Kalkilia einen Überfall planten, nahm die Mutter ihre beiden Kinder, Ariel und seine Schwester, und versteckte sie hinter einer Betonwand.“

Die Araber kamen nicht. Aber die Angst blieb im Herzen der Mutter und sie gab sie erfolgreich an ihre Kinder weiter. Es ist vielleicht interessant zu erfahren, daß fünfundzwanzig Jahre später der Major Sharon mit einem Sonderkommando die Stadt Kalkilia überfiel, und gerade jetzt, vor wenigen Tagen, der Ministerpräsident Sharon dieselbe Stadt neu besetzen ließ, wobei die Armee schlimme Verwüstungen angerichtet haben soll. Haß aus Angst ohne Ende.

Ich fragte Uri Avnery nach dem Weltbild, nach dem Selbstverständnis des deklarierten Zionisten Ariel Sharon. Die Antwort kam spontan und klar: „Sharons Zionismus ist einfach. Das ganze Land gehört den Juden. Araber haben im Grunde hier nichts zu suchen, können höchstens geduldet werden, wenn sie gehorchen. Hauptsache für ihn ist, das ganze Land mit jüdischen Siedlungen zu überziehen, sodaß ein palästinensischer Staat überhaupt nicht mehr in Frage kommt. Das ist seine eigentliche Lebensaufgabe."

„Worauf baut dann Ihr Optimismus, daß Israel diesen Staat akzeptieren wird?" fragte ich in dieses schöne, ruhige Gesicht. Die Antwort: „Er ist stur. Er ist zu stur. Er ist weder in der Armee, noch bei seinen politischen Kollegen beliebt. Sie werden versuchen, ihn bei nächster Gelegenheit loszuwerden. Das Problem ist nur, daß die wenigsten wissen, daß es keinen Sinn macht, auf das zu hören, was er sagt, sondern daß man nur darauf schauen muß, was er tut. Begriffe wie Frieden und Sicherheit, die er gerne im Munde führt, bedeuten ihm nicht das geringste, das ist ihm völlig gleichgültig. Sein Haß gegen die Araber dominiert jeden seiner Gedanken."

Uri Avnery und seine Frau Rachel haben im Dezember 2001 den Alternativen Nobelpreis für die von ihnen mitbegründete Friedenbewegung Gush Shalom erhalten. Diese Bewegung wurde im Jahr 1993 gegründet, weil sich die anderen Friedensgruppen – allen voran die international bekannte Bewegung PEACE NOW (Frieden jetzt), die der gerade an die Macht gekommenen Arbeiterpartei sehr nahe stand – trotz massiver israelischer Übergriffe in Schweigen hüllten. Ende 1992 war es zu Massenvertreibungen von Palästinensern und zu dem Massaker eines israelischen Siedlers an betenden Moslems in der Moschee von Hebron gekommen. Kein Protest. Nichts rührte sich im Land.

Als Solidaritätsaktion für die an der libanesischen Grenze unter freiem Himmel campierenden palästinensischen Familien errichteten Avnery und seine Leute ein Zelt mitten in Jerusalem und harrten dort fünfundvierzig Tage und Nächte in Regen und Kälte aus, bis die Regierung Rabin sich endlich bereit erklärte, wenigstens Notquartiere für die Palästinenser an der Grenze einzurichten und für ihre Versorgung Geld zur Verfügung zu stellen. In diesem Zelt in Jerusalem wurde auch die Organisation „Gush Shalom" – was soviel wie „Friedensblock" heißt – gegründet.

Diese Bewegung ist heute vermutlich die stärkste und effizienteste Friedensbewegung Israels. Sie leistet vielfältige Medienarbeit, gibt eine eigene Zeitung unter dem Titel „Gush Shalom – Das andere Israel" heraus und versucht auch, die Hintergründe aufzuarbeiten, den Wurzelgrund des dramatischen und nicht enden wollenden Konflikts aufzulockern. Avnery beschreibt in unserem Gespräch, worum es ihm und seinen Freunden dabei geht:

„Die Regierungen hier kommen und gehen. Eine ist etwas schlimmer als die andere, aber im Grunde sind sie alle gleich. Da von dort im Moment nichts zu erwarten ist, versuchen wir den wahren Ursachen des Konflikts näher zu kommen und die Wertestrukturen unserer Gesellschaft zu analysieren. Es geht um die Fragen: Wer sind wir? Was ist dieses Land? Was ist unser Staat? Wer sind die Palästinenser? Das Problem dabei ist, daß es zwei unterschiedliche Erzähltraditionen über das gibt, was in den letzten 120 Jahren in dieser Region passiert ist. Diese beiden Narrativen berühren einander nicht, sie laufen parallel durch die Zeit. Und solange das so ist, solange diese beiden Völker über die einzelnen Phasen der Geschichte, über jedes einzelne Ereignis eine völlig verschiedene Auffassung haben, ist es beinahe unmöglich, zu einem Frieden zu kommen. Wir müssen daran arbeiten, den beiden Seiten die jeweils andere Geschichtsschreibung verständlich zu machen und zu zeigen, daß die anderen keine Teufel, keine Dämonen, keine Untermenschen und keine Mörder sind, sondern daß jede Seite so reagiert hat, wie es von den festgefahrenen Ängsten und Traumata, von Vorurteilen und Stereotypen bedingt war. Es geht nicht um immer neue Schuldzuweisungen, sondern um die Auflösung der alten Stereotypen. Ohne ein neues Verständnis haben sie voneinander hirnverbrannte Vorstellungen, und es kommt immer wieder zu einem Phänomen, das einem Dialog von Taubstummen gleicht."

Neben dieser grundlegenden Arbeit geht es Uri Avnery und Gush Shalom aber natürlich auch um öffentlichen Protest, um Demonstrationen und mediale Arbeit. Gerade in den Tagen meiner Anwesenheit in Tel Aviv schaltete Gush Shalom ein ganzseitiges Inserat in der liberalen Tageszeitung „Ha'aretz". Man sah darauf ein Bild der beiden Gesetzestafeln, die Mose seinem Volk vom Gottesberg gebracht hat. Darauf die neuen Gebote für das israelische Volk von heute, die mir Uri Avnery übersetzte: „Du sollst nicht töten. Du sollst nicht liquidieren, wie man die Attentate und Mordanschläge bei uns nennt. Du sollst nicht foltern. Du sollst nicht aushungern. Du sollst keine Blockade machen, das heißt keine Dörfer und Städte blockieren. Du sollst keine Häuser zerstören, keine Bäume ausreißen. Du sollst das Feld deines Nachbarn nicht begehren und die Menschen nicht quälen und demütigen. Mit diesem und anderen Inseraten wollen wir gegen etwas protestieren, was uns in diesen Tagen besonders bedrückt.

In den besetzten Gebieten gehen die schlimmsten Sachen ganz öffentlich vor sich, man geniert sich nicht einmal mehr zu zeigen, daß unsere Soldaten so furchtbare Dinge tun. Sie zeigen die Bilder jeden Abend im Fernsehen, und niemand protestiert. Man geht darüber hinweg, als wäre das die normalste Sache der Welt. Die nette hübsche Ansagerin sagt: Heute sind diese und diese Palästinenser von uns liquidiert worden und das Wetter morgen wird so und so – im selben Ton, mit derselben Miene. Dagegen wollen wir aufstehen. Wir müssen die Menschen wachrütteln, ihr Gewissen aufwecken, das irgendwann eingeschlafen, abgestumpft ist. Wir müssen ihnen sagen: Wacht auf! In eurem Land passiert Fürchterliches, ihr dürft das nicht mehr länger hinnehmen. Sie töten nicht nur Menschen, sie töten auch eure Seelen."

Im Moment schaut es nicht so aus, als ob seine Landsleute ihm in größeren Massen folgen würden, als ob die Friedensaktivisten sich wirklich Gehör verschaffen könnten. Man muß vermutlich die Erfahrung eines unbeugsamen Friedenskämpfers wie Uri Avnery haben, der immer auf die Beharrlichkeit der kleinen Schritte gesetzt hat, um sich einen Rest von Optimismus bewahren zu können.

Er legt seinen Arm um die Schulter seiner Frau Rachel, die inzwischen zu uns gestoßen ist und meint, ihr zulächelnd mit vielsagendem Blick: „Ich bin zu alt, um heute Pessimist zu werden. Ich bin zu alt, damit meine ich, ich habe so viel gesehen und weiß, wie viel wir im Laufe der Zeit erreicht haben. Das, was vor uns liegt, ist ein Bruchteil dessen, was wir schon hinter uns haben. Die Leute akzeptieren heute, daß es ein palästinensisches Volk gibt; die Leute akzeptieren, daß es keinen Frieden geben kann ohne einen selbständigen Staat Palästina. Was wir jetzt haben, würde ich einen Rückschlag nennen, einen schweren Rückschlag. Vielleicht ist es so, wie das alte Sprichwort sagt, daß die Minuten vor der Morgenröte die dunkelsten Minuten der Nacht sind. Das, was wir jetzt haben, ist allerdings eine sehr dunkle Minute, das ist schon wahr."

Rachel nickt mit einem Seufzer, und Uri nimmt den Arm von ihrer Schulter und tröstend ihre Hände in die seinen. Was wohl in diesem Augenblick in den Köpfen dieses alten Ehepaares vorgeht, das einen so langen, so schwierigen Weg miteinander gegangen ist?

3.

Nachrichten aus dem Gefängnis

Nach meiner Begegnung mit den Avnerys, den erholsamen Strandläufen in der Morgensonne und den gemütlichen Abenden auf Ellas Balkon, nach der scheinbaren, dünnhäutigen Normalität Tel Avivs hat mich in Bethlehem die Realität brutal eingeholt.

Zerschossene Häuser, ausgebrannte Häuser, niedergewalzte Häuser, nicht nur wie vor einem Jahr an den Rändern, sondern auch im Zentrum der Stadt. Auch Spitäler, auch Schulen sind diesmal beschossen worden. Auch Kirchen, auch die Geburtskirche haben Treffer abbekommen. Noch in seinem Fastenhirtenbrief vom vergangenen Jahr hat der lateinische Patriarch Michel Sabbah, an die Adresse Israels gemünzt, geschrieben: „Wenn ihr schon zerstören müßt, dann zerstört unsere Kirchen und nicht die Häuser der Menschen." Sie haben schon angefangen, seiner Aufforderung nachzukommen. Direkt vor der Geburtskirche wurde von einem gegenüberliegenden Hügel aus ein siebzehnjähriger Schüler erschossen und dabei hat auch die Kirche etwas abbekommen. Der Bursche war gerade von der Vesper gekommen, hat vor der Kirche einen Verwandten getroffen und ein wenig geplaudert. Dann sind die beiden in verschiedene Richtungen auseinander gegangen und den einen hat es erwischt. Dieser Mord an dem Jungen, von dem alle wußten, daß er Priester werden wollte, hat die Menschen in Bethlehem sehr erschüttert. Sein Foto hängt an vielen Türen und Wänden.

Ende Oktober wurde ein neues, einem Beduinenzelt nachempfundenes Restaurant von Bomben getroffen und dabei der Koch und zwei Gehilfen schwer verletzt. Der Besitzer rief die Rettung. Der Rettungswagen fuhr vor. Zwei junge Männer sprangen heraus, nahmen die Tragbahre und wollten eben durch das Gartentor treten, als einer von ihnen, gerade einundzwanzig Jahre alt und noch in Ausbildung, von einer Rakete getroffen und in tausend Stücke zerrissen wurde. Das Blaulicht war eingeschaltet, also hätte es dem Schützen in der am Bergrücken gegenüber liegenden

Siedlung Gilo klar sein müssen, daß es sich nicht um einen Terroristen, sondern um einen Menschen im Hilfseinsatz handelte.

Diese und andere, noch schlimmere Geschichten, die mir eine Freundin bei einer ersten Rundfahrt erzählte, haben mir ziemlich zu schaffen gemacht, muß ich gestehen. Ich wollte das alles einfach nicht glauben. Zerstörung um der Zerstörung willen, Grausamkeit um der Grausamkeit willen. Das waren alles keine fanatischen Islamisten, da war auch kein Angriff, keine Bedrohung vorausgegangen. Immer mehr Leute bezeichnen diese Taten schlicht als Kriegsverbrechen und das nicht hinter vorgehaltener Hand, sondern in aller Öffentlichkeit.

„Wir leben hier in Bethlehem in einem großen Gefängnis zwischen all den israelischen Checkpoints. Wir können uns nicht frei bewegen, dürfen die Stadt nicht verlassen, und dazu kommen noch die ständigen Schießereien und Bombardierungen. Keiner von uns weiß, was am nächsten Tag, nicht einmal was in den nächsten Stunden sein wird. Ja, Bethlehem ist für uns zu einem Gefängnis geworden." So beschreibt der katholische Pfarrer von Beit Sahour, einer Teilstadt von Bethlehem, die Lebenssituation der Menschen. Beit Sahour liegt am Fuß jenes Bergrückens, auf dem die dichtgedrängte, aus weiß-grauem Stein gebaute Stadt von der Grabeskirche aus hügelan gewachsen ist. Bethlehem heißt übersetzt „Haus des Brotes". Jetzt ist Schmalhans Küchenmeister im Haus des Brotes, und es gibt auch schon Familien, in denen der Hunger ständiger Gast ist. Beit Sahour auf den bekannten Hirtenfeldern bedeutet „Haus der Wachenden" und erinnert an die Hirten, denen der Friede auf Erden verkündet worden ist, wie es im Evangelium zu lesen ist. Von Frieden ist nichts zu spüren in den zerstörten Straßen, in denen Menschen in Zelten neben ihren kaputten Häusern leben müssen. Der dritte, höher gelegene Stadtteil trägt den Namen Beit Jala und das heißt soviel wie „Haus der Bergwiesen", auf denen die Bauern damals vor 2000 Jahren und auch vorher und nachher ihre Herden geweidet haben. Es sollen saftige, mit bunten Blumen übersäte Weiden gewesen sein. Heute leben in dem dicht und schäbig verbauten Siedlungsgebiet Menschen bereits in der dritten Generation in Flüchtlingslagern der UNO.

Die Stadt ist, wie alle Städte und Dörfer in den besetzten Gebieten, in drei Zonen geteilt. Die Zone A, das sind die sogenannten autonomen palästinensischen Gebiete, in die aber auch – und das immer öfter – jeweils als Reaktion auf Terrorakte der palästinensischen Extremisten israelische Panzer einfahren und ihre Rachefeldzüge durchführen. Die Zone B ist für die zivilen Belange in palästinensischer, was die Sicherheit angeht in israelischer Hand und die Zone C ist ganz unter israelischer Hoheit. Es ist nach den Friedensverträgen von Oslo ein richtiger Fleckerlteppich entstanden, der Bewegung für Palästinenser so gut wie unmöglich macht. Eine Frau verglich das mit einem Emmentaler und meinte sarkastisch: „Pech ist, daß wir nur die Löcher bekommen haben." Andere meinen, das seien „Homelands" wie im ehemaligen Apartheid-Südafrika.

Diese Löcher im israelischen Emmentaler sind von den über die Bergrücken wuchernden jüdischen Siedlungen umringt oder werden durch israelische Militärposten voneinander getrennt. In dem an sich kleinen Gebiet der Westbank gibt es inzwischen mehr als 250 Checkpoints, von denen eine amerikanische Theologin, die in Bethlehem einen Kurs abhielt, wörtlich meinte: „Ich habe selber gesehen, wie dreißig oder fünfunddreißig junge Männer an der Wand aufgestellt waren, während der mit einer Maschinenpistole bewaffnete Soldat ausführlich deren Papiere studierte. Ich wußte nicht, worum es dabei eigentlich ging, aber jedenfalls ließ man sie lange da stehen. Jedes Mal, wenn ich so etwas sehe, denke ich mir: Sehen denn diese Israelis nicht, daß sie mit solchen Schikanen Terroristen direkt produzieren? Ich könnte mir keine bessere Methode vorstellen, Terrorismus zu erzeugen, als wenn ich Menschen belästige und demütige – und das Tag für Tag."

Ich selber habe solche Szenen immer wieder gesehen und erlebt. Es ist mir auch nicht nur einmal passiert, daß ich mit einem dieser Sammeltaxis – dem für Israel/Palästina üblichen Fortbewegungsmittel – unterwegs war. Der Wagen wurde bei irgendeinem der Checkpoints angehalten. Während ich unbehelligt blieb, man nicht einmal nach meinem Reisepaß fragte, wurden vor allem junge palästinensische Männer aber auch ältere Frauen aus dem Wagen geholt und zurückgeschickt. Mir hat sich dabei jedes Mal das Herz zusammengekrampft, weil man ja gut sehen konnte, was sich in den Gesichtern der Betroffenen abspielte. Nein, das zählt sicher nicht zu den Methoden, die zum Frieden führen.

Das ist schon für ein paar Tage oder Wochen schwer erträglich, wie denn erst für die dort lebenden Menschen und vermutlich sogar für den einen oder anderen Soldaten, dem solches Tun befohlen wird? Ich kann mich gut in jene Militärs hineinversetzen, die sich weigern, solchen oder noch schlimmeren Dienst zu versehen.

Meine Freundin Viola Raheb zum Beispiel. Sie ist Direktorin des Schulrates für alle evangelisch-lutherischen Schulen in Palästina und Jordanien. Sie lebt in Bethlehem. Ihr Büro ist knapp fünfzehn Autominuten entfernt in Ost-Jerusalem. Seit mehr als zwei Jahren kann sie dort nicht hin und muß ihre Arbeit in ihrer Wohnung und per Handy erledigen. Viola ist eine starke junge Frau von dreiunddreißig Jahren, aber auch sie ist schon am Rande ihre Nervenkraft. „Das Leben in Palästina war schon immer schwierig", sagte sie und fuhr fort: „Ich bin in Bethlehem unter Besatzung geboren und aufgewachsen. Das war nie einfach, aber jetzt ist es wirklich extrem. Zum einen ist die Bewegungsfreiheit seit Beginn der al-Aksa-Intifada auf etwa eineinhalb Kilometer beschränkt, und dann die ständige Bedrohung. Das Leben ist nicht nur mühsam, sondern schwer erträglich geworden." Dann erzählte sie mir vom Anruf einer Freundin, die verzweifelt bedauerte, je geheiratet und Kinder bekommen zu haben, denn in einer solchen Situation habe man kein Recht, Kinder in die Welt zu setzen. Für Viola war das ein Zeichen dafür, daß den Menschen langsam die Durchhaltekraft verloren geht, die für die Menschen in Palästina immer kennzeichnend gewesen ist: „Bei uns hat es immer geheißen: dennoch und gerade, weil es so schwierig ist, glauben wir, daß es morgen besser wird. Heute sagen die Leute, es kann noch schlimmer werden und diese Haltung bedrückt mich, denn wenn man die Hoffnung auf Zukunft aufgibt, gibt man sich selber auf."

An einem dieser Tage bin ich mit Viola zu einer Familie am Rand von Beit Sahour gefahren, deren Haus gleich in den ersten Tagen der zweiten Intifada von einem nahegelegenen israelischen Stützpunkt aus unter Beschuß genommen worden war. Der Mann ist Gynäkologe, die Frau, eine Griechin, Hebamme. Sie hatten beide in Athen studiert und sich dort auch schon eine Praxis eingerichtet, als die erste Intifada begonnen hat. Da war es für den jungen Arzt klar, daß in seiner Heimat Palästina jetzt gut ausgebildete Leute und gerade Ärzte gebraucht würden. Mit Frau und zwei damals noch kleinen Kindern kamen sie in seine Heimatstadt Beit Sahour und mußten wirklich ganz von vorne anfangen. Erst vor drei Jahren waren sie soweit, daß sie sich ein eigenes Haus und in dem Haus eine kleine Gebärstation einrichten konnten.

Am 3. Oktober 2000 rief eine Patientin an, die die Geburt ihres vierten Kindes nahen fühlte. Der Arzt warnte sie, zu kommen, weil zu befürchten war, daß es nach dem Bombardement in Beit Jala am Tag zuvor auch für ihre Gegend gefährlich werden könnte – die Frau ließ sich nicht abhalten, und tatsächlich kam das Kind noch in derselben Nacht zur Welt. Alles ging glatt, und am nächsten Tag um 13 Uhr holte ihr Mann sie ab. Nur eine Stunde später schlugen die ersten Granaten ein. Zuerst wurde der Wassertank auf dem Dach durchlöchert und die Solaranlage zerstört. Dann wurde das Haus mit aus Panzern abgefeuerten Raketen beschossen, die erst innerhalb der Räume explodierten und alles in Brand steckten. Die erste der Raketen schlug genau in jenem Raum ein, den die junge Mutter und ihr Neugeborenes eine Stunde zuvor verlassen hatten.

Die meisten Zimmer des Hauses sind rußgeschwärzt, die Mauern teilweise eingestürzt, Sandsäcke in den zersprungenen Fenstern. Das Ehepaar hat sich in den einzigen unzerstörten Teil des Hauses, die Eingangshalle, zurückgezogen. Die Frau des Arztes: „Wir hatten ja noch Glück im Unglück. Es ist uns nichts passiert, und die Kinder sind gottlob bei meinen Eltern in Griechenland. Aber eines haben wir in diesen schrecklichen Stunden begriffen: Wir sind in unserem eigenen Haus nicht mehr sicher."

Ein eigenes Haus ist der Traum jeder palästinensischen Familie, ein Ziel, für das lange gearbeitet und hart gespart werden muß. Aber ein Haus in dieser im Winter sehr kalten und rauhen Bergregion ist mehr als nur ein Haus. Es ist ein Symbol der Sicherheit in einer unsicheren Zeit, die nun schon Jahrzehnte währt.

Die total eingeschränkte Bewegungsfreiheit, die Frage der Sicherheit, die Ungewißheit über das Morgen belasten die Menschen nicht nur in Bethlehem, sondern in allen widerrechtlich von Israel besetzten Gebieten schwer. Wie Tonnengewichte liegen diese Probleme auf der sonst überschäumenden Lebensfreude und dem starken Lebenswillen dieser Menschen. Was den Menschen in Bethlehem, so wie ich es erfahren habe, unglaublich zu schaffen macht, ist die wirtschaftliche Situation, die mit all dem anderen direkt zusammenhängt. Etwa achtzig Prozent der Menschen im erwerbsfähigen Alter sind arbeitslos. Es gab vor allem drei Arbeitsfelder: den Tourismus, der praktisch zum Erliegen gekommen ist; dann gab es die Arbeitsplätze in Israel, vor allem in der Bauwirtschaft – schließlich waren es vor allem palästinensische

Bauarbeiter und Handwerker, die die Siedlungen errichtet haben, die ihnen jetzt den Atem nehmen, die aus den Steinbrüchen den weißen Stein gehauen haben, aus dem die Stadt und jetzt auch die jüdischen Siedlungen bestehen. Nichts läuft mehr.

Nimer Aweineh ist etwa vierzig und lebt in einem kleinen Dorf nahe Bethlehem. In der ersten Intifada war der gläubige Muslim ein Held. Aber nicht, weil er ein guter Kämpfer war, sondern weil er Milch, Grundnahrungsmittel sowie notwendige Medikamente in die vom Militär eingekesselten Dörfer geschmuggelt hat. Er war immer wieder in israelischen Gefängnissen inhaftiert, wurde mehrfach gefoltert und mußte schließlich für Jahre ins Ausland. Aber, wie bei vielen Palästinensern üblich, trieb ihn das Heimweh nach Hause. So kam er wieder und versuchte eine Ausbildung zum Fremdenführer für eine neue Art von Tourismus, für den „authentischen Tourismus", wie er vom Internationalen Begegnungszentrum der evangelisch-lutherischen Kirche entwickelt worden ist. Nicht nur alte, nicht nur heilige Steine, sondern auch das kulturelle Leben Palästinas sollten auf dem Programm stehen. Um Begegnung mit Menschen und ihrer Lebensart sollte es gehen, denn den israelischen Touristenbüros war nur daran gelegen, die Geburtskirche und das Grab Rachels schnell hinter sich zu bringen. Das griff den Palästinensern zu kurz, denn, so Viola: „Gott ist in dieser Stadt Mensch geworden und nicht Stein."

Heute fühlt sich Nimer, wie alle seine ambitionierten Kolleginnen und Kollegen, irgendwie gefrotzelt: Ausbildung zum Tourist-Guide in einer Zeit, in der keine Touristen da sind, weil keine Busse nach Bethlehem kommen dürfen und den kleinen Gruppen und Einzelreisenden der Mut abhanden gekommen ist. Ich habe bei der Abschlußprüfung von Nimer und seiner Gruppe zugehört, als es um das Leben Jesu gegangen ist. Sein Beitrag war berührend, als er über die Kreuzigung Jesu gesprochen hat, er als Muslim, und dann meinte: „Ihm ist es ergangen, wie es uns heute ergeht. Wir sind zu einem gekreuzigten Volk geworden. Er ist einer von uns, er ist Palästinenser."

Später, in einem direkten Gespräch, beklagte er die Willkür, die herrscht: „Du weißt nie, ob du die Früchte deiner Arbeit auch ernten kannst. Das gilt für alle Lebensbereiche, egal, ob du ein Geschäft aufmachen willst, ein Haus baust, zur Schule gehst oder unterrichtest. Alles ist von dieser Willkür betroffen. Palästinensische Bauern bepflanzen Felder mit Zitrusfrüchten, betreuen

Oliven- oder Weingärten, wie all die Generationen vorher. Aber niemand kann vor den Bulldozern sicher sein, keiner weiß, ob er die Früchte wird ernten können. Das alles ist zwar schlimmer geworden, aber eigentlich kein neues Spiel, und niemand weiß, ob es sich nicht schnell wieder ändern kann. Wenn es sich überhaupt je ändern sollte, dann wird das ein langer historischer Prozeß sein. Solange Ungerechtigkeit die Atmosphäre vergiftet, kannst du niemals wissen, was im nächsten Augenblick passieren wird, solange jederzeit eine Gruppe von bewaffneten Siedlern in ein Dorf eindringen und Menschen ermorden kann, solange irgendein Verrückter irgendwo einen Lastwagen hochgehen lassen kann, solange kann hier alles passieren. Das einzige, was uns da herausführen kann, ist der wirkliche Friedenswille auf beiden Seiten."

Und wie sehr es daran auf beiden Seiten fehlt, können wir jeden Tag in den Nachrichten hören, soweit das, was wirklich jeden Tag geschieht, auch durchkommt hinter den Meldungen von den wieder irgendwo eingerückten Panzern, von einem der grauenvollen Selbstmordattentäter, die wieder in israelischen Straßen, auf Märkten oder auch bei Familienfeiern Menschen mit in den Tod gerissen haben.

Am Abend, als mich Tony Sabella in der kleinen Wohnung im Herzen Bethlehems besuchte, wurde ich neuerlich mit dem Tourismusproblem konfrontiert. Er ist zwar noch jung, aber in seinem Geschäft ist er schon ein alter Hase. Er wurde noch in Israel zum Fremdenführer ausgebildet und ist erst jetzt dabei, sich mit der neuen palästinensischen Art des authentischen Tourismus zu beschäftigen. Aber er hat weder hier noch dort, weder so noch anders eine Chance: „Ich bin verzweifelt. Es geht mir wie vielen anderen: keine Arbeit, kein Einkommen. Meine letzte Gruppe führte ich am 1. Oktober 2000, da haben sich noch ein paar Amerikaner hergetraut, sechzehn von fünfundvierzig. Seither sitze ich zu Hause, tue entweder nichts oder spiele mit meinem Computer herum. Ich schicke meinen Freunden E-Mails. Sie antworten, versuchen zu trösten, schicken mir Gebete. Das ist alles, was ich seit dem Ausbruch der Intifada am 28. September so treibe. Dabei hätte das die Hochsaison werden sollen. Für die Zeit von September bis Mitte November hatte sich etwa eine Million Pilger angesagt, wegen des Millenniums. Das wäre eine Menge Arbeit gewesen, da hätte es kaum einen freien Tag gegeben. Doch dann kam ein Storno nach dem anderen, und ich sitze da, drehe Däumchen und weiß nicht, wie es weitergehen soll. Noch leben ich und meine Familie von den Ersparnissen, aber wie lange werden die noch reichen? Ich meine, wenn ich schon keine Zukunft habe, will ich doch eine Zukunft für unseren kleinen Sohn. Er ist ein Jahr alt. Das bringt mich wie viele andere Menschen hier dazu, darüber nachzudenken, das Land zu verlassen. Aber das ist auch keine Antwort, denn wenn wir Christen dieses Land verlassen, wie es so viele andere getan haben und noch tun, dann werden diesem Land die lebenden Steine für den Wiederaufbau fehlen, wenn es einmal so weit kommen sollte."

Und später, wir saßen immer noch an dem kleinen blauen Küchentisch in der Wohnung, in der ich mich immer wie auf einem Schiff fühle, das gerade ablegen will, um sich aus dem ganzen Teufelskreis zu befreien, sagte mir Tony dann, daß er das Gefühl habe, daß sein ganzes Leben wie eine Intifada sei und daß die Spannung unerträglich werde. „Wenn du auf der israelischen Seite bist, wirst du paranoid, und bei uns in Palästina gerätst du immer tiefer in die Depression. Jeder hier ist auf die eine oder andere Art depressiv. Wenn es dunkel wird, beginnen die Kinder vor Angst zu schreien, verstecken sich unter dem Tisch oder unter den Betten. Kein Mensch kann das auf die Dauer akzeptieren, niemand auf die Dauer aushalten. Und wenn wir das der Welt erzählen, will es keiner glauben. Aber ich lebe hier, ich habe die Raketen, deren Einschläge, die Feuersäulen und Rauchschwaden gesehen und habe mir gedacht, bin ich denn im Kosovo? Ich meine, sind unsere Kinder weniger wert als Kinder in Frankreich, Deutschland oder Österreich? Es ist nicht annehmbar. Nein!"

4.

… und dann fliegen wieder die Steine

Es gibt einige Gründe, die mich dazu bewogen haben, den 24. Dezember 2000 in Bethlehem zu verbringen. Aber da war vor allem eines: Ich wollte nach den schrecklichen ersten Wochen der al-Aksa-Intifada mit all den Schießereien an den Checkpoints, den nächtlichen Bombardements meinen Freunden und auch den anderen Menschen in Jesu Geburtsstadt meine Solidarität zeigen, ihnen zeigen, daß es doch noch jemanden gibt, der sich nicht so einfach abschrecken läßt.

Die Menschen in den altbekannten Straßen wirkten bedrückt. Das sonst so laute und bunte Treiben war gedämpft und erschien eher grau. Viele Geschäfte waren geschlossen, die anderen halbleer, die Hotels bis auf eines und viele Restaurants geschlossen, der Suk eher mäßig besucht.

Die Weihnachtsfeiern waren allesamt abgesagt, nur der lateinische Patriarch aus Jerusalem hatte sein Kommen angekündigt. Um etwa 14 Uhr sollte er eintreffen. Ich hatte mich schon vorher zum Krippenplatz begeben, und da bot sich mir ein, nach den ersten beiden Tagen, erstaunliches Bild. Der Platz war voll, voll mit vor allem jungen Menschen, von jungen Männern in der Mehrheit. Sie alle schienen wie frisch vom Friseur, mit schick geschnittenen und mit Gel stiftelig getrimmten Haaren. Die meisten in schwarzen Pullovern und mit großen goldenen Kreuzen auf der Brust. Ein ungewöhnlicher Anblick. Bethlehem gehörte an diesem Tag eben nicht wie üblich den Touristenscharen, sondern der Jugend Bethlehems.

Viola hatte mir lange vorher erzählt, daß sie als Kind Weihnachten nicht mochte. In die Geburtskirche durften sie nicht gehen, da hatten Palästinenser keinen Zutritt, und so mußte sie sich an der Hand der Mutter oder des älteren Bruders durch die Touristenmassen die lange Gasse bis zur lutherischen Weihnachtskirche quälen. „Diesmal“, meinte sie, „gehört uns die Stadt, gehören uns die heiligen Plätze, aber der Preis dafür ist sehr hoch.“

Kurz vor dem Eintreffen des Patriarchen kam ein heftiger Wind auf, der in meinem Mikrophon knatterte, sodaß es unmöglich war, die Musik der Pfadfinderkapelle aufzunehmen. Macht nichts, so schön spielten die auch wieder nicht. Aber es waren viele, bunt uniformierte Gruppen, die da vor dem geistlichen Oberhaupt der Katholiken einmarschierten zwischen den entlang der ganzen Strecke aufgestellten Stahlgittern. Inzwischen waren auch die Frauen und auch ältere Leute eingetroffen. Etwas am Rand sah ich auch eine dichte Gruppe, in ihre Burnusse gehüllte Beduinen mit ihren würdigen bärtigen Gesichtern. In Bethlehem gibt es an sich keine Probleme zwischen den Christen und Muslimen, schon eher Zwistigkeiten zwischen den christlichen Konfessionen. Alle zogen, so vorhanden, Kapuzen über ihre Köpfe, zogen die Kopftücher weiter ins Gesicht oder spannten Schirme auf, denn es hatte heftig zu regnen begonnen. Außerdem war es empfindlich kalt geworden an diesem Tag, der so strahlend und blau begonnen hatte.

Aber an diesem Tag hat es dann auch noch so etwas wie ein Weihnachtswunder gegeben. Schauplatz war die am höchsten Punkt der Stadt gelegene Weihnachtskirche. Vor zwei Jahren war eher zufällig ein amerikanischer Orgelbauer in die Stadt und auch in die Kirche gekommen, und ihn hatten die eher schrägen Töne aus der alten Orgel gestört. Er hat sich mit dem Pfarrer in Verbindung gesetzt und seine Hilfe angeboten und gemeint, er könne versuchen, Geld für die Reparatur des Instruments aufzutreiben, es abbauen und nach Amerika verschiffen, dort reparieren und dann würde es – und er versprach es feierlich – für den Weihnachtsgottesdienst 2000 wieder zur Verfügung stehen.

Das Ganze hat sich dann etwas hingezogen, aber nach Interventionen der amerikanischen Botschaft bei der israelischen Zollbehörde im Hafen von Haifa konnte die Sache doch noch beschleunigt werden. Als ich nach meiner Ankunft am 22. Dezember erstmals die Kirche betrat, war sie angefüllt mit großen und kleine Holzkisten. Ich sah die drei Männer, die da am Werk waren, und es kostete mich eher ein Lächeln. Niemals würden sie das Instrument in knapp zwei Tagen aufstellen und zum Klingen bringen können. Ich kontrollierte die Situation zweimal täglich und das Tempo war erstaunlich. Am Mittag des 24. hörte ich die ersten Orgeltöne aus der Kirche dringen. Um 12.30 Uhr allerdings war die Freude wieder vorbei, denn irgend etwas im Herzen der „Königin der Instrumente" war verschmolzen. Aus der Traum. Es hatte aber niemand mit der Sturheit des aus einer preußischen Familie stammenden Orgelbauers gerechnet. Er ging zum Pfarrer: „Mitri, du hast ein Auto, also hast du auch eine Autobatterie." Mitri meinte, daß er natürlich eine Batterie habe, die sei aber schon ziemlich am Ende. Sie wurde ausgebaut, angeschlossen und nach einigen Versuchen sprang die Orgel an. Zugegeben, es wirkte etwas lächerlich, dieses kleine technische Ding in dem riesigen Orgelgehäuse aus glänzendem Mahagoni. Aber zum Weihnachtsgottesdienst entfaltete sie ihren vollen Klang und hielt solange durch, bis das Ersatzteil aus den USA angekommen war.

Was hat diese kleine Weihnachtswunder-Geschichte mit dem ernsten Thema zu tun, mag mancher sich fragen. Meines Erachtens eine ganze Menge. Die Solidarität und der erfolgreiche Einsatz dieses amerikanischen Teams und die Tatsache, daß das Weihnachts-Halleluja in ihrer Kirche trotz aller Unbilden erklingen konnte, trotz dieses immer wieder zitierten Gefühls der Einschnürung, des Gefühls, in einem Gefängnis zu leben, hat den Menschen einen unglaublichen Auftrieb gegeben, die Durchhaltekraft wieder ein wenig gestärkt und auch die Hoffnung, daß man mit den Israelis wieder ins Gespräch kommen könnte. Schließlich hätten sie die Einfuhr und die Durchfahrt der Orgel ja auch verhindern können!

Bei dem kleinen Festessen, zu dem ich im Anschluß an den Gottesdienst eingeladen war, kam fast so etwas wie eine übermütige Stimmung auf, auch wenn von einer wirklich fröhlichen Weihnacht natürlich nicht die Rede sein konnte. Der amerikanische Prediger drückte es so aus: „Ich kann euch keine fröhliche Weihnacht wünschen, aber eine gesegnete. So möge es sein."

In diesem Jahr 2000 fielen Weihnachten und das Ende des Ramadan, des hohen Festes der Muslime, das am 27. Dezember gefeiert wurde, beinahe zusammen. Also waren auch am 25. und 26. Dezember Männer und Frauen in den Gassen und Straßen unterwegs, um kleine Geschenke für die Kinder zu kaufen. Kinderkleidung und all der Plastikspielzeug-Plunder wurden feilgeboten. Die Inhaber der Juweliergeschäfte allerdings standen untätig vor ihren Läden. Für Schmuck oder Ähnliches reichte das Geld nicht mehr. Aber es war wieder etwas mehr Betrieb in der Stadt. Es war nicht mehr so grau und tot, wie am Tag meiner

Ankunft. Außerdem atmeten die Menschen seit Tagen etwas auf. Seit dem 22. Dezember war keine Bombe mehr gefallen, war das Geräusch der Hubschrauber verstummt, und auch Schüsse waren selten zu hören.

Am 27. Dezember war ich bei Faten Mukarker nach Beit Jala eingeladen. In ihrem Haus wird Gastfreundschaft noch hoch gehalten, und so ließ sie es sich nicht ausreden, mich zu einem palästinensischen Mittagessen einzuladen. Das wäre auch ihre Idee für den neuen authentischen Tourismus „made in Palästina" gewesen: kleinere Touristengruppen ins Haus einzuladen, um ihnen Gelegenheit zu geben, mehr über das Leben der Familien und die Küche Palästinas zu erfahren. Aber damit ist einstweilen nichts.

Sie selber ist in Deutschland aufgewachsen und kam erst im Alter von einundzwanzig Jahren wieder nach Bethlehem zurück, als ihre Eltern einen Mann für sie ausgesucht hatten. Ich sah ihn nur kurz beim Essen. Er ist wesentlich älter als sie, hat aber durch einen kleinen Betrieb, in dem Handtücher erzeugt werden, ein relativ gesichertes Einkommen, was offenbar ein gutes Argument in den Augen der Eltern gewesen ist.

Beim Kaffee erzählte mir Faten, die schon einige Bücher herausgegeben hat, von den vergangenen Wochen und den immer näherkommenden Bombeneinschlägen. Von den Nachbarhäusern in der Nähe der St. Nikola-Kirche waren fast alle mehr oder weniger beschädigt. „Wie durch ein Wunder hat es unser Haus nicht erwischt", erzählte sie, „aber wir haben all die Wochen in einem Kellerabteil geschlafen, weil wir große Angst hatten. Vor allem Maria, unser Kind, begann jeden Tag am ganzen Leib zu zittern, wenn es dunkel wurde. Sie ist völlig verstört, ißt fast nichts und schläft sehr schlecht. Wir machen uns große Sorgen um sie und würden sie gerne zu einem bekannten Arzt in Jerusalem bringen. Aber wir können ja nicht raus."

Sie kramte zwischen den Papieren auf ihrem Schreibtisch und förderte eine kleine Mappe zutage. Sie reicht sie mir und sagte: „Schauen Sie sich das an." Ich schlug die Mappe auf und fand Kinderzeichnungen, Zeichnungen des Mädchens Maria. Sie war zehn Jahre alt. Auf den Bleistiftzeichnungen nur Panzer, Flugzeuge, Gewehre, Bombeneinschläge und auf jeder der Zeichnungen irgendwo ein kleines rotes Rinnsal – Blut. Auf einer der Zeichnungen ein getöteter kleiner Bub mit gespaltenem Kopf auf der Straße liegend, daneben ein kleiner grauer Batzen, sein Gehirn. Die Mutter: „Das hat sie im Fernsehen gesehen und mich nachher gefragt: Mami, glaubst du, daß der Bub so in den Himmel kommt oder daß der liebe Gott ihn wieder ganz macht, damit er ein schöner Engel werden kann?“ Kinderfragen, Fragen eines palästinensischen Mädchens. Die Mädchen hier wachsen sonst innerhalb ihrer Familien sehr behütet auf. Von ihnen wird alles Dunkle und Bedrohende ferngehalten, wie es in dieser noch sehr traditionellen Gesellschaft üblich ist. Aber ein Mädchen wie Maria weiß nie, ob es am nächsten Tag in die Schule gehen kann. Ihr Wohnhaus liegt in Zone A von Beit Jala, die Schule in der Zone C, und da kann es sein, daß einfach abgesperrt ist und Soldaten die Kinder einfach nicht zur Schule gehen lassen.

Damit hatte die Schuldirektorin im vergangenen Monat Schluß gemacht. Sie hat einfach ein Loch in die Schulmauer brechen lassen, denn hinter der Schule liegt ein leeres Grundstück, das zur Zone A gehört. Jetzt können die Kinder durch das Loch in der Mauer schlüpfen.

Während ihrer Erzählungen über die Schwierigkeiten des Familienalltags in dieser bedrängten Lage, über der nur in diesen Tagen eine vorübergehende, also trügerische Ruhe liegt, wurde Fatens Stimme immer härter, der Sprachduktus immer schneller und schließlich landete sie bei der Feststellung: „Wir haben das alles nur dem Ausflug des Herrn Sharon auf den Tempelberg zu verdanken. Das war eine glatte und wissentlich gesetzte Provokation. Wenn man beten oder der Moschee einen Besuch abstatten will, braucht man keine 200 schwer bewaffneten Soldaten. Das war eine bewußte Provokation.“

„Und dann flogen wieder die Steine“, replizierte ich. „Ja, dann flogen wieder die Steine“, bestätigte Faten, deren Augen zornig blitzen. „Was sollen wir sonst schmeißen? Wir haben keine Blumen. Sonst hätten wir vielleicht Blumen geworfen. Steine sind das, was wir haben. Oft wird gefragt, warum bei uns gerade Kinder Steine werfen. Ja warum? Erstens, wir sind ein sehr junges Volk. Über siebzig Prozent sind unter achtzehn Jahre alt. Der andere Grund ist, daß mittlerweile Medien in jedem Haus sind. Weil wir ja nicht raus können, haben auch die Ärmsten der Armen einen Fernseher, um wenigstens aus dem Gefängnis hinausschauen zu können. Die Kinder und Jugendlichen sehen, wie die Kinder und Jugendlichen in anderen Ländern leben, in Europa, in Amerika, und sie fragen sich: Warum müssen wir unterdrückt leben, beherrscht von einem anderen Volk? Wir wollen auch frei sein, wollen auch spielen. Und dann gehen sie hin und schmeißen Steine auf die Soldaten. Ihr Hintergedanke ist wohl ‚nothing to loose'. Sie haben nichts zu verlieren, und wer nichts zu verlieren hat, denke ich, ist bereit, alles zu geben, auch wenn es das eigene Leben ist."

Was Faten da beinahe schreiend aus sich herauspreßte, erinnerte mich an meine Begegnung mit dem arbeitslosen Fremdenführer Tony Sabella. Mich hatten die vielen kleinen Buben in den Straßen aufgeregt, die einander mit allerlei Plastikwaffen ziemlich professionell anmutende Kämpfe lieferten. Auf allen Plätzen und allen Ecken konnte man sie sehen und hören: bum, bum, bum und wie das halt sonst noch tönt. Und sie machten grimmige Gesichter. Ich sagte zu Tony: „Ich verstehe das nicht. Wenn ohnehin kein Geld da ist, warum kaufen die Leute dann den Buben diesen Plastikplunder und dann auch noch zu Festtagen? Als gäbe es nicht genug Waffen in diesem Land."

Tony mit ernstem Gesicht: „Jedem palästinensischen Kind wurde alles genommen, was Kindheit ausmacht. Statt daß man ihnen Spiele kauft, die ihren ohnehin so eingeengten Horizont erweitern, ihre Phantasie beflügeln könnten, schenkt man ihnen Waffen. Sie kennen nichts anderes als Besetzung, Soldaten, Raketen, 500- und 800-Millimeter-Geschoße. Ich habe von diesen Dingen nie etwas gewußt. Ich kenne mich da nicht aus, jetzt lerne ich es von sieben oder acht Jahre alten Kindern. Sie wissen mehr über Politik und Waffen als ich. Und der Grund dafür ist die Besetzung. Es gibt kein Theater, kein Kino, kein Schwimmbecken, keinen Park und als Spielplatz nur die Straße. Wir dürfen nicht ans Meer und nicht an den Strand. Wo also sollte ein Kind Kind sein dürfen?

So wachsen sie auf, so fangen sie an, Steine zu werfen, später zu schießen und schließlich werden sie zu lebenden Bomben wie sie es selber sind, die Angst und Schrecken verbreiten und ebenso junge Menschen mit in den Tod reißen."

Ich hatte meine Hand auf Fatens Arm gelegt und versuchte sie zu beruhigen, konnte aber ihre Aufregung, ihren Zorn verstehen. Wir tranken noch eine dieser kleinen Tassen köstlich duftenden Kaffees. Dann verabschiedete ich mich. Ich ging die Straße hinunter zur Nikola-Kirche. Dort standen zwei Taxis, die vermutlich schon lange auf Kundschaft gewartet hatten. Der erste Taxifahrer strahlte, als ich einstieg. Ich gab mein Ziel an. Er drehte sich zu mir und fragte, ob es mir etwas ausmachen würde, einen kleinen Umweg zu machen, denn er sollte schon den ganzen Tag seinem Sohn einen Sack mit Obst bringen. Das Essen im Krankenhaus sei schlecht und sehr einseitig. Ich dachte mir noch: „Schlitzohr, du versuchst mich für deinen Familienauftrag bezahlen zu lassen“, sagte aber: „Ist in Ordnung.“

Wir fuhren den steilen Berg hinauf. Direkt unter der Kuppe ist ein kleines Spital, genauer ein Rehabilitationszentrum in den Hang gebaut. Er blieb stehen. Ich fragte, ob ich mitkommen könne. Er bejahte.

Schlitzohr hin oder her, was ich zu sehen bekam, machte diese Frage irrelevant. Die Zimmer, die Gänge überfüllt mit schwer verletzten, vor allem jungen Leuten. Gipsbeine, Prothesen, dicke Kopfverbände, Thoraxmieder und aus den Zimmern unaufhörliches Wimmern, auch Schreie dazwischen. Der Mann fand seinen Sohn. Er lag unbeweglich in einem schmalen Bett. Es hatte die Wirbelsäule erwischt, er ist gelähmt. Ich spürte, daß meine Knie plötzlich ziemlich weich waren. Er sagte tonlos: „Der Ältere ist tot, vielleicht hat er den besseren Teil erwählt.“

Beim Hinunterfahren erzählte er mir in schlechtem Englisch eine unglaubliche Story, die ich aber nicht zum ersten Mal hörte. Es gibt immer wieder Reporterteams, die sich für ihre Schreckensbilder Leute anheuern: einige bei einem Checkpoint herumlungernde Buben und ein paar junge Soldaten, denen ebenso fad ist wie den Buben. Dann spielen sie Steine werfen und Schießen für ein paar Groschen, ein paar Zigaretten oder ein Stück Schokolade. „Und bei meinem Buben – ich hatte ihnen das alles streng verboten, aber Sie wissen ja, wie diese Kerle heute sind – bei meinem Buben war das so, daß die Soldaten, wie vereinbart, zuerst in die Luft, dann aber scharf geschossen haben. Es hat noch zwei erwischt, aber nicht so schlimm.“

5.

Ich knete meine Träume

Nach den Weihnachtsfeiertagen und dem Ramadan hatte ich Gelegenheit, die Kunstwerkstätten des Internationalen Begegnungszentrums zu besuchen, die unterhalb der Weihnachtskirche untergebracht sind. Man könnte fragen, was soll die Investition in Kunstkurse in Zeiten, in denen es den Leuten am Nötigsten fehlt? Es geht hier um andere Wertigkeiten. Es geht um Kunst, aber es geht vor allem darum, die Frauen zu stärken, die in der palästinensischen Gesellschaft auch ohne Bomben und Checkpoints keinen großen Spielraum haben. Sie, die in schwierigen Zeiten – und die haben nicht erst mit der Intifada begonnen – mit der ganzen Last ihrer Sorgen zu Hause sitzen und immer tiefer in die Depression geraten. Da aber Kunsthandwerk, vor allem natürlich im textilen Bereich – Weberei, Stickerei etc. – immer Sache der Frauen war, war nach jahrelangen Versuchen mit Heimarbeit für Mitri Raheb und seine Leute hier anzusetzen. Inzwischen gibt es die nötigen Einrichtungen und Kurse im Bereich Keramik, Glas- und Tonmosaike, Glasbläserei, um nur einige Beispiele aus dem reichhaltigen Angebot herauszugreifen. Diese werden auch von arbeitslosen Männern, vor allem aber von Frauen besucht. Man legt Wert auf beste Ausbildung, auf hohe Qualität und Geschmack, um ein Gegengewicht zum üblichen Kitsch der Massenwaren anbieten zu können. Die im schön gestalteten, in ein altes Gewölbe eingefügten Gift-Shop ausgestellten Dinge brauchen einen internationalen Vergleich nicht zu scheuen. Das einzige Problem: die Käufer fehlen, aber daran wird nun via Internet gearbeitet, indem versucht wird, international anzubieten.

Die sauberen hellen Räume, die ich betrat, waren an diesem Morgen ziemlich leer. Ein behinderter junger Mann im Rollstuhl arbeitete an einem Glasmosaik. Zwei Frauen holten gerade Teller und Tassen aus dem Brennofen, wobei fleißig getratscht oder auch diskutiert wurde, um die seltene Zeit für Kommunikation zu nützen. In der Mitte des Raumes saß an einer Drehscheibe eine auffallend hübsche junge Frau, die tief in ihre Arbeit an einer etwa sechzig Zentimeter hohen Bodenvase versunken war. Ich trat näher und fragte, was das denn sei, was sie an die äußere glatte Form der Vase anbringe. Es schaute aus wie eine Fülle kleiner Balkone und Erker. Sie schaute auf und ich blickte in große dunkle, orientalisch verzauberte Augen in einem schönen ebenmäßigen Gesicht. Das spürbar füllige Haar war unter einem strengen aber geschmackvoll gebundenen Tuch verborgen. An den Ohren und rund um den Hals trug sie hübschen, vermutlich selbst gefertigten Keramikschmuck. „Oberflächlich gesehen versuche ich, an die Tradition der kanaanitischen Dörfer anzuschließen, sie in Erinnerung zu rufen. Denn dort sind für viele unserer Menschen ihre Wurzeln. In der Tiefe aber", und sie schaute mich eine Weile versonnen an, „in der Tiefe aber versuche ich meine Träume zu kneten, die Träume von einer friedlichen Welt, in der alle Menschen in Würde und Gerechtigkeit zusammenleben können."

Während sie unbeirrt weiterarbeitete, an ihren Träumen knetete, erfuhr ich, daß sie aus einem der Flüchtlingslager in Beit Jala kommt. Der Vater hätte ihr, da sie sich zu heiraten weigerte, erlaubt, einen Keramikkurs an der Kunstschule zu absolvieren. Heute sei sie daher imstande, Kurse abzuhalten. Mich begann diese junge Frau zu interessieren und so fragte ich, ob es denn möglich wäre, sie am Nachmittag zu besuchen. Sie nahm diese Gelegenheit mit Freude auf und lud mich zum Tee ein. „Nur", sagte sie, „bitten Sie Judy, die Leiterin des Kunstprogramms, Sie zu begleiten, denn dorthin, wo ich wohne, finden Sie alleine niemals."

Judy hatte erfreulicherweise Zeit, und wir fuhren später mit einem Taxi aus Bethlehem hinaus und die steile, kurvige Strecke den Berg hinauf. Auch Judy mußte ein paar Mal fragen, um den richtigen Weg zu finden. Nun, die Gegend, durch die wir fuhren, war natürlich nicht mehr das, was man sich landläufig unter einem Flüchtlingslager vorstellt. Da waren keine Zelte mehr, keine Baracken, aber es war sichtbar ein unterprivilegierter Stadtteil mit ziemlich billig gebauten, schäbigen Häusern, dazwischen steinige Olivengärten und hier und dort ein paar Ziegen, die sich aus Mangel an anderem Grün auf den Hinterbeinen stehend an den Blättern der Olivenbäume gütlich taten.

Das Haus, vor dem wir stehenblieben, war immerhin dreistöckig, aber schäbig war es auch. In den Räumen kitschiger

Pseudobarock und unzählige dieser schrecklichen Häkeldeckchen in allen Größen. Wir versanken in unsagbar tiefen Fauteuils und Judy mußte mich nicht nur herbringen, sondern jetzt auch für mich übersetzen, denn für ein längeres Gespräch reichte Semiras Englisch nicht aus. Das zu lernen, hatte sie niemals Gelegenheit bekommen: „Wozu braucht ein Mädchen auch Englisch?“

Ich erfuhr, daß die Familie nun schon in der dritten Generation hier lebt. Die Großeltern wurden aus ihrem Dorf in der Nähe von Haifa vertrieben und hier in ein Lager gebracht, damals wirklich noch in Zelten oder Baracken zusammengepfercht. Trotzdem war diesen Leuten ihre Lebensfreude nicht auszutreiben. Jedenfalls haben Semiras Eltern nicht weniger als elf Kinder bekommen, drei Söhne und acht Töchter. Semira ist die Jüngste.

Es kam dann für eine Weile eine ganz gute Zeit, die es ihnen erlaubte, das Haus zu bauen. Die drei Brüder hatten in Israel oder zwischendurch auch in Jordanien halbwegs gutbezahlte Jobs am Bau und sie lebten, wie sie es gewohnt waren, sparsam und einfach. Die Töchter sind bis auf Semira alle verheiratet und ausgezogen. Die Söhne leben mit ihren nun auch schon kinderreichen Familien, den alten Eltern und der unverheirateten Schwester in diesem Haus, in dem es trotz der drei Stockwerke ziemlich eng geworden ist.

Jetzt wird es aber auch anderweitig eng, da alle drei Brüder ihre Jobs verloren haben und nur gelegentlich Arbeit finden, wenn es darum geht, zerstörte Häuser wenigstens soweit zu reparieren, daß die Leute drinnen wohnen bleiben können. Auch Semira hat ihren Job beim palästinensischen Fernsehen verloren, der ihr natürlich mehr einbrachte, als es jetzt die Keramikkurse tun. Sie hatte ein wöchentliches kulturpolitisches Programm, für das sie alleine verantwortlich war. Ich habe später einige dieser Filme gesehen. Da gab es Volksmusik, Reportagen von Tanzfesten, traditionellen Werkstätten, von Handwerkern, die sich über die Schulter schauen ließen. Es gab Vorträge und Gespräche über die verschiedenen religiösen Traditionen, und dann gab es immer wieder Passagen, in denen Semira alte Texte oder auch ihre eigenen Gedichte und Balladen rezitierte. Semira war gerade dabei, in der erst fünf Jahre vorher eingerichteten autonomen Fernsehstation Karriere zu machen, als plötzlich das Aus kam. Mit Beginn der Intifada gab es keine Sendeplätze mehr für Kultur, sondern nur noch Kriegsberichterstattung und politische Propaganda.

„Wovon lebt eine so große Familie, wie die eure jetzt, wenn es so gut wie kein Einkommen mehr gibt?“ fragte ich. Semira, in einem sehr hübschen, nach alter Tradition bestickten Kleid, hob die linke Schulter und legte den Kopf etwas schief. „Noch geht es. Noch gibt es Ersparnisse, und wir müssen halt sehr sparsam sein, damit das Geld noch eine Weile reicht. Aber was dann ist, wenn die Brüder keine Arbeit bekommen, das wissen wir nicht. Meine kleine Gage und die paar Ziegen und der kleine Viehhandel meines Vaters, damit kommen wir nicht weit.“

Ich fragte nach den vergangenen Monaten, nach den Zerstörungen in diesem, hoch auf dem Berghang gelegenen Viertel. „Sehen Sie selbst“, sagte Semira, und wir traten auf den kleinen, schmalen Balkon, der eine an sich wunderschöne Aussicht über Bethlehem bot. Ich aber sah viele zerstörte, ausgebrannte, in sich zusammenfallende Häuser hügelan, die sich nicht werden reparieren lassen, sondern abgerissen werden müssen. „Die ersten Tage und Nächte haben die Familien im Freien oder in notdürftigen Zelten verbracht. Dann sind die meisten aber weggezogen, irgendwo bei Verwandten untergekommen, was in den meist kleineren Häusern zu neuen Problemen führt. Und doch“, sagte Semira „ist das unser einziger, unzerstörbarer Reichtum, der Zusammenhalt der Familien. Das ist das einzige, was die Menschen hier noch aufrecht hält.“

Dabei muß man sich immer in Erinnerung rufen, daß ein Gutteil der Familien hier oben schon in der dritten Generation als Flüchtlinge lebt und bis heute keinen Status, keine Staatsbürgerschaft und damit auch keinen Paß hat. Ein Niemand aus einem quasi Niemandsland zu sein, ist schon bitter.

Mein Blick blieb weiter bergauf gerichtet. Hinter dem Horizont mit den zerstörten oder doch schwer beschädigten palästinensischen Häusern sah ich fast wie in einer Linie, obwohl ich weiß, daß ein Tal dazwischen liegt, die neuen burgartig aufgetürmten Häuser der jüdischen Siedlung Gilo, die bis an die äußerste Kante des Bergrückens gewachsen ist und etwas Bedrohliches an sich hat. Von dort wird geschossen, von dort können in jeder Nacht Tod und Zerstörung kommen. Und Gilo ist nicht die einzige sogenannte Siedlung, die den Menschen von Bethlehem den Atem nimmt.

Vor einigen Tagen hatte Mitri Raheb, der Pfarrer der Weihnachtskirche, dieses Thema angeschnitten: „Ich meine, die

Siedlungen, die man in den letzten zwanzig Jahren wachsen sah, haben – und das entdeckt man mehr und mehr – auch militärischen Charakter und einen militärischen Zweck. Das heißt, daß wir, wenn eine solche Siedlung immer weiter über den Bergrücken wächst, Angst haben, daß wir von dort aus beschossen werden könnten. Und wir werden ja auch von dort aus beschossen. Mit den heutigen modernen, amerikanischen Waffen sind diese Distanzen kein Problem mehr. Dabei weiß jeder, daß der Bau und Weiterbau der Siedlungen gegen jedes internationale, gegen das Völkerrecht ist.

Wir fühlen heute hautnah, daß unsere Stadt hier regelrecht erwürgt wird von Siedlungen, die eigentlich Festungen sind, und hinter denen ein riesiger militärischer aber auch wirtschaftlicher Apparat steht."

Unter einer Siedlung stelle ich mir kleine Häuser mit kleinen Gärten und Wegen dazwischen vor, aber nicht das, dessen dramatisches Wachstum ich ja selber in den vergangenen Jahren bei meinen immer wiederkehrenden Besuchen feststellen konnte. Dazu muß man sich auch überlegen, welche Mentalität in solchen Wehrburgen heranwächst. Es sind Ghettos, durchaus komfortable Ghettos, die man als Israeli auch jederzeit verlassen kann, von denen aus man über sogenannte Bypass-Straßen, die durch Berge und über Täler gespannt angelegt sind, auch Nachbardörfer besuchen kann. Die Situation aber ist und bleibt eine Ghetto-Situation.

Diese Lebensform trägt auch nicht zur Homogenisierung der israelischen Gesellschaft bei, da die Einwanderer ja meist nach ihren Herkunftsländern zusammen wohnen. Wenn man immer unter sich ist, ist es schwierig, eine neue Sprache zu erlernen, sich mit der traditionellen Kultur und Lebensweise der neuen Heimat vertraut zu machen. Wenn dann in einer solchen Situation, ständig mit Haßparolen und Propaganda genährt, die anderen, die da draußen, als Feinde und Terroristen verteufelt werden, nimmt einen das aufgeheizte Klima nicht mehr wunder. Wie soll da Frieden wachsen können?

Diese Frage sprang mir am darauffolgenden Tag mit aller Schärfe in die Augen. Ich war auf dem Weg in eine Randsiedlung von Beit Jala und blieb kurz vor der hohen Brücke stehen, die das tief eingeschnittene Tal überspannt. Sie gehört zu einer der bereits erwähnten Bypass-Straßen, die mit ebensolchen

Brücken und Tunnels die jüdischen Siedlungen untereinander verbinden, damit die Siedler sich nicht den Gefahren aussetzen müssen, die bei Durchquerung von palästinensischem Autonomiegebiet auftreten könnten. Ein ziemlich beeindruckendes Bauwerk – davon gibt es viele im Westjordanland, in dem alles nur zum Schutz der Siedler geschieht, nicht aber zum Schutz der Palästinenser.

Ich ging den ziemlich steilen Weg zwischen den kleinen Häusern und zerzausten Gärten hinauf bis zu dem Häuschen, das man mir beschrieben hatte. Ich traf ein altes Ehepaar, das deutsch sprach, weil die Familie über Jahre in Deutschland gearbeitet hatte und erst vor fünf Jahren zurückgekommen ist. Vom Ersparten haben sie sich das Grundstück gekauft und ein Haus gebaut. Die Kinder waren in Deutschland geblieben und daher waren es nicht die eigenen Enkelkinder, die vor dem Haus mit der rotbraunen Katze des Ehepaares spielten.

Die Sonne schien, also setzten wir uns auf die Bank neben der Türe. Sie erzählten mir aus ihrem Leben, von der Vertreibung aus ihrem Heimatdorf, von der Ermordung von fünf Verwandten, drei aus ihrer, zwei aus seiner Familie. Sie erzählten vom harten Leben im Flüchtlingslager und den ebenfalls schwierigen Jahren in Deutschland. „Es war nicht die Arbeit, sondern die Isolation in einer völlig fremden Kultur“, sagte der Mann und stützte sich auf den Knotenstock, den er vor sich in den Boden gerammt hatte. Sein Gesicht verdüsterte sich, als er fortfuhr: „Und jetzt in unseren alten und müden Tagen soll das alles wieder von vorne anfangen.“ Ich fragte nach und erfuhr, daß sie und alle anderen Haus- und Grundbesitzer auf diesem Hang unter der Brücke erst vor wenigen Tagen, also kurz vor Weihnachten, den Bescheid bekommen hatten, daß sie bis März ihre Häuser und Grundstücke zu räumen hätten, da man das Gebiet unter der Brücke weiträumig absperren müsse, um die Bypass-Straße vor etwaigen palästinensischen Sprengstoffattentaten zu schützen.

Ob man ihnen denn auch eine ordentliche Ablösung ihres Eigentums angeboten habe, damit sie sich wenigstens anderswo ansiedeln könnten, wenn sie schon wieder einmal ihre Heimat verlören? „Davon war und ist nicht die Rede – es ist wieder einmal Vertreibung und nichts sonst“, brummte der alte Mann, und über das Gesicht der Frau rannen Tränen. Wieder Vertreibung, wieder Tränen, wieder neue Wunden.

Da fragt man sich schon, wie es denn das geben könne, geben dürfe. Gerade in einer Zeit, in der allüberall von Entschädigung für Zwangsarbeit, für von den Nazis beschlagnahmtes Eigentum die Rede ist und mittels Sammelklagen durchgesetzt wird. Natürlich ist es eine Schande, daß eine solche Entschädigung so spät und für viele zu spät geleistet wird. Gerade dieses Volk, dem so viel Leid angetan wurde, müßte aber wissen, was es heißt, vertrieben, enteignet zu werden, alles zu verlieren und das in vielen Fällen nicht nur einmal, sondern zwei- und auch dreimal im Leben. Wie soll man das verstehen?

Wir saßen noch eine Weile zusammen, in der noch viel von der Verzweiflung und Ratlosigkeit der alten Leute die Rede war, die nicht mehr wegwollen aus dem Land, auch nicht zu ihren Kindern nach Deutschland ziehen wollen und können und faktisch mit leeren Händen in eine ungewisse Zukunft schauen. Sie erzählten aber auch von den vielen jungen Familien, die sich hier angesiedelt, ihr ganzes erspartes Geld in ein Haus gesteckt, sich in vielen Fällen auch noch verschuldet haben.

„Bei uns hier gibt es keine Extremisten, keine Terroristen. Niemand käme auf die Idee, die Brücke zu sprengen", sagte der Alte, meinte aber dann, daß diese Vertreibung wohl viel böses Blut machen werde und daß dann der eine oder andere von den jungen Leuten auf dumme Ideen kommen könne, wenn er die Zukunft der Kinder gefährdet sieht.

Ich bin nach den Weihnachtstagen 2001 Ende Dezember mit einem ziemlich schweren Herzen abgereist und habe mir vorgenommen, alles in meiner Macht stehende zu tun, um für den Frieden im Heiligen Land zu werben und meine Freunde zu Solidaritätsaktionen für die so sehr bedrohte christliche Minderheit in Bethlehem zu motivieren.

Zwei Tage nach meiner Rückkehr erhielt ich den Text eines offenen Briefes, den Mitri Raheb an den damals gerade noch amtierenden Präsidenten Bill Clinton abgeschickt hatte. Die Titelfrage: „Herr Clinton, was würden Sie an meiner Stelle tun?" Mitri Raheb und seine Frau sollten in den Tagen um den Jahreswechsel zu einer Vortragstour in die USA aufbrechen, die Freundesgruppen minutiös vorbereitet hatten. Obwohl er einen vatikanischen Paß hat und seine Frau über eine Greencard der USA verfügt, mußten sie wie alle Palästinenser um eine Ausreisegenehmigung ansuchen. Dieses Ansuchen kann – was Bethlehem anlangt – nur bei der zuständigen Behörde in der illegal errichteten Siedlung Gosh Ezion, etwa sechs Kilometer südlich von Bethlehem, beantragt werden.

Mit seinem eigenen Auto, das eine grüne Kennzeichentafel hat, konnte er nicht hinfahren, da er sich nur in einem Umkreis von einer Meile bewegen darf. Also galt es ein Taxi mit gelbem Kennzeichen zu finden, was nicht ganz einfach ist. Am 28. Dezember war es ihm dann gelungen, ein solches Taxi zu finden. Das Ehepaar fuhr nach Gosh Ezion und legte die Papiere vor. Der Beamte meinte nach Durchsicht, jetzt gehe nichts, sie mögen in drei Tagen wiederkommen. Ein Anruf bei der Militärbehörde drei Tage später brachte neue Schikanen. Ja, vielleicht könne die Frau ausreisen, er aber nicht. Pfarrer Raheb verwies noch einmal auf seinen vatikanischen Paß. Ja, hieß es, da hätte er andere Formulare ausfüllen müssen, und so weiter. Die Sache zog sich.

Mitri Raheb in seinem Brief an Clinton dann wörtlich: „Wiederum fuhren wir zum Checkpoint in der Hoffnung, ein Taxi mit gelbem Kennzeichen zu finden. Da sah ich allerdings, daß die Sperre so weit offen war, daß ich mit meinem Wagen durchfahren konnte. Ich beschloß, diese Chance zu nutzen, ohne zu wissen, was passieren würde, wenn uns jemand erwischte. Aber wir erreichten unser Ziel und bekamen endlich die Ausreisepapiere. Wir fuhren dieselbe Strecke zurück, aber das Schlupfloch war zu. Ein israelisches Militärfahrzeug blockierte die Straße und wir schauten in die Mündungsrohre von Gewehren. Man schickte uns zurück. Wir waren verzweifelt. Wir fuhren von einem Checkpoint zum anderen. Unsere Irrfahrt dauerte fast zwei Stunden und ich begriff, was es für unsere Bauern aus den umliegenden Dörfern bedeutet, die jeden Tag auf Schleichwegen über die Berge in die Stadt kommen müssen, um ihre Waren auf den Markt zu bringen – also die Menschen in der Stadt am Leben zu erhalten und sich selber mit dem Nötigsten zu versorgen. Über eben diese Schleichwege gelang es auch uns, in die Stadt zurückzukehren. Wir waren völlig fertig, naß geschwitzt und meine Frau begann haltlos zu weinen."

Die Odyssee der Rahebs war aber noch nicht zu Ende. Am 4. Jänner fuhren sie mit einem Taxi zum Ben-Gurion-Flughafen, von wo die Maschine um 16.30 Uhr starten sollte. Sie waren so zeitig am Flughafen, daß sie die ersten am Sicherheits-Check waren. Der Rest der Geschichte in Stichworten: Die Papiere wurden sorgfältig überprüft – Ergebnis: Ausreise unmöglich – Anruf bei der Militärbehörde – Rennen von einem Gebäude, von einem Büro zum anderen – Flughafenpolizei – Flughafen-Sicherheitsbüro und wieder zurück. Ergebnis null: „Kein Palästinenser darf das Land verlassen!"

Nach sechs Stunden hieß es: Zurück an den Ausgangspunkt. Das war der Augenblick, in dem sich Mitri Raheb an seinen Computer setzte und den Brief an den Präsidenten der Vereinigten Staaten schrieb, der so schloß: „Was, Mr. President, würden Sie an meiner Stelle tun? Ich, Mr. President würde alles tun, um diesem Volk endlich seine Souveränität zu geben, die Kontrolle über eigene Grenzen, eigene Straßen ohne Militärsperren, seine Lufthoheit, sodaß in Zukunft kein Palästinenser, keine Palästinenserin so behandelt werden kann wie wir. Ich rede nur von einem Leben ohne diese ständige Schikanen, ohne diese ständige Erniedrigung."

Ich weiß nicht mehr genau wann, jedenfalls ein paar Tage später erhielt ich einen Anruf der Rahebs aus den USA. Eine Intervention aus dem Weißen Haus hatte Wirkung gezeigt. Aber das war eben noch in den letzten Tagen der Clinton-Administration. Ob ein solcher Brief heute überhaupt gelesen, geschweige denn positiv beantwortet würde? Ich wage es zu bezweifeln.

Natürlich nimmt sich dieser Hindernislauf eines Ehepaares von heute aus gesehen, im Vergleich zu der inzwischen eskalierten Gewalt auf beiden Seiten, harmlos, vielleicht sogar lächerlich aus. Sie ist aber trotzdem ein deutliches Beispiel für die israelischen Methoden des täglichen Quälens von Menschen, das die palästinensische Gewalt niemals entschuldigen, aber doch verständlicher machen kann. Wenn man Leute wie die Rahebs, die zu den Spitzen der palästinensischen Gesellschaft zählen, ausgezeichnete Verbindungen ins Ausland haben und über entsprechende Dokumente verfügen, so behandelt, dann kann man sich vorstellen, wie es jenen ergeht, die all das nicht vorweisen können, die ungebildet, arbeitslos und jung und daher zu vernachlässigen sind.

6.

Jeder Krieg entstellt Gottes Angesicht

Auf dem Rückweg von Bethlehem habe ich im November vergangenen Jahres die Chance zu einem Gespräch mit dem schon einige Male zitierten lateinischen Patriarchen von Jerusalem, Michel Sabbah genutzt. Es war am frühen Morgen an einem Samstag. Der Platz vor dem New Gate, wohin mich ein Fahrer aus Bethlehem, der über ein Special Permit verfügt, gebracht hatte, war noch ziemlich leer: einige Leute vor den wenigen geöffneten Cafés, jüdische Familien, offensichtlich zur Synagoge oder zur Westmauer zum Gebet unterwegs, ein paar Händler, die eben dabei waren, ihre Geschäfte zu öffnen.

Ich ging den kurzen Weg zum Palast des Lateinischen Patriarchats, wurde freundlich empfangen und in ein Sprechzimmer geleitet. Aus den hohen Fenstern der Blick auf die Innenseite der Stadtmauer. Es dauerte eine Weile, aber dann kam Michel Sabbah und hieß mich auf seine bekannt herzliche Weise willkommen.

Michel Sabbah ist der erste lateinische Patriarch, der ein Kind des Landes ist und als Sohn einer palästinensischen Familie in Nazareth geboren wurde. Nach seinen Studien in Beirut und einigen Jahren als Priester und Lehrer in Amman wurde er 1980 zum Präsidenten der Universität in Bethlehem und sieben Jahre später zum Patriarchen von Jerusalem ernannt. Er gilt als ein Mann der klaren Worte und als engagierter Seel- und Menschensorger, der vor allem den in den Dörfern eingeschlossenen Menschen immer wieder den Rücken stärkt, Trost und, soweit möglich, auch materielle Hilfe bringt.

In seinem Hirtenbrief vom 19. Oktober 2001 schrieb er unter anderem: „Brüder und Schwestern. Ich bin Ihnen allen nahe. Gemeinsam mit Ihnen durchlebe auch ich den Sturm, der in diesen Tagen über uns hereingebrochen ist. Mit Gottes Hilfe wird er wieder vorübergehen." Und später: „Unser Schicksal ist es, unter Besatzung geboren und ununterbrochen dem Tode ausgesetzt zu sein. Jeder Mensch hat das Recht und die Pflicht, alles ihm mögliche zu tun, seine Freiheit zu gewinnen oder zu behalten. Die internationale Gemeinschaft muß endlich einsehen, daß die Palästinenser Menschen sind wie alle anderen auch und das Recht haben, in Würde und Gerechtigkeit zu leben.

Töten ist böse. Alle Gewalt ist böse. Jeder Krieg entstellt Gottes Angesicht und ist daher böse. Und weil es so viel Böses, so viel Tod in unserem Heiligen Land gibt, sage ich, es ist an der Zeit, die militärische Okkupation zu beenden. Unser Volk hat genug gelitten. Es ist Zeit, einen Schlußpunkt hinter diese Tragödie zu setzen."

Man spürt aus diesen Zeilen und auch aus dem Tonfall seiner Stimme, daß dieser Kirchenmann mit seinem Volk nicht pro forma, sondern wirklich leidet. Er betont immer wieder, daß jeder weiß, daß das israelische Volk Sicherheit braucht, daß es ein Recht auf Sicherheit und staatliche Integrität hat, daß das jüdische Volk die Möglichkeit haben muß, in Frieden zu leben. Aber das Recht auf Sicherheit im eigenen Land haben auch die Palästinenser. Auf meine Frage, wie es nach all dem, was in der Geschichte seit der Gründung des Staates, in all den Jahren des Konflikts und gerade in jüngster Zeit geschehen ist, zu einem Frieden zwischen den beiden Brudervölkern kommen könne, meinte Michel Sabbah ganz klar: „Das hängt einzig und alleine von der israelischen Regierung ab. Würde die israelische Regierung eine, wenn auch nur vorläufige, Erklärung abgeben, in der es hieße: Laßt uns miteinander reden, laßt uns darüber reden, wie die Palästinenser wieder in den Besitz ihres Landes kommen können – ich bin sicher, daß nach einer solchen Erklärung, wenn sie wirklich ehrlich wäre, die Gewalt sofort ein Ende haben würde. Ich hoffe, daß das israelische Volk eines Tages neue Führer bekommt, die die nötige Vision und die nötige Courage haben, diese Schritte zu setzen und die geforderten zweiundzwanzig Prozent des Landes zurückzugeben."

Nach dem, was in der Zwischenzeit geschehen ist, nach der immer noch nicht eingebremsten, ganz im Gegenteil sich immer weiter aufschaukelnden Eskalation der Gewalt auf beiden Seiten, muten diese Sätze mehr als naiv an. Oder ist der Glaube dieses Mannes einfach stärker als unserer und vor allem jener, die in den blutigen Konflikt involviert sind und offensichtlich nur mehr rot sehen? Als ich ihm vorhielt, daß ich mir nicht vorstellen kann, daß es allein mit der Landfrage getan wäre, daß da neben anderen vor allem die Stolpersteine Jerusalem und die Flüchtlingsfrage auf dem Weg lägen, blieb er kühl und auf seiner Linie: „Alle

Probleme werden eine Lösung haben, sobald die israelischen Führer sich zum Frieden entschlossen haben. Für Jerusalem, für die Flüchtlinge, für die Siedlungen wird es eine Lösung geben. Es gibt keine Frage, die nicht gelöst werden kann. Nicht die Lösungen fehlen, was fehlt ist ein ehrlicher politischer Wille auf Seiten der Israelis."

Da ist noch ein Problem – die massive Abwanderung so vieler christlicher Familien. Darüber macht sich Michel Sabbah als ihr Hirte natürlich Sorgen, denn wer möchte sich schon das Land Jesu „christenrein" vorstellen, oder wie der junge Mann Tony Saballa meinte: „Dann würden die lebendigen Steine fehlen, die wir später zum Wiederaufbau des Landes brauchen werden." Der Patriarch, der in unserem Gespräch wohl auch meine Sorge heraushören konnte, meinte an unsere Adresse: „Wenn sich die christliche Welt tatsächlich Sorgen um die Christen im Heiligen Land macht, dann sollte sie sich stärker und entschlossener für einen endgültigen Frieden einsetzen. Mir geht es in diesem Zusammenhang vor allem darum, den Menschen Mut zu machen. Das ist heute und hier unsere erste Pflicht, die Hoffnung der Menschen zu stärken."

Wir kamen aber auch noch auf die Rolle Amerikas in diesem Konflikt zu sprechen, und da kam eine Überlegung zum Tragen, die an sich offenkundig ist, aber dennoch – zumindest im Bereich der internationalen, von den USA gesteuerten Politik – nicht wirklich wahrgenommen wird. Sabbah: „Die amerikanische Administration will, so wird immer wieder behauptet, das jüdische Volk schützen. Das ist gut und richtig und wirklich wünschenswert. Nur, was die amerikanische Administration mit ihrer jetzigen Politik erreicht, ist das genaue Gegenteil. Statt dem jüdischen Volk schützend beizustehen, sorgen die Amerikaner dafür, daß Israel von immer mehr Feinden umgeben ist. Das ist nicht der richtige Weg. Wenn sie das jüdische Volk beschützen wollen, sollten sie dafür sorgen, ihm in der Region mehr Freunde zu schaffen und nicht Feinde. Dazu müßte sich die Politik aber radikal ändern und das würde unter anderem heißen: Gerechtigkeit für Palästina.

Das ist doch nicht zuviel verlangt. Es ist ja nicht so viel, was die Palästinenser fordern, eigentlich nur das Selbstverständliche, das Lebensnotwendige. Wenn man die Palästinenser zu Freunden machte, würde auch die arabische Welt freundlich und friedlich reagieren und man hätte wirklich etwas für den Schutz Israels getan."

Ein erster Vorschlag in die von Sabbah angedeutete Richtung kam Ende Februar 2002 zwar über, aber nicht aus den Vereinigten Staaten. Der saudische Kronprinz Abdallah erlaubte dem Journalisten Thomas Friedmann von der „New York Times", seinen Friedensvorschlag für den Nahen Osten abzudrucken. Das löste einerseits Hoffnung, andererseits aber auch Ratlosigkeit aus. Niemand konnte in diesen Tagen sagen, ob es sich um einen Versuchsballon oder einen wirklich ernstgemeinten und auch realistischen Vorschlag handelte. Ob die Saudis damit ihr angekratztes Image aufpolieren wollen – immerhin waren einige Bürger Saudi-Arabiens an den Terroranschlägen vom 11. September beteiligt – oder ob ihnen die Gefahr einer Ausweitung des Konflikts angst machte.

Im wesentlichen schlug Prinz Abdallah vor, daß Israel sich gänzlich auf die Grenzen von vor 1967 zurückziehen sollte, inklusive einer neuerlichen Teilung Jerusalems. Im Gegenzug würden die arabischen Staaten Israel anerkennen und Sicherheitsgarantien abgeben. Außerdem sollte der Handel normalisiert werden. Weiters, so hieß es da, würde das saudische Königshaus nicht opponieren, wenn Israel die Souveränität über die Klagemauer und das jüdische Viertel der Altstadt von Jerusalem behielte. Erstmals signalisierte damit der wichtigste amerikanische Verbündete im Nahen Osten, daß auch so etwas wie ein Gebietsaustausch denkbar sei.

Ariel Sharon reagierte fürs erste überraschend positiv und meinte, er sei zu Verhandlungen in Riad bereit. Verteidigungsminister Benjamin Ben-Eliezer, der Vorsitzende der Labour-Party, sprach davon, daß dieser Vorschlag einen „neuen Prozeß einleiten könnte, der den Nahen Ostern verändern kann." UNO-Generalsekretär Kofi Annan lobte die „positiven und mutigen Ideen für den Friedensprozeß zwischen Palästinensern und Israelis."

Soweit so gut. Fraglich blieb in diesen Februartagen, ob der saudische Kronprinz nicht im Alleingang allzu weit vorgeprescht ist und ob die Arabische Liga überhaupt gewillt ist, Friedenssignale auszusenden, solange die Militäraktionen Israels in den besetzten Gebieten weitergehen. Sie gingen auch in diesen Tagen weiter. An einem Checkpoint bei Jerusalem hatten israelische Soldaten einen jungen Mann erschossen, der seine hochschwangere

Frau zur Entbindung bringen wollte. Kurz zuvor wurde auch eine andere Schwangere angeschossen und schwer verletzt.

Ebenso fraglich ist letztlich die Haltung der israelischen Regierung. Denn Dore Gold, einer der Berater Sharons, beeilte sich zu versichern, daß es da nicht viel zu diskutieren gäbe. „Jerusalem bleibt ungeteilt und Israel denkt nicht daran, sich auf eine Situation vor dem Sechs-Tage-Krieg zurückzuziehen."

Trotz allem ging so etwas wie ein Hauch von Entspannung durch die Lande, wenn auch die Erwartungshaltung der Menschen sich nicht spürbar verändert hat.

Um auf meinen Besuch im Patriarchat zurückzukommen: Ich hatte noch kurz Gelegenheit, mich mit einem der Mitarbeiter von Michel Sabbah, einem älteren Herrn, zu unterhalten, der hier wohl schon lange Zeit Dienst tut. Er meinte, daß, seit der Patriarch zu seiner vollen Entfaltung gekommen sei, ein neuer Wind in den alten Mauern wehe. Da sei die klare Sprache, die aber niemals ätzend oder beleidigend werde, da sei diese tiefe Spiritualität und das konkrete Tun an den und für die Menschen, dieser ganz unverwechselbare, kirchlich wie gesellschaftlich offene Stil, der doch irgendeinmal Wirkung zeigen müsse. Möge der gute Mann recht behalten und seine Hoffnungen sich erfüllen.

Mir blieben noch einige Stunden in dieser geliebten Stadt, denn ich wollte erst gegen Abend in Tel Aviv sein. Die Autobusse zwischen Jerusalem und Tel Aviv fahren erfreulich häufig, auch wenn man beim Einsteigen nicht immer ein gutes Gefühl hat,

Ich schlenderte tiefer in die Altstadt hinein, wanderte hinauf und hinunter durch die altbekannten Gassen. Auch wenn mir sonst das an gewissen Schnittstellen besonders dichte Gewühl auf die Nerven ging und ich mich dann gerne in ruhigere Seitengassen zurückzog, heute erschreckte mich der zu einem dünnen Rinnsal verkommene Menschenfluß. Die Geschäftsleute lächelten heute besonders freundlich und einladend. Ein Antiquitätenhändler in der Nähe der Grabeskirche, der mich wiedererkannte, weil ich bei ihm über die Jahre schon so manche Dinge gekauft hatte – nichts Großes, aber doch immer wieder – bestand darauf, mich zu einem Kaffee oder Tee einladen zu dürfen. Er durfte, sprach immer noch sein witzig klingendes, etwas zerhacktes Deutsch und – wie könnte es anders sein – begann mir sein Leid zu klagen. Keine Touristen, viele Hotels, viele Restaurants geschlossen – nicht so schlimm wie in Bethlehem, aber doch schlimm genug, weil existenzbedrohend. Seine Umsätze seien im letzten Jahr um mindestens fünfzig Prozent zurückgegangen, und er wisse schon nicht mehr, wie er das Studium seiner beiden Söhne in Deutschland finanzieren solle. Auch in Jerusalem werde die Abwanderung stärker, und gerade die guten, die ehrlichen, die gebildeten und aufgeschlossenen Leute würden abwandern, weil sie den drohenden Konkurs befürchten müßten und dann mit leeren Händen dastünden, mit denen man im Ausland auch nicht so gerne gesehen werde. Die Mieten seien in den letzten Jahren so exorbitant teuer geworden, daß kleinere Betriebe schon daran zerschellen.

Ich kann mich noch an die Werkstätte und das Geschäft eines Ledermachers erinnern, bei dem ich oft eingekauft habe. Erstens, weil er sehr schön arbeitete und weil er auch so besonders liebenswürdig war. Bei meinem ersten Besuch, das ist schon lange her, hatte er noch vier Mitarbeiter. Beim nächsten Mal stand er allein in der Werkstatt und nur noch seine Frau half ihm beim Verkauf, wenn es selten aber doch etwas zum Verkaufen gab. Er erzählte, daß er die jungen Leute hatte entlassen und den großen hinteren Teil der Werkstatt habe aufgeben müssen. Als ich das letzte Mal bei ihm vorbeikam, saß er auf einem kleinen Holzschemel vor seiner Werkstatt. „Alles weg", sagte er leise, „ich konnte die Miete nicht mehr bezahlen und hoffe, daß ich jetzt bald zu meinen Verwandten in ein Dorf in der Nähe ziehen kann. Mit mir ist es aus."

Das ist natürlich nicht Zufall, dafür ist vermutlich nicht einmal die Globalisierung verantwortlich, sondern das ist bewußt eingesetzte Preispolitik, um die Christen und vor allem die arabische Bevölkerung aus der Stadt zu drängen, während sich immer mehr Juden in der Stadt ansiedeln.

Ich bin ein wenig später, nach einer kleinen Nostalgietour über den Platz vor dem Felsendom und dann hinunter zur Klagemauer, hinauf über den Zionsberg ins jüdische Viertel gegangen. Ich meine, das war auch in den letzten Jahren das nobelste Viertel der Stadt, mit neuen eleganten Geschäften, Galerien, gepflegten Restaurants und wirklich schönen neuen Wohnhäusern mit viel Licht dazwischen und einem Hauch von Grün. Diesmal aber traute ich meinen Augen nicht, was da wieder alles neu gebaut und restauriert worden war. So läuft das mit Wissen und tatkräftiger Unterstützung der israelischen Stadtverwaltung von Jerusalem. Zuerst drückt man die einen hinaus, dann kommen die Bulldozer, die die alten Häuser zerstören, weil sie ja leer stehen oder angeblich ohne Genehmigung errichtet worden sind. Dann kommen die anderen und wundern sich, daß die Stimmung immer aggressiver wird.

Es ist ja nach den vielen Zwischenfällen, nach den Schießereien und Anschlägen, die es nicht häufig, aber doch auch in der Altstadt gegeben hat, durchaus verständlich, daß es einen erhöhten Einsatz braucht: Sicherheit für die Gäste, Sicherheit für die eigenen Leute, für die Kinder, die zur Schule gehen, für die Geschäfte etc. Aber braucht es dafür wirklich einen solch massiven Einsatz, nicht von Polizei, sondern von jungen, bis an die Zähne bewaffneten Soldaten, die sich nicht selten mehr als anmaßend benehmen? Leute – arabische Leute – werden angerempelt, Obst- und Gemüsekisten vor den kleinen Geschäften mutwillig und nicht zufällig umgestoßen, Frauen mit frechen Worten beleidigt. Also, ich als Ausländerin, nicht als Einheimische, die dort bleiben muß, habe diese wachsende Militarisierung der Altstadt sehr oft als Provokation, ja als aggressiv empfunden, aggressiver jedenfalls als alles andere, was mir dort begegnete.

Ob das der Weg ist, der die Weichen ganz langsam in Richtung Frieden stellen kann, ist eigentlich nicht einmal fraglich.

Nach einem gemütlichen aber natürlich auch von der Gesamtstimmung überschatteten Kaffeeplausch mit einer Bekannten aus Deutschland, die seit einigen Jahren immer wieder Monate hier verbringt, um Hebräisch zu lernen mit dem Ziel, sich dann in eine Institution einzuklinken, die sich dem noch immer nicht ganz toten Traum vom Dialog widmet – die Hoffnung stirbt als letztes, sagt man im ebenfalls schwer geprüften Lateinamerika –, machte ich mich auf den Weg zum Busbahnhof. Den hatte ich noch als offenen Platz in Erinnerung. Heute ist er eine Festung, in die man nur mehr durch eine streng bewachte Schleuse nach gründlicher Kontrolle eintreten kann.

Man hat eben seine Vorbilder jenseits des großen Teiches, wo man auch geglaubt hat, daß mit solchen Methoden die absolute Sicherheit gewährleistet werden kann. Da solche Bunker aber nicht flächendeckend gebaut werden können, bringt das nicht viel. Denn wenn ein Attentäter sich mit einem Bus in die Luft sprengen will, wird er sich eben einen der alten Busbahnhöfe suchen und der einzelne Soldat, der in jedem Bus mitfährt, wird auch nicht viel verhindern können. Dafür bricht Amerika auch im Inneren dieser Bunker durch. Weniger in Jerusalem als bei meiner abendlichen Ankunft in Tel Aviv hatte ich das Gefühl, in eine riesige Shopping-Mall geraten zu sein. Mir war weder nach Kaufen noch nach Essen oder Trinken zumute, es widerte mich einfach an.

„Töten ist böse. Jede Gewalt ist böse. Jeder Krieg entstellt das Angesicht Gottes und ist daher böse." So hat es Patriarch Michel Sabbah in seinem Hirtenbrief vom Oktober vergangenen Jahres geschrieben. Keine der beiden Seiten hat auf ihn gehört. Es wird weiter getötet, es wird weiter gestorben auf beiden Seiten. Blut und Tränen fließen weiter und der Haß bekommt immer neue Nahrung.

Am Ende unseres Gesprächs im November 2001 hat Uri Avnery die Alternativen sehr klar gemacht, auch wenn die Realität ihn bisher Lügen straft:

„Wir in Gush Shalom haben vor ein paar Wochen einen Entwurf für einen vollständigen Friedensvertrag zwischen beiden Völkern veröffentlicht. Einen Entwurf, der nicht aus der Luft gegriffen ist, sondern darauf beruht, was in Camp David und in den späteren Geheimverhandlungen gesagt worden ist, über die wir sehr gut informiert sind. Aufgrund dieser Unterlagen und nach unzähligen Gesprächen mit Palästinensern – von Yassir Arafat bis zum Händler auf dem Markt von Jerusalem – haben wir etwas entworfen, das – und davon sind wir überzeugt – von beiden Seiten akzeptiert werden kann. Es werden alle Probleme behandelt, die heute zwischen den beiden Völkern existieren. Wir haben das veröffentlicht, um unseren Leuten, unserem Publikum zu zeigen, daß Frieden möglich ist. Was wir aber praktisch fragen, und fragen müssen, ist: Seid ihr bereit, diesen Preis für den Frieden zu zahlen oder wollt ihr einen Krieg ohne Ende? Eine andere Lösung gibt es nicht. Unsere Lösung, das wissen wir, ist nicht die beste, aber sie ist die einzige."

Vor ein paar Jahren habe ich den reformierten Rabbiner Tovia Ben Chorin noch in seiner kleinen Gemeinde in Jerusalem getroffen. Inzwischen hat er das Land verlassen, hat aufgegeben und ist in die Schweiz emigriert. Ich war eingeladen, mit ihm und seinem damals noch lebenden berühmten Vater Shalom Ben Chorin, der als erster Israeli nach dem Zweiten Weltkrieg wieder Verbindungen zu Deutschland aufgenommen hat, den Shabbat-Gottesdienst mitzufeiern. Es war eine schöne, schlichte Feier in dieser bunt zusammengewürfelten Gemeinde. Die Aufnahme war herzlich und die anschließenden Gespräche waren gut und informativ. Am darauffolgenden Vormittag traf ich dann mit dem Rabbi zu einem längeren Gespräch zusammen, in dem er feststellte, daß er eigentlich noch nie in seinem Leben Frieden erlebt hätte. Auch er selber sei Soldat, sei im Krieg gewesen, damals 1967, auch er habe Blut an seinen Händen, denn er säße mir nicht gegenüber, hätte nicht auch er Leben von anderen genommen. „Damit zu leben, ist nicht leicht", gestand er und meinte: „Vielleicht bin ich auch daher so sehr für den Frieden, was ich allerdings als Kampf für den Frieden sehe, denn er wird uns sicher nicht wie eine gebratene Taube in den Mund fliegen. Aber leider", fügte er hinzu, „habe ich noch nie von einem Staat gehört, der zu verschuldet, zu arm gewesen wäre für einen Krieg, aber genug Geld für Frieden oder die Abschaffung sozialer Mißstände hätte. Für Erziehung, für medizinische Ausstattung, für die Unterstützung von Armen und Obdachlosen gibt es nie genug Geld, aber für Panzer und Flugzeuge, die sehr viel kosten, ist immer genug Geld da."

Für Tovia Ben Chorin gehört das in den Bereich der offensichtlich grundsätzlichen Verlogenheit der Politik, nicht nur, aber auch in Israel. Er weist dabei noch auf ein anderes Phänomen hin, nämlich die Sonntagsreden von der Bedeutung des Volkes, vor allem von der Wichtigkeit der Jugend als Träger der Zukunft. Wenn es aber darum gehe, immer wieder einen neuen Krieg zu führen, dann verschwende man keinen Gedanken an die vielen jungen Leute, die darin wieder ihr Leben verlieren werden.

In diesen Tagen in Jerusalem habe ich auch Ruth Lelior getroffen, die Tochter einer alten Freundin, die Tochter von Alisa Stadler, einer Bibelübersetzerin hoher Gnaden, die in Baden bei Wien geboren, dann lange in Israel gelebt hat und wieder nach Wien zurückgekehrt ist, wohin der ständige Konflikt, aber auch das Heimweh sie getrieben hatte. Ich hatte die Geschichte ihres israelischen Enkels schon gekannt, aber dann saß ich der Mutter in einem der kleinen Cafés in der Altstadt gegenüber. Ruth war damals Anfang 60, sah aber mit ihrem lebhaften Gesicht und den schönen glänzenden Augen wesentlich jünger aus. Sie war vor allem für deutschsprachige Gäste eine der am meisten gefragten Fremdenführerinnen. Ihre fundierten Kenntnisse der Geschichte und ihre offene, klare und durchaus kritische Sprache wurden sehr geschätzt.

Aber auch diese Frau, die mir da in weißer Hose und weißem Baumwollpulli gegenübersaß, hat einen tiefen, unheilbaren Schmerz in ihrem Herzen. Im Libanonfeldzug ist ihr einziger Sohn umgekommen, ein unwiederbringlicher Verlust für jede Mutter. Sie wirkte nachdenklich, als sie sagte: „Bis vor kurzem habe ich gedacht, daß dieses Land mir gehört, auch wenn es teilweise durch Krieg erworben worden ist. Wir wurden angegriffen, wir haben zurückgeschlagen und dort, wo wir jetzt sind, sitzen wir und gehen keinen Zentimeter zurück. Für mich war der Friede immer gleich hinter dem Horizont und inzwischen würden wir eine ordentliche Gesellschaft aufbauen, in der jeder einzelne seine Verantwortung für das Ganze auf sich nimmt, die Verwaltung sich um jeden einzelnen kümmert, ihn fördert. So war das für mich über lange Zeit, und ich war überzeugt, daß die Spannungen, in denen wir lebten, Schuld der anderen wären.

Aber langsam bin ich daraufgekommen, daß wir selber die Ursache dieses Hasses sind, der uns von überall her entgegenbrandet, daß wir die eigentlichen Aggressoren und offensichtlich überhaupt nicht imstande sind, ein normales Leben zu führen. Ich meine, wenn es eng wird, wenn wir bedrängt werden, dann sind wir phantastisch, dann halten wir zusammen, entwickeln unsere Kreativität. Aber ich glaube, daß wir nicht imstande sind, normal zu leben, und ich meine, daß ein Volk auch ein normales Leben führen können muß. Ich glaube, wir wissen überhaupt nicht mehr, was normal ist, und das macht uns kaputt."

Was im Leben dieser glühenden israelischen Patriotin passiert war, ist mehr als der Verlust des Sohnes. Im Libanonfeldzug, an dem Ariel Sharon, damals Verteidigungsminister, maßgebend beteiligt war, wurde für viele Israelis, nicht nur für Ruth Lelior, das geboren, was sie heute den „häßlichen Israeli" nennen. Ich erinnere mich noch an die Erzählungen ihrer Mutter, Alisa Stadler, die sich nach jedem ihrer Israelbesuche besorgter über die Entwicklung des Landes äußerte: „Ich meine, die meisten Israelis erkennen das nicht, auch weil die meisten Zeitungen völlig unkritisch berichten. Aber ich sehe, daß die Politik der Regierung langsam Züge erkennen läßt, vor denen ich seinerzeit aus Österreich nach Israel geflüchtet bin. Ich habe erlebt und erfahren, was Rassismus ist, und kann es nicht ertragen, daß wir, die wir die Shoa überlebt haben, in die Rassismus-, in die Faschismusfalle tappen, nur weil unsere Militärs es so wollen."

Später dann, als ihr das Alleinleben zu beschwerlich wurde, wollte sie trotzdem nach Israel zu ihrer Tochter, zu den Enkeln und Urenkeln, in den Schoß der Familie zurück. Wir trafen uns in einem Kebab-Restaurant in der Nähe des Wiener Naschmarktes. Wir sprachen über unsere Einrichtungspläne, denn Ruth hatte eine kleine Wohnung in ihrer Nähe für die Mutter gefunden, und ich hatte mir gerade eine neue Wohnung gekauft. Jede erzählte von ihren Plänen für das Bad, den Wohnraum, und eine Weile fühlten wir uns unbeschwert wie ganz junge Frauen, die an ihrem ersten eigenen Nest bauen.

Ich habe meine Wohnung bezogen und genieße sie nach all den vorhergegangenen Familienunterkünften immer noch als eigenes kleines Reich. Für Alisa sollte sich das nicht mehr ausgehen. Sie flog tags darauf zu ihrer Tochter, um die nötigen Schritte einzuleiten, die wichtigsten Einkäufe zu tätigen. Wenige Tage später erhielt ich die Nachricht, Alisa habe auf der Dachterrasse des Hauses, von wo sie den immer wieder spektakulären Sonnenuntergang über dem Meer genießen wollte, einen Schlaganfall erlitten, von dem sie sich nie wieder ganz erholen sollte. Sie war zwar noch einmal kurz in Wien, war aber nicht mehr die alte dynamische Person, sondern schwer gezeichnet und tief verschattet. Heute ruht sie in der Erde eines Landes, in dem sie vermutlich nicht mehr leben konnte.

7.

Ich kann sie nicht hassen

Wahrscheinlich muß man an dieser Stelle in frühere Jahre zurückblenden, um zu verstehen. Das funktioniert aber nicht durch Kriegsberichte, nicht an Hand von Statistiken, vielleicht aber durch eine typische Einzelgeschichte. Eine solche ist mir vor ein paar Tagen bei Grabungsarbeiten in meinen Ordnern aus dem Jahr 1974 in die Hände gefallen. Es ist die Geschichte der aus Deutschland stammenden Jüdin Ilse Bronner, die zwei ihrer drei Söhne verloren hat. Diese Geschichte hatte mir damals mein Kollege Schütze-Quest aus Israel mitgebracht.

Ilse Bronner lebte mit ihrer gutbürgerlichen Familie in einem Dorf bei Breslau. Die Tischlers, so hießen sie, waren, wie es damals häufig in Deutschland vorkam, sehr nationalistisch gesinnt und hatten mit ihrem Judentum wenig im Sinn. Man war deutsch unter Deutschen, der jüdische Stammbaum hatte wenig bis keine Bedeutung, auch wenn man noch die jüdischen Feiertage hielt. Dem Mädchen Ilse war aber auch dies zutiefst unangenehm, weil sie an diesen Tagen nicht zur Schule durfte und fürchtete, zur Außenseiterin zu werden.

Später ging sie nach Köln und arbeitete in einer Wäschefabrik, so auch am 1. April 1933, als ihr die Augen aufgehen sollten. Man hörte von draußen den Lärm einer Demonstration und man hörte das Splittern von Auslagenscheiben. Alle rannten ans Fenster und einige ihrer Mitarbeiter schrieen vor Begeisterung kreischend auf: „Ach, wunderbar, endlich schlägt man die Juden tot!“ Sie hatten keine Ahnung, daß ihre Kollegin Ilse – allseits beliebt – Jüdin war. Aber im Herzen Ilses gab es einen Riß, und sie ging am nächsten Tag zu einer zionistischen Organisation, um sich für die Auswanderung nach Israel anzumelden.

Ein Jahr später war es so weit. Wie viele andere junge Frauen mußte sie eine Scheinehe mit einem Juden eingehen, um einen Platz in einem Transport der Jugend-Alliah zu bekommen. Mit ihrem Mann kam sie in einen Kibbuz im Süden des Landes und blieb drei Jahre mit ihm zusammen. Dieser Verbindung entsprang eine Tochter, die schwerbehindert zu Welt kam. Die ersten Jahre wich die verzweifelte Mutter nicht von der Seite des debilen Kindes. Gemeinsam mit anderen Frauen baute sie im Kibbuz das erste Zentrum des Landes für behinderte Kinder auf. Ilse Bronner arbeitete als Krankenschwester mit. Die Entfremdung von ihrem Mann wuchs, sie ließ sich scheiden und heiratete erst 1943 zum zweiten Mal einen aus der Slowakei stammenden Juden und zog mit ihm in ein Dorf im Norden Israels. In der Silvesternacht 1946/47 brachte sie einen Sohn zur Welt, und 1948, mitten im israelischen Unabhängigkeitskrieg, bei Kanonendonner den zweiten, 1952 den dritten.

In dieser Zeit kam es zu schweren politischen Meinungsverschiedenheiten unter den Siedlern. Die einen, darunter auch die Bronners, plädierten dafür, das Land, das man für die Landwirtschaft brauchte, den Arabern abzukaufen und einen ordentlichen Preis dafür zu bezahlen, während die anderen eher auf Waffengewalt und Vertreibung setzten. Leider keine Frage, wer die Oberhand behalten sollte. Die Saat der Gewalt ging überall im Lande auf. Die Bronners zogen weg und gründeten gemeinsam mit anderen einen neuen Kibbuz, den sie Givat Chaim, „Berg des Lebens", nannten.

„Am Anfang war da nur Sand", erinnert sich Ilse Bronner, „kein Baum, kein Strauch, kein Grashalm. Auf einem Hügel in der Ferne ein Araberdorf auf jordanischem Gebiet. Monatelang campierten wir unter freiem Himmel, zertrümmerten Felsbrokken und schafften sie auf Pferdekarren fort. Wir bauten Behelfsbaracken, in denen wir jahrelang hausten, denn die Bodengewinnung war wichtiger als es die Häuser waren. Schon bald gab es keinen Fleck mehr, der nicht grün gewesen wäre. Es waren harte aber auch schöne Jahre."

Sonst gestaltete sich das Leben wie in anderen Kibbuzim auch. Kindererziehung im Kollektiv, Küche und alles andere, was zum Leben notwendig war, lief gemeinschaftlich. Geld brauchte keiner.

Es gab in diesen Jahren keinen Krieg, aber es herrschte auch nicht wirklich Frieden. Immer wieder gab es Gefechte an den Grenzen, Anschläge von Freischärlern, Schießübungen diesseits und jenseits der Grenze. Der älteste Sohn der Bronners war in dieser Zeit beim Militär und an der jordanischen, der damals sogenannten „heißen Grenze", stationiert.

Am 24. Juli 1965 war das ruhige Aufbau-Leben der Bronners mit einem Schlag zerbrochen. Itamar, der Älteste wurde bei einem Patrouillengang erschossen.

Nach dem Sechs-Tage-Krieg kamen viele Deutsche ins Land und auch in den Kibbuz Givat Chaim. Das brachte Unruhe, vor allem unter der Jugend. Diese bereits im Land geborenen „Sabres", das heißt soviel wie „Kaktusfrucht" – außen stachlig und innen süß –, konnten mit den jungen Deutschen nicht viel anfangen. Die Heimat der Eltern und Großeltern war ihnen ebenso fremd wie die Sprache, denn ihre Sprache war Hebräisch.

Diese jungen Israelis haben ein gestörtes Verhältnis, nicht nur zu Deutschland, sondern zur ganzen Welt. Sie haben das Gefühl, daß jeder von ihnen alleine steht gegen die Welt, mit der Waffe in der Hand, ähnlich der Mentalität im amerikanischen Westen vor 120 Jahren.

Da ist es wieder, dieses Gefühl, das „ultimative Opfer" zu sein und nur Feinde zu haben, von dem schon die Rede war. Und in diesem Gefühl, inzwischen zur Mentalität verfestigt, liegt der Schlüssel zu vielem, was heute passiert. Einer der jungen Israelis, den Friedrich Schütze-Quest damals getroffen hat, formulierte es so: „Wenn wir einen Minderwertigkeitskomplex haben, als der kleine Jude, den die Welt nicht zu schätzen weiß, dann wird uns keiner achten. Wenn wir uns nicht selber schätzen, können wir nicht erwarten, daß andere uns schätzen. Und wenn wir uns selbst nicht helfen, wird uns keiner helfen."

Nun zurück zu den Bronners. Im November 1971 war es für Ilses zweiten Sohn Ilan an der Zeit, seinen Militärdienst abzuleisten. Er kam zur Panzertruppe und wurde zwei Jahre lang an dem schon damals nicht mehr modernen britischen Centurion-Panzer eingeschult und nach Abschluß des Panzertrainings zum Leutnant ernannt. An sich hätte er abrüsten und sich in die Reservearmee zurückziehen können. Die Eltern baten ihn inständig, aber Ilan meldete sich an die Kampflinie: „Ob ihr das wollt oder nicht, ich will es", erklärte er den verständlicherweise besorgten Eltern. So wie Ilan waren damals vermutlich die meisten jungen Leute in Israel. Sie wollten nicht daheim sitzen oder einer normalen Arbeit nachgehen, sondern möglichst ganz vorne sein.

Am ersten Oktober des Jahres 1973 wurden Ilan Bronner und seine Kameraden mit Hubschraubern ins Zentrum des Sinai gebracht, etwa zwanzig Kilometer vom Suez-Kanal entfernt. Dort waren ihre Panzer abgestellt, wurden von ein paar Technikern gewartet und immer einsatzbereit gehalten: Es ist Freitag, der 5. Oktober. Überall in den Wüstencamps, die hinter Hügeln gut versteckt und getarnt sind, Aufbruchsstimmung. Wieder einmal ist von ägyptischen Truppenaufmärschen die Rede, aber das geht schon seit Wochen so. Der Alarm ist Routine. Die Israelis mobilisieren mit halber Kraft. Ilan rückt in der Nacht zum 6. Oktober mit seiner Einheit nach El Kantara vor, direkt am östlichen Ufer des Kanals gelegen. Um 14 Uhr an diesem 6. Oktober steht es fest: Ein neuer Krieg, der später den Namen Yom-Kippur-Krieg bekommen sollte, hat begonnen.

Es ist 19 Uhr, die Israelis müssen dem massiven Angriff der ägyptischen Armee weichen und sich vom Kanalufer in die Dekkung der Häuser zurückziehen. Ägyptische Panzer und Infanterie haben den Kanal längst überschritten. In El Kantara wird erbittert gekämpft. Das Maschinengewehr an Ilans Panzer hat eine Ladehemmung. Einer muß raus, um den Schaden zu beheben. Ilan geht selbst. Er ist noch halb im Turm des Panzers, als ihn die Kugel trifft: Bauchschuß.

Er wird in rasender Eile zum Feldlazarett, aber erst am nächsten Tag ins Spital gebracht. Der Operationssaal ist vorbereitet. Ilan stirbt während der Operation an inneren Blutungen.

Die Nachricht vom Tod ihres zweiten Sohnes trifft die Eltern Bronner wie ein Keulenschlag. Sie zittern bei dem Gedanken, daß auch der Jüngste beim Militär ist, irgendwo im Norden, bei einer Nachschubeinheit, aber immerhin. Sie sind wie starr, haben keine Tränen mehr.

Die Bronners sind eher unpolitische Menschen. Später sagen sie: „Was hätte man anders machen sollen? Wir wurden überfallen, und jetzt heißt es, die anderen haben recht und wir unrecht. Das ist für uns nicht zu begreifen."

Friedrich Schütze-Quest erzählte mir von einem Gespräch mit Mutter Ilse, wie sie immer wieder betont, daß sie trotz allem die Deutschen nicht hassen könne: „Das sind arme Menschen, die den Judenhaß übernommen haben von biblischen Zeiten her und heute sind sie nichts anderes, als die Opfer der Großmächte. Nein, ich kann sie nicht hassen. Vielleicht ist das schlecht. Wenn ich hassen könnte, wäre es vielleicht leichter weiterzuleben. Ich habe auch meinen Kindern gelehrt, nicht zu hassen, und wir haben so ganz ohne Haß gelebt. Vielleicht macht uns das das Leben so schwer."

Unzählige Verhandlungsrunden und neun Jahre später wurde der Sinai endgültig an Ägypten zurückgegeben. Das ging natürlich innerisraelisch nicht friktionsfrei, denn all die inzwischen auf dem Sinai angesiedelten Juden fühlten sich betrogen, als sie ihre Siedlungen räumen mußten. Die Wunden, die damals geschlagen wurden, sind bis heute nicht verheilt, wie die Wunden in den Herzen jener Frauen und Männer, die ihre Söhne begraben mußten.

Ella Weizmann, eine der Siedlerinnen im Sinai, sagte damals voller Bitterkeit: „Israel braucht Frieden. Die ganze Welt braucht Frieden. Aber wenn wir das Wort Frieden gebrauchen, müssen wir wissen, was wir damit meinen. Wir müssen uns darüber im klaren sein, was wir unter Frieden verstehen. Was heute hier geschieht, hat nichts mit Frieden zu tun. Ja, ich will Frieden. Ich habe einen Mann, der in zwei Kriegen gekämpft hat. Ich habe zwei Söhne in der Armee. Heißt das, daß ich Krieg will? Ich will Frieden, wie jede andere Mutter auf der Welt, in England, in Deutschland, in Belgien oder in Ägypten. Aber Friede bedeutet doch, daß man lernt, mit dem anderen zu leben. Es kann doch nicht bedeuten, daß man den anderen unterdrückt. Und hier wurde Israel doch massiv unter Druck gesetzt. Israel hat viel aufgegeben, aber es bekommt keine Anerkennung, weder von den Ägyptern noch von den Deutschen oder den Amerikanern. Wir haben große Opfer gebracht und niemand sieht das.

Jetzt sagen sie uns, wir sollen einen Palästinenserstaat zulassen, wir sollen Jerusalem – unsere heiligste Stadt – aufgeben. Schließlich werden wir keinen eigenen Staat mehr haben. Kann man da von Frieden reden? Nein!"

Aaron Benarie, auch er Bewohner eines Kibbuz am Sinai, hatte damals 1968 eine andere Meinung zum Thema: „Es wird keinen wirklichen Frieden zwischen Israel und seinen Nachbarstaaten geben ohne Frieden mit den Palästinensern. Das ist der Schlüssel: Frieden mit den Palästinensern. Hier in diesem Kibbuz treten wir alle dafür ein, weil wir wissen, daß nur dieser Weg zu einem Frieden im Nahen Osten führen wird. Ich weiß, daß es dafür in Israel keine Mehrheit gibt, aber wir dürfen nicht aufhören, daran zu arbeiten."

Aber schon damals wurden die Weichen in eine andere Richtung gestellt, und der junge Aaron Benarie sparte nicht mit Kritik an der Regierung: „Die Regierungspolitik ist unseren Ansichten entgegengesetzt. Ich kann nicht akzeptieren, wie man sich den Arabern gegenüber verhält, was man mit den Drusen am Golan macht. Wir können nicht akzeptieren, wie man mit den meisten Menschen umgeht. Was hier geschieht, ist die Zerstörung einer Generation, und eines Tages wird es eine Explosion geben. Als Juden, die in Europa so viel erlitten haben, können wir nicht akzeptieren, wie man mit den Arabern und Palästinensern umgeht. Ich würde das, was man mir angetan hat, niemals einem anderen antun. Was hier geschieht, wird auf die Dauer unser aller Zukunft zerstören."

In den Apriltagen 1982 kam es zwar nicht zu einer Explosion der Lage, aber doch zu gravierenden Zwischenfällen. Auslöser war ein amerikanischer Neueinwanderer, der am Tempelberg einen Palästinenser tötete und Dutzende durch Gewehrsalven verletzte. Blutige Auseinandersetzungen in der Westbank und im Gazastreifen waren die Folge. Es kam zu einem Tränengasangriff israelischer Militärs auf die al-Aksa-Moschee. Ain Abulil, ein Scheich und Professor von der Bir-Zeit-Universität erzählte: „Ich war zum Mittagsgebet. Die Soldaten haben einen Gasteppich über unsere Köpfe niedergehen lassen. Es war mir kaum mehr möglich zu atmen. Mehr als fünfzehn Minuten lang rang ich nach Luft. Hätte ich ein schwaches Herz gehabt, wäre mein Name in der Zeitung gestanden, als einer der Muslime, die in der al-Aksa-Moschee getötet worden sind.

Nach diesem Zwischenfall haben wir die palästinensische Flagge auf dem Felsendom gehißt und die Leute haben geschrieen: Israel raus aus Palästina! Nach all dem hat ein Journalist einen Stein in meiner Hand gesehen und mich gefragt, was das soll. Ich sagte ihm, diese Hände sind dafür gemacht, ein Buch zu halten oder einen Stift zum Schreiben, aber die Soldaten und ihre Übergriffe haben mich dazu gebracht, einen Stein aufzuheben."

Und Uri Avnery, damals Mitglied der Knesset, beurteilte die Lage nach der Rückgabe der Sinai-Halbinsel folgendermaßen: „Der Vertrag mit Ägypten wurde nicht von einer Friedens-, sondern von der rechtsradikalen Kriegsregierung des Menachem Begin unterzeichnet. Das Ziel war ein Separatfrieden mit Ägypten, um die Südfront zu neutralisieren und damit die Hand frei zu haben für den Krieg gegen das palästinensische Volk und gegen die arabische Welt. In diesem Sinn ist der Friede nicht nähergekommen."

Auf die Frage, wer denn hinter all diesen Entwicklungen und hinter den immer noch tobenden Aufständen in den Siedlungen an der Grenze stecke, meinte er: „Es handelt sich hier um Kräfte, die man in anderen Ländern als faschistisch definieren würde. Wir in Israel haben dieses Wort nicht so gerne, wenn man es für Juden verwendet. Es sind rechtsradikale, extrem chauvinistische, religiöse Gruppen, antidemokratisch im tiefsten Sinne, die im Grunde nichts anderes möchten, als 1,5 Millionen Araber aus Israel und den besetzten Gebieten zu vertreiben. Es ist gottlob eine kleine Gruppe, aber sie wissen sich lautstark Gehör zu verschaffen. Das Schlimme ist, daß die Regierung diese Bewegung benutzt, um eine Tragödie zu inszenieren. – Jedenfalls ist das, was jetzt passiert, die Fortsetzung des Krieges mit anderen Mitteln, und dabei weiß jeder vernünftige Mensch, daß die einzig richtige und tragfähige Lösung wäre, einen unabhängigen Staat Palästina zu errichten."

Es hat sich also in den letzten zwanzig Jahren im Grunde nichts verändert, außer, daß vieles schlimmer geworden ist und der Eskalierung kein Einhalt geboten werden konnte.

Daher sterben auch heute nicht nur Palästinenser, sondern auch immer wieder, beinahe täglich, israelische Soldaten, um die Mütter und Väter, Frauen und Kinder bittere Tränen weinen und die verwundete Herzen und Seelen haben, die so schnell nicht heilen werden.

8.

Kein Ende der Emigration

Nach diesem, am Schicksal der jüdischen Familie Bronner und anderen Siedlern festgemachten Rückblick auf die Anfänge des Staates Israel lohnt sich ein Blick auf die arabisch-palästinensische Seite. Auch diesen Rückblick möchte ich personalisieren, einen Einzelmenschen in die Mitte rücken, ein Kind der turbulenten Zeit, in der die Palästinenser sich plötzlich zwei Fronten gegenübersahen, der britischen Kolonialherrschaft auf der einen und der erstarkenden, auf einen eigenen Staat zusteuernden zionistischen Bewegung auf der anderen Seite.

Zuvor aber vielleicht noch weiter zurück, denn die Geschichte zeigt, daß das palästinensische Volk seit mehr als 2000 Jahren unter Fremdherrschaft lebte. Bereits 63 vor Christi Geburt kam es unter römische Oberhoheit. Im Jahre 305 nach Christus wurde Palästina eine Provinz Ostroms, um 300 Jahre später in den Herrschaftsbereich des Islam zu geraten. Im 16. Jahrhundert wird Palästina Teil des Osmanischen Reiches, dem es gemeinsam mit anderen arabischen Ländern bis ins 20. Jahrhundert angehören sollte. Im Jahr 1913 wurde in Paris der erste Arabische Nationalkongreß abgehalten, auf dem die arabische Autonomie vom Osmanischen Reich mit Nachdruck gefordert wurde. Während des Ersten Weltkrieges begannen sich die europäischen Mächte vermehrt für die Länder des Nahen Ostens zu interessieren, deren Reichtum ihre Begehrlichkeit geweckt hatte. In Geheimverhandlungen, in Depeschen machten vor allem die Briten den arabischen Führern großartige Versprechungen. Wenn die Araber die britische Armee im Kampf gegen die Osmanen unterstützten, würden sie nach dem Krieg ihre Unabhängigkeit erhalten. Die Araber kämpften, und das Osmanische Reich brach langsam zusammen. Inzwischen hatten sich die Briten und die Franzosen längst darauf geeinigt, sich die Beute zu teilen. Palästina fiel bei diesem Deal den Engländern zu. Inzwischen liefen aber bereits Verhandlungen auf einer anderen Schiene, nämlich zwischen Großbritannien und der Zionistischen Föderation unter ihrem

Präsidenten Lord Rothschild. In der sogenannten Balfour-Deklaration wurde den Zionisten eine „nationale Heimstätte" für die Diasporajuden zugesagt.

Zwei Jahre später, im Juni 1919 meldeten sich die Araber zu Wort. Auf dem 1. Syrischen Nationalkongreß wurde die Unabhängigkeit der arabischen Gebiete gefordert. Um pro forma den Forderungen nachzukommen, beschlossen die Alliierten auf der Pariser Friedenskonferenz, die arabischen Gebiete des ehemaligen Osmanischen Reiches unter den Mandatsstatus des neu gegründeten Völkerbundes zu stellen. Das war natürlich ein Etikettenschwindel, denn die Ausübung der Mandatshoheit blieb in nationalstaatlichen, und das hieß für Palästina in britischen Händen. Während den in der Zwischenzeit scharenweise eingewanderten Juden eine Interessensvertretung, die „Jewish Agency" zugesichert wurde, gingen die Araber in Palästina leer aus. Die Palästinenser protestierten ohne Erfolg, während die jüdische Einwanderungswelle weiter rollte. Zwischen 1924 und 1938 waren es 300.000.

1933 wurden die palästinensischen Proteste intensiver und mündeten schließlich drei Jahre später in einem Generalaufstand, der bis 1939 andauerte und schließlich blutig niedergeschlagen wurde.

Mitten in diesen Aufstand hinein wurde jenes Kind geboren, an dessen Schicksal ich das aufzeigen möchte, was darauf folgte. Faisal Hourani wurde als Kind einer Bauernfamilie im Süden Palästinas in ein ländliches, dörfliches Umfeld hineingeboren. Faisal Hourani rückblickend: „Wir, meine Altersgenossen und ich, hatten eigentlich keine Kindheit, die diesen Namen verdienen würde. Politik und Widerstand sogen wir praktisch mit der Muttermilch ein." Schon während seiner Volksschuljahre wurde er mit dem gewalttätigen Geschehen und der doppelzüngigen Politik der Kolonialherren vertraut gemacht. Es gab damals in den Dörfern kaum Leute, die lesen und schreiben konnten, also mußte der kleine, clevere Faisal einspringen. Jeden Tag mußte er seinem an Politik brennend interessierten Großvater und anderen Familienmitgliedern aus der Zeitung vorlesen und dann die Neuigkeiten auch den Nachbarn weitererzählen.

Die politischen und militärischen Konflikte prägten das Leben Faisals von Kindesbeinen an. In den vierziger Jahren intensivierte sich der Kampf der militanten Siedler gegen die britische Kolonialmacht. Besonders taten sich paramilitärische Untergrundorganisationen, wie die HAGANAH und die IRGUN, hervor, die aber nicht nur gegen die Engländer, sondern auch gegen die Palästinenser vorgingen. Am 22. März des Jahres 1945 wurde in Kairo die Arabische Liga gegründet, deren Hauptaufgabe die Unterstützung der Palästinenser sein sollte. Nach dem Ende des Zweiten Weltkrieges mischten auch die USA mehr und mehr in der Palästinafrage mit, was den Zionisten nur recht sein konnte, denn sie wußten die Amerikaner auf ihrer Seite.

1947 stimmte die Vollversammlung der Vereinten Nationen einer Teilung Palästinas in einen jüdischen und einen arabischen Staat zu. Die Juden jubelten. Die Araber lehnten die Entscheidung ab. Als Zeichen des Protests rief das Oberste Arabische Komitee den Generalstreik aus. Als Reaktion auf den UN-Teilungsplan kam es zu gewalttätigen Auseinandersetzungen zwischen Juden und Palästinensern, die immer heftiger und heftiger wurden. Und mitten in diese aufgeheizte Stimmung hinein rief der Vorsitzende der „Jewish Agency", David Ben Gurion, am 14. Mai den Staat Israel aus, der als erstes von den USA anerkannt wurde. Die Ausrufung des Staates Israel hatte einen massiven arabischen Aufstand zur Folge, der direkt in den ersten arabisch-israelischen Krieg führte. Das schlimme Ergebnis des sogenannten „48er Krieges": Mehr als die Hälfte des palästinensischen Volkes wurde vertrieben, mehr als 400 Dörfer wurden zerstört.

Unter den Opfern auch die Familie der Houranis. Ein tiefer Schatten fiel auf das Leben des inzwischen neunjährigen Faisal. Eines Nachts wurde auch sein kleines, abgelegenes Dorf von israelischen Soldaten überfallen und bis auf die Grundmauern niedergebrannt. Ausnahmslos alle Familien des Dorfes wurden vertrieben. Es waren nur wenige Habseligkeiten, die die Leute retten konnten. Faisals Großvater, Oberhaupt der Familie, dem die Bildung der Jugend sehr am Herzen lag – hatte er doch selbst keine Chance auf Bildung gehabt – war es gelungen, sein Kamel mit Büchern, vor allem Schulbüchern, zu beladen, um den Kindern trotz der Vertreibung die Möglichkeit zu geben, weiterzulernen.

Wie für alle anderen hatte damit auch für die Familie Hourani der bittere Weg der Emigration begonnen, der bis heute nicht zu Ende ist. Sie flohen von einem Dorf zum nächsten, immer die Verfolger auf den Fersen. Irgendwo mußte Großvater Hourani seine Bücher zurücklassen und irgendwo ist die Sippe dann auseinandergerissen worden. Das Familienoberhaupt ist mit einem Teil in Richtung Gaza, Richtung Küste weitergeflohen, während der andere Teil der Familie sich ins Landesinnere, in Richtung Westjordanien weiterbewegte. Lange hörten sie nichts voneinander, denn zwischen dem Gazastreifen und Westjordanien hatte sich Israel manifestiert.

Unter dem Teil der Familie, der in Gaza landete, war auch Faisal, der heute rückblickend auf diese bittere Zeit von den Lebensumständen am Strand erzählt. „Das war kein Leben. Wir waren in der Wildnis ausgesetzt. Es gab nichts außer Sand und Meer. Die Menschen bauten sich aus Zweigen, angeschwemmtem Holz und ähnlichem Unterstände und lebten wie wilde Tiere. Wir suchten und gruben nach Eßbarem, wir wuschen uns im Meer und wir wären vermutlich verhungert. Wir hätten nicht überleben können, hätten uns die Bewohner der nahen Dörfer nicht geholfen und nicht das Letzte mit uns geteilt.

Erst nach zwei oder drei Monaten wurde unsere Situation etwas besser. Erste Hilfsorganisationen aus dem Ausland begannen, sich der Flüchtlinge anzunehmen. Ich erinnere mich vor allem an die Quäker aus Amerika, die erste Hilfsprogramme starteten, Lebensmittel und Medizin brachten. Die UNRAWA, die dann richtige Lager aufbaute, wurde erst eineinhalb Jahre später gegründet.“ Diese Lager gibt es bis heute!

Faisal und die Seinen lebten über ein Jahr in dieser prekären Situation. Irgendwann kam dann über Umwege die Nachricht, daß der andere Teil der Familie von der Westbank nach Syrien, nach Damaskus weitergezogen war. Von diesem Augenblick an setzte der rührige Großvater alle Hebel in Bewegung, um von der unerträglichen Situation an der Küste wegzukommen und seine Familie wieder zusammenzuführen. Auf beschwerlichem Weg gelangten sie schließlich über Ägypten und den Libanon nach Syrien.

In Damaskus konnten Faisal und die anderen Kinder, es waren ihrer elf, wieder zur Schule gehen. Das war natürlich für eine Flüchtlingsfamilie nicht so leicht, wie es klingen mag. Alle erwachsenen Familienmitglieder taten, was sie konnten, um den Kindern und Jugendlichen Bildung zu ermöglichen, und auch die Schüler selbst mußten an den freien Tagen und in den Ferien hart arbeiten, um das ihre dazuzutun. „Für meinen Großvater aber auch überhaupt für die Palästinenser“, meint Faisal Hourani, „ist die Ausbildung der Kinder das Wichtigste, denn, so sagen sie, Bildung ist Kapital für die Zukunft."

Faisal war etwa dreizehn Jahre alt, als die Politik ihn wieder einholte. Er geriet in die Einflußsphäre der palästinensischen Gemeinschaft. Dort hörte er vom Versagen der palästinensischen Führer und daß sie die Schuld an dem verloren gegangenen Krieg gegen Israel trugen, also nichts wert gewesen waren. „Es sei eben an uns, so sagten unsere Anführer", erzählt Faisal, „eine neue Bewegung zu gründen, um unsere Unabhängigkeit zu erreichen und einen eigenen Staat Palästina aufzubauen."

Syrien litt zu dieser Zeit unter einer Militärdiktatur, die eine anwachsende Opposition provozierte. Innerhalb dieser Opposition sollten die Palästinenser einen eigenen Zweig bilden, der politisch, aber auch militärisch agieren würde.

Für Faisal und seine Kameraden schaute das konkret so aus: „In der Schule erfuhren wir eine Menge über verschiedene Freiheitsbewegungen. Vor allem die italienischen ‚Carbonari' unter Garibaldi hatten es uns angetan. Ihnen wollten wir nacheifern, sie wollten wir als unsere Vorbilder sehen. Mit diesen Gedanken im Kopf und unserem Freiheitswillen im Herzen begannen wir Kinder – keiner war über sechzehn – eine geheime Organisation zur Befreiung Palästinas zu gründen. Zum Unterschied von Italien gab es in Syrien allerdings keine Wälder, so wählten wir als Versammlungsort und Trainingscamp Obstgärten. Da wir keine Waffen hatten, trainierten wir unsere Körper, um kampffähig zu werden. Wir waren eine Gruppe von etwa vierzig Burschen, die da liefen, sprangen, turnten, miteinander kämpften und einander dann heilige Eide schworen, eine Hand an die Rinde eines Olivenbaums und die andere auf ein Exemplar des Koran gelegt. Das waren Kinderträume."

Gegen Ende der fünfziger Jahre begannen sich alle diese unterschiedlichen politischen aber auch religiösen Gruppen, die in Syrien getrennt voneinander tätig waren, mehr und mehr zu vernetzen. Das waren, so könnte man von heute aus sagen, die Samenkörner dessen, was später als FATAH und noch später als PLO auf den Plan trat. Und das waren schon mehr als Kinderträume.

Es war auch in etwa diese Zeit, in der Faisal nach Abschluß der Schule und seiner Studien seinen ersten Posten als Lehrer angetreten hatte. Er kam in ein Dorf ganz nahe an der syrisch-israelischen Grenze, direkt am See Tiberias gelegen. „Ich blieb dort vier Jahre", berichtet Faisal Hourani, „und habe in dieser Zeit die Fratze der Armut kennengelernt. Da waren das Elend der Flüchtlinge und die Not der Bauern. Das hat mich tief erschüttert. Ich begann zu schreiben. Ich veröffentlichte einen Roman und eine Dokumentation unter dem Titel ‚Der Zeuge'."

Nach diesen vier Jahren als Volksschullehrer zog ihn die Politik wieder in ihren Bann. Er trat der panarabisch orientierten BAATH-Partei bei und begann als politischer Journalist in Damaskus zu arbeiten. Nach der Machtübernahme der BAATH-Partei, zuerst im Irak und dann in Syrien, wurden auch die negativen Züge dieser Partei sichtbar, ihr mangelndes Demokratieverständnis, ihre autoritäre Haltung Andersdenkenden gegenüber und der Hang zur Korruption. Faisal Hourani hielt damit nicht hinterm Berg und schrieb scharfe, beißende Kommentare, was nicht ohne Folgen blieb. Um der Verfolgung zu entgehen, beschloß er, das Land zu verlassen und sich in Algerien anzusiedeln, wo Ben Bella am Ruder war, der seiner politischen Ausrichtung eher entsprach.

Er war also mit der Emigration noch nicht ans Ende gekommen. Nach dem Sturz Ben Bellas kam wieder für eine Weile Syrien an die Reihe. Nachdem er schon eine gewisse Nähe zu der von Yassir Arafat im Jahre 1958 gegründeten AL FATAH-Bewegung hatte, trat er 1964 in die eben gegründete PLO (Palestinian Liberation Organisation) ein, der er bis heute als Mitglied angehört. Nachdem er in Syrien wegen seiner pro-palästinensischen Kolumnen für eine Weile im Gefängnis gelandet war, verließ er wieder einmal das Land, diesmal in Richtung Beirut, wo er ein Recherche-Center der PLO leitete. Damit war es aber nach dem berüchtigten Libanonfeldzug der Israelis bald vorbei. Das politische Klima veränderte sich radikal, und während einer Reise zum PLO-Hauptquartier in Tunis wurde er im Transitraum des Flughafens von Schergen der damals im Libanon regierenden Falangisten verhaftet und ins Gefängnis gebracht. Nach der Intervention eines offensichtlich mächtigen Freundes landete er auf Zypern, wo er sechs Jahre blieb und langsam vom Journalisten zum Schriftsteller mutierte.

Auf Arafat angesprochen, redet Faisal Hourani von einer Jahrzehnte dauernden, respektvollen, ja freundschaftlichen Beziehung und davon, daß er einer der nicht gerade zahlreichen Menschen sei, von denen der heute Dreiundsiebzigjährige auch Widerspruch und Kritik annehme. „Er ist ein Energiebündel", meint Faisal,

„der einzige Mensch, den ich kenne, der tage- und nächtelang durcharbeiten kann, ohne Ermüdungserscheinungen zu zeigen. Es ist unglaublich, aber er läuft immer auf Hochtouren und reagiert blitzschnell auf jeden seiner Gesprächspartner. Er hat Charisma, kein Zweifel."

Nun, wie heißt es in der Literatur: „Von der Parteien Gunst und Haß zerrissen, schwankt sein Charakterbild in der Geschichte." – So irgendwie habe ich mir das jedenfalls gemerkt. Für die einen, vor allem für seinen Widerpart Ariel Sharon, ist er ein Terrorist, der Staatsfeind Nr. 1. Für die anderen ist er der unumstrittene Führer und für den Lateinischen Patriarchen von Jerusalem zum Beispiel, ist er: „Ein ehrlicher Mann, der für sein Volk den Frieden in Gerechtigkeit erreichen will, und nichts sonst."

Wie oft bei Kontrahenten gibt es merkwürdige Parallelen in ihrem Leben. Während Sharon eine sehr dominante Mutter hatte, verlor Yassir Arafat seine Mutter, als er vier Jahre alt war, und wurde zuerst aus Kairo zu einem Onkel nach Jerusalem geschickt, um vier Jahre später wieder nach Kairo unter die Obhut seiner älteren Schwester zurückzukehren, von der es heißt, sie habe großen Einfluß auf den Buben ausgeübt. Von beiden Knaben, von Yassir und Ariel, heißt es, sie seien immer mit einem Schlagstock unterwegs gewesen, um sich, wenn nötig, mit Gewalt durchzusetzen. Die Friedensengel jedenfalls waren es nicht, die an beiden Wiegen gesungen haben.

Ich selber erinnere mich an eine einzige, indirekte Begegnung mit Yassir Arafat. Es war 1980 in New Delhi. Bei einem Presseempfang saß er mir, gemeinsam mit der damaligen Ministerpräsidentin Indira Gandhi, auf einer Couch gegenüber. Ich hegte damals keine freundlichen Gedanken für die beiden Persönlichkeiten. Beide waren in meinen Augen Terroristen: Arafat und seine PLO machten durch Flugzeugentführungen und andere brutale Attentate von sich reden, und Indira Gandhi war eben dabei, im Zusammenhang mit der indischen Bevölkerungsexplosion im ganzen Land Zwangssterilisierungen durchzusetzen, wobei es zu schrecklichen Übergriffen der Polizei gekommen ist. Wenn ich gekonnt hätte, hätte ich mich wohl weniger friedlich verhalten, als ich mußte. Ich hatte gerade drei Wochen im Elend von Kalkutta hinter mir, und war eher zornig.

Indira Gandhi ist längst tot. Sie wurde Opfer eines Attentats, starb also eines gewaltsamen Todes. Arafat und Sharon sind am

Leben. Zwei alte Männer, die einander ein Leben lang bekämpft haben, einander nur ein einziges Mal direkt begegnet sind. Das war 1998 am Rande der Verhandlungen von Wye in Maryland, wobei sich vermutlich jeder an jene Szene erinnert, als Sharon sich weigerte, die ausgestreckte Hand Arafats zu schütteln. „Würden wir über zwei Männer um die vierzig oder fünfzig reden, wären die Chancen für eine friedliche Lösung besser", las ich kürzlich in einem Interview mit Robert Jay Lifton, dem Direktor des „Zentrums für Gewalt und das Überleben des Menschen" an der „City University" von New York. „Aber", so fuhr er fort: „Hier haben wir es mit zwei Menschen zu tun, die am Ende ihrer Laufbahn stehen, und die ein Leben lang ihren wechselseitigen Haß genährt haben." Das Fazit des Politologen ist eindeutig: „Selbst wenn sie Frieden schließen wollten – ihre militärische Laufbahn, ihr Leben im Untergrund und ihre Erfahrung mit Gewalt seit den Kindertagen würden sie daran hindern."

Aber nun zurück zu dem Mann aus dem Umfeld von Yassir Arafat, zu dem Palästinenser Faisal Hourani. Er lebt heute mit seiner Frau Paula Abrams, einer amerikanischen Jüdin, in Wien. Mehrmals im Jahr kehrt er für einige Wochen nach Gaza zurück, immer noch nicht direkt, sondern über den Umweg Ägypten.

Trotz ihres schweren Schicksals hat die Familie Bronner nach ihrer Emigration aus Deutschland in Israel eine Heimat und einen Boden gefunden, in dem sie ihre beiden Söhne bestatten konnte. Für Faisal Hourani und Millionen seiner Landsleute ist der bittere Weg der Emigration bis heute nicht zu Ende, und sie müssen zusehen, wie ihr Land, ihr Volk unter der Besatzung Israels leidet, wie junge Menschen noch immer für die Befreiung Palästinas kämpfen, sterben und töten.

9.

Gespräch der Feinde

Im Jahr 1982, während des schon erwähnten Libanonfeldzuges, wurde das geboren, was man bis heute den „häßlichen Israeli" nennt. Ich meine, den Libanon hatte man schon immer im Visier, wenn man von einem Groß-Israel träumte, das bis zum Litani-Fluß reichen sollte, dessen Wasserreichtum die Begehrlichkeit geweckt hatte. Unter Menachem Begin – er hatte die Maiwahlen des Jahres 1977 gewonnen – marschierten israelische Truppen in den Südlibanon ein, um den palästinensischen Widerstand im Libanon zu zerschlagen. Allerdings hielt dieses Abenteuer nicht lange vor. Unter dem Druck der UNO mußten sich die Truppen schon nach drei Monaten wieder zurückziehen. Damals war die israelische Regierung noch etwas weicher gestimmt, schließlich waren Friedensverhandlungen mit Ägypten und den USA im Gang, die dann im September zum ersten Abkommen von Camp David und der UN-Resolution 242 geführt haben. Diese UNO-Resolution war allerdings, ebenso wie die vorhergegangenen, das Papier nicht wert, auf dem sie gedruckt worden war. Von der Wahrung der dort geforderten „legitimen Rechte" des palästinensischen Volkes konnte ja niemals die Rede sein.

Aber zu dem neuerlichen libanesischen Abenteuer im Jahre 1982 lese ich in der Zeittafel: „Verteidigungsminister Ariel Sharon befiehlt der Armee, in den Südlibanon einzumarschieren mit dem Ziel, die PLO politisch und militärisch zu zerschlagen." Im August verließ die PLO Beirut, israelische Truppen marschierten ein. Während der größten Friedensdemonstration der Geschichte Israels protestierten unter Führung der 1977 gegründeten Friedensbewegung PEACE NOW mehr als 400.000 Menschen gegen die israelische Invasion des Libanon. Im September kam es zu dem berüchtigten Massaker in den palästinensischen Flüchtlingslagern Sabra und Shatila in Beirut durch christliche Milizen, den sogenannten Falangisten, einer israelischen Gründung aus dem Jahr 1977. Israelische Soldaten verschafften den Falangisten den Zugang zu den Flüchtlingslagern. Mehr als 1000 Palästinenser wurden niedergemetzelt. Das war sogar der Regierung Begin zuviel, notabene der Druck der arabischen und der westlichen Welt von Tag zu Tag zunahm. Der für das Massaker verantwortlich gemachte Verteidigungsminister Ariel Sharon mußte zurücktreten. Befremdlich nur, daß Ariel Sharon, dem viele Leute bis heute vorwerfen, Blut an den Händen zu haben, im Jahre 2001 als Ministerpräsident wiederkehren konnte. Was ihre eigenen Fehler angeht, scheinen die israelischen Wähler und Wählerinnen ein verdammt kurzes Gedächtnis zu haben.

In den achtziger Jahren war es aber, trotz des angeschlagenen Images Israels – zumindest für einen österreichischen Journalisten –, nicht einfach, über die israelische Politik zu berichten. Bei jedem kritischen Satz geriet man in den Verdacht des Antisemitismus, auch wenn da nicht einmal ein Schimmer davon vorhanden war. Ich konnte einfach nicht verschweigen, was meine Augen sahen, meine Ohren hörten, was Menschen von beiden Seiten mir berichteten. Also befleißigte ich mich für einige Jahre der Israelabstinenz, versuchte aber meine Kontakte aufrechtzuerhalten und verfolgte die Entwicklungen im Lande mit wachem Interesse, vor allem in der Zeit der Intifada, des Volksaufstandes der Palästinenser, der doch eine ganz neue Qualität in die Entwicklung brachte. Eine Woche nachdem am 8. Dezember 1987 die ersten Steine flogen, wurde zuerst mit Unterstützung der Israelis die Hamas als islamische Widerstandsbewegung gegründet. Die Israelis meinten damals, sie könnten durch die Hamas die PLO schwächen. Sie begingen denselben Fehler, der ihnen schon vorher mit der libanesischen Hisbollah passiert war, oder wie es auch den USA ergangen ist, als sie, um die Russen zu schwächen, die Taliban und auch Osama Bin Laden förderten. Wie ist das mit dem Lernen aus der Geschichte?

Nach der formellen Unterzeichnung der Osloer Prinzipienerklärung und dem historischen Handschlag zwischen Yitzhak Rabin und Yassir Arafat vor dem Weißen Haus in Washington, wartete ich zwar noch eine Weile ab, reiste aber dann im Jahre 1994 wieder nach Israel, um ein Land vorzufinden, in dem es doch plötzlich so etwas wie ein Gespräch der Feinde gab. Ich meinte, die Menschen brachen nach all den Enttäuschungen nicht gerade in Begeisterungsstürme aus, aber es begann doch da und dort Hoffnung zu keimen. Natürlich waren die Extremisten auf beiden Seiten ungebrochen und vielleicht in ihrer Ablehnung der Osloer

Verträge noch radikaler geworden. Aber die anderen waren dabei, sich die Ärmel aufzukrempeln und sich an die Friedens- und Versöhnungsarbeit zu machen. Denn das war eine immer wieder gehörte Grundaussage: „Es gibt keine Alternative zum Frieden."

Eine wichtige Stimme war damals der achtundfünfzigjährige Reformrabbiner Tovia Ben Chorin, der zwar nicht blauäugig an *den Frieden* glaubte, aber doch sagte: „Frieden ist ein Prozeß, der immer weitergeht. So, wie wir immer für die Ankunft der messianischen Zeit arbeiten, so ist eben die Arbeit für den Frieden Teil der Hoffnung auf die messianische Zeit.

Schauen Sie, ein Friedensvertrag ist nicht mehr als ein Dokument – und ein Dokument ist wertlos, wenn es nicht ins Leben kommt, wenn es nicht unser Leben zu bestimmen beginnt. Friede ist wie das Leben selbst ein dynamischer Prozeß und nicht ein Schlaraffenland, in dem einem die gebratenen Tauben in den Mund fliegen."

Als Voraussetzung für den Frieden gehe es vor allem darum, die Rechte der anderen anzuerkennen, die ebenso wichtig sein müßten, wie die eigenen. Zu dieser Anerkennung könne man eben nicht durch Krieg, durch Waffengewalt kommen, sondern nur durch einen offenen und ehrlichen Dialog, in dem die Position des anderen gleichwertig mit der eigenen sein müsse.

Wir alle wußten damals sehr wenig von dem Prozeß, der da immerhin einmal in Gang gekommen war und der in manchen Teilbereichen den Anschein hatte, als wäre das Denkunmögliche nicht nur möglich, sondern da und dort Realität geworden, auch wenn die Medaille immer noch zwei Seiten hatte. Einerseits waren da die Verhandlungen, die weitergeführt wurden, waren da die Bilder lächelnder oder auch staatstragend wirkender Politiker, waren da die immer neuen Unterzeichnungen von Vertragsteilen, Fahnen, Hymnen, Händeschütteln und sogar Bruderküsse und so kleine Gesten wie jene, als König Hussein von Jordanien dem Feind von gestern, Präsident Rabin, die Zigarette anzündete.

Da war aber auch die andere Seite: zornige Gesichter, geballte Fäuste, wogende Massen in den Straßen von Gaza und anderswo, und immer wieder Steine werfende Buben und bis an die Zähne bewaffnete israelische Soldaten und auch immer wieder neue Opfer der nicht enden wollenden Gewalt, von Bomben und Raketen zerfetzte Leiber. Und dann auch die Särge, immer wieder Särge, und noch immer Tränen, immer noch Schreie.

Von den Menschen der beiden Völker, von ihrem Leben, ihren alltäglichen Problemen, ihren Ängsten, ihren Hoffnungen wußten wir damals ebenso wenig, wie wir heute wissen. Aber ich bekam doch das Gefühl, daß viele Menschen unterwegs waren, bereit, jene tausend kleinen Entfeindungsschritte aufeinander zuzugehen, die allein zum Abbau von Angst, Mißtrauen und dem lange angestauten Haß führen und dem Frieden eine echte Chance geben können. Solche Friedens-Menschen waren damals im Herbst 1994 mein eigentliches Ziel, denn die Politiker interessierten mich nicht wirklich, und noch weniger die Extremisten, die Fanatiker beider Seiten. Gespräche mit dialogunwilligen Leuten bringen letztlich nichts.

Zuerst vielleicht drei Statements, die die damals gültigen Positionen deutlich machen können:

Ich habe Mitri Raheb, den evangelisch-lutherischen Pfarrer von Bethlehem besucht, von dessen Friedensbemühungen ich schon vorher wußte. Er sagte in mein Mikrophon:

„In meiner letzten Weihnachtspredigt habe ich die Osloer Friedensverträge mit dem neugeborenen Kind von Bethlehem verglichen. Wurden sie nicht beide unter dem Zeichen des Todes geboren? Genau wie das Leben des Kindes von allem Anfang an bedroht war, so ist auch der Frieden von allem Anfang an bedroht, wenn die Palästinenser nicht zu ihrem Recht, zu ihrem Land kommen, in dem sie in Gerechtigkeit und Würde leben können. Dieser junge Frieden ist bedroht, wenn diese Region nicht auch wirtschaftlich entwickelt wird und wenn nicht neue, demokratische Bildungskonzepte entwickelt werden.

Ja, dieser kleine Friede ist bedroht, aber er wird nicht vom Himmel fallen, er wird auch nicht auf einem weißen Pferd geritten kommen – wie früher junge palästinensische Frauen geträumt haben, daß der Bräutigam auf einem weißen Pferd geritten kommen wird. Friede heißt Arbeit, schwere Arbeit; heißt Ärmel hoch und viel Schweiß. Der Friede muß gestiftet, muß getan und nicht nur geträumt werden."

In einem kleinen, bescheidenen aber äußerst geschmackvoll eingerichteten Atelier traf ich die palästinensische Architektin Souad Amiry, die sich in den vergangenen Jahren nicht nur um die Erhaltung beziehungsweise Wiederentdeckung des kulturellen Erbes ihres Volkes bemüht hatte, sondern sich auch in der Zeit des gesetzlichen Verbotes für vorbereitende Friedensgespräche zwischen israelischen und palästinensischen Frauen eingesetzt hat. Sie sprach von einer verwirrenden Zeit, davon, daß sich seit Oslo eigentlich nicht so viel verändert habe, und daß die hohen Erwartungen der Menschen nicht einmal annähernd erfüllt worden waren. „Natürlich war das Abkommen wichtig, denn immerhin ist es der Anfang eines Versuches, ein Problem zu lösen, das vor hundert Jahren begonnen hat und das vermutlich eines der kompliziertesten der Welt ist. Natürlich ist es wichtig, daß auf beiden Seiten Menschen erkannt haben, daß wir nicht in dieser Richtung weitergehen, daß wir einander nicht in alle Zukunft hinein bekämpfen können, sondern daß wir gerade um der Zukunft, um der nächsten Generationen willen diesen Konflikt lösen, diesen Krieg beenden müssen, um zu einem friedlichen Miteinader zu kommen. Oslo war nichts anderes als ein erster kleiner Schritt in die richtige Richtung, nicht mehr."

Souad Amiry meinte aber auch, daß sie befürchte, daß der Militarismus und diese so lange eingeübte Besatzermentalität zu fest in den Köpfen der Israelis verankert sei, als daß man darauf hoffen könne, sie rasch auflösen zu können. Als Beispiel nannte sie die Gefangenen. Im Abkommen war festgeschrieben worden, daß 5000 Gefangene entlassen werden sollten – junge Leute, die seinerzeit verhaftet worden waren, weil sie Mitglieder der PLO waren. Inzwischen sei aber die PLO als legitime Vertretung des palästinensischen Volkes international anerkannt worden. „Warum also werden diese Leute immer noch festgehalten? Israel hat den Vertrag unterschrieben, und die Gefangenen sind immer noch gefangen. Das hat viel Mißtrauen erweckt und hindert uns, an den ehrlichen Willen der Israelis zu glauben. Und da ist immer noch dieses unveränderte Image der Israelis. Überall Soldaten in den Straßen, überall Kontrollposten und die neuen Grenzstationen, die seit Oslo errichtet worden sind, wie zum Beispiel jene zwischen Ramallah und Jerusalem. Wir empfinden das als Schikane und nicht als Schritt zum Frieden", betonte die attraktive Frau, und ich kann das nur bestätigen. Als ich mit einem Taxi von Jerusalem nach Ramallah fuhr, hat man mich zwar durchgewunken, aber ich habe am Schlagbaum fünf junge Männer und eine alte Frau gesehen, die man gerade aus einem Sammeltaxi geholt hatte, und deren Gesichter vor den Mündungen der Maschinengewehre nur Angst und Schrecken ausdrückten. So wird es wahrscheinlich nicht gehen, habe ich mir damals gedacht, und was mein Fahrer vor sich hin gezischt hat, habe ich zwar nicht verstanden, aber der Ton sprach Bände.

Noch auf eine dritte Position bin ich damals im Spätherbst 1994 gestoßen, die für die Zeit unmittelbar nach Oslo wichtig ist. Nicht in Israel, sondern in Wien hatte ich kurz vor meiner Abreise Professor Herbert Kehlmann, einen aus Wien stammenden Juden getroffen, der an der Harvard-Universität lehrte und seit mehr als zwanzig Jahren an einer Gesprächsplattform arbeitete, auf der Israelis und Palästinenser, Juden, Muslime und Christen lernen konnten, miteinander zu reden, aufeinander zu hören. Dabei waren Lernprozesse in Gang gekommen, ohne die Oslo sicherlich nicht möglich gewesen wäre. Denn die Unterhändler beider Seiten hatten einander bei diesen Kursen kennen und zum Teil auch schätzen gelernt.

Wir saßen in der Oktobersonne vor einem Teehaus am Wiener Stephansplatz, als der Amerikaner aus Wien in seinem schon stark akzentbehafteten Deutsch zu Bedenken gab: „Wir können natürlich nicht bewirken, daß die Leute einander lieben werden. Es wird Generationen dauern, bis dieser Konflikt in seiner Tiefe ausgeräumt sein wird. Aber wir können etwas schaffen, was ich Arbeitsvertrauen nenne, das sie befähigt, miteinander zu arbeiten, weil sie ein gemeinsames Interesse haben: eine Lösung zu finden, die für beide Seiten akzeptabel und lebbar ist."

Und dabei, meinte Professor Kehlmann, sei man über die Jahre doch einige wesentliche Schritte vorangekommen. Aus Feinden wurden immerhin Menschen, die um der gemeinsamen Sache willen miteinander redeten und gewisse Vorurteile und Stereotypen ausräumen konnten. Von diesen Einzelpersonen aus wuchsen auf beiden Seiten tragfähige Gruppen heran, die in ihren jeweiligen Gesellschaften – natürlich bei aller Geheimhaltung – den Boden für die späteren Verhandlungen bereiten konnten. Es waren über die zwanzig Jahre wohl einige Hundert hüben und drüben, für die der jeweils andere seinen Schrecken, seine Feindesfratze verloren hat."

In Jerusalem habe ich dann einige dieser Leute getroffen, Israelis wie Palästinenser. Einer der wichtigsten war vielleicht Shimon Shamir, der zwar in Jerusalem unweit der Altstadt in einem hübschen Haus mit Blick auf das King-David-Hotel lebt, aber als Historiker an der Universität in Tel Aviv lehrt.

Typisch Geschichtslehrer, erlaubte er mir erst einmal einen Blick auf die Anfänge des Konflikts und wies nicht nur darauf hin, daß die einheimische Bevölkerung für die aus Europa einwandernden Juden irgendwie „zur Landschaft gehörten", wie Uri Avnery meinte, sondern auch auf eine gewisse Romantisierung der Araber. In der für sie völlig fremden Lebensweise sahen viele der ersten jüdischen Siedler so etwas wie das Erbe der Hebräer, das Erbe aus biblischer Zeit. So gab es gar nicht wenige, die dafür plädierten, die Bräuche, ja sogar die Kleidung der „Eingeborenen" zu übernehmen, um authentische Hebräer zu werden.

Es gibt zwar noch ziemlich kuriose Fotos aus dieser Zeit, aber diese romantischen Bilder wurden bald von aufkeimenden politischen Konflikten übertüncht. Die ersten handfesten Auseinandersetzungen traten bereits nach dem Ende des Ersten Weltkrieges auf. Dokumentiert ist diese Zeit unter anderem in einem Buch, das Ben Gurion, der Gründungspräsident, über seine Gespräche mit arabischen Führern geschrieben hat. Mehr und mehr arabische Führer vertraten die Meinung, daß die Juden kein Recht hätten, sich in Palästina zu etablieren, mit Ausnahme jener, die bereits vor dem Jahr 1917 ins Land gekommen waren. Dieser Ansicht wurde mit Gewaltmaßnahmen Nachdruck verliehen, auch wenn das mit den heutigen Gewaltexzessen nicht zu vergleichen ist und immer noch eine kleine Tür für Gespräche offen blieb. Die Grundpositionen allerdings blieben unverrückbar, wie Professor Shamir erklärte: „Die einen waren bereit zur Landnahme ohne Wenn und Aber, die anderen wollten, daß jene das Land wieder verlassen. Das konnte nicht gut gehen."

Und so begann sich die offensichtlich unentrinnbare Gewaltspirale immer schneller zu drehen, die dann direkt in den schon erwähnten Krieg des Jahres 1948 mit den verheerenden Folgen für die arabische Bevölkerung führte. Noch heute nennen sie die Niederlage mit den Massenvertreibungen „Al Naqba" – „Die Katastrophe". In der Tat kann man behaupten, daß in den Jahren nach 1948 die palästinensische Gesellschaft regelrecht kollabierte und ihre politische Sache den Regierungen der arabischen Nachbarstaaten überließ. Die Palästinenser, die ihre Identität verloren hatten, deren Führer in alle Winde zerstreut waren, glaubten, daß die arabischen Bruderstaaten gegen Israel Krieg führen und natürlich gewinnen würden. Es hat ziemlich lange gedauert bis sie begriffen haben, daß man sie allein gelassen, ihre Sache verraten hatte.

Nach Ansicht von Shimon Shamir brachte das Jahr 1967, also der Sieg Israels im Sechs-Tage-Krieg, zwar keine Wende, aber es wurde immerhin eine neue Seite aufgeschlagen. Damals gab es in Israel Kreise, die meinten, es wäre der Zeitpunkt gekommen, aus einer guten Siegerposition heraus mit den Palästinensern zu verhandeln und auf friedlichem Weg günstige Ergebnisse zu erzielen. Damals, angesichts der besiegten arabischen Armee, wäre eine Chance gewesen, einen für alle erträglichen Kompromiß zu erreichen. „Leider", so meinte Professor Schamir, „hat nicht diese Denkschule gewonnen, sondern haben jene, die den Palästinensern keine Bedeutung beimaßen, sie nicht als Volk anerkannten und die Gegner lediglich in den Armeen arabischer Staaten sahen. Die hatten nur Ägypten im Blick und Syrien, den Irak und Jordanien – also waren in ihren Augen Friedensbemühungen nur mit den Regierungen dieser Staaten sinnvoll."

In dieser Zeit der massenhaften Zuwanderungen nach Israel, in dieser Zeit der sich verstärkenden Nationalisierung und Militarisierung bei der gleichzeitigen Vernachlässigung der Palästinenser wurde die PLO außerhalb der Grenzen des Landes zu einer schlagkräftigen Terrororganisation ausgebaut. Ihre drastischen Methoden sind ja noch in lebhafter Erinnerung – alle diese Flugzeugentführungen, Bombenattentate und was es da sonst noch alles gab. Das war dann wohl auch der Grund dafür, daß immer mehr Israelis die Hoffnung auf Frieden verloren. Im Schoß der Labour-Party keimte noch so etwas wie Friedenshoffnung. Dort sind dann auch die ersten Friedensbewegungen entstanden.

Shimon Shamir erinnert sich an diese Jahre: „Die Emotionen gegen die PLO waren sehr stark, was nicht weiter erstaunlich war, bestritt die Führung der PLO doch jedes Existenzrecht des Staates Israel und hätte am liebsten alle Israelis aus dem Land getrieben. Die Situation erschien damals völlig hoffnungslos. Erst viel später, in den späten siebziger und frühen achtziger Jahren, gab es wieder zaghafte neue Hoffnungszeichen. Im Lager der Palästinenser, wie auch unter den wacheren Israelis, meinten Leute, daß vielleicht doch Gespräche möglich sein könnten. Damals startete auch diese neue Phase des Dialogs. Man war der ewigen Kriege, des ewigen Kampfes auf beiden Seiten müde geworden.

Gemäßigte Israelis und gemäßigte Palästinenser trafen einander verbotenerweise im Ausland, auf neutralem Boden. Wir waren sehr kreativ und phantasievoll, um immer wieder Mittel und Wege zu suchen und auch zu finden, einander zu treffen, ohne das Gesetz ganz offen brechen zu müssen. Internationale Organisationen und Universitäten schirmten uns ab. So trafen wir uns mit den verschiedensten palästinensischen Gruppen, auch mit solchen, die der PLO sehr nahe standen. Das war Pionierarbeit, die es uns ermöglichte, erste Erkenntnisse über einen möglichen Kompromiß zu sammeln. Wir gelangten mehr und mehr zu der Überzeugung, daß es letztlich einen Weg geben würde, und auch, daß es hoch an der Zeit wäre, sich auch in der israelischen Öffentlichkeit damit auseinanderzusetzen.

Wichtigster Wendepunkt war das Jahr 1988, als die PLO die Existenz zweier Staaten prinzipiell anerkannte. Das war der Durchbruch, nach dem sich die Gespräche intensivierten."

In diese Zeit fiel auch der Beginn der ersten Intifada, deren Bedeutung für beide Völker viele erst später erkannten. Für die Palästinenser war dies die Chance, wieder zu einem eigenen Selbstbewußtsein und zu einer eigenen Würde zu finden; die Israelis begriffen zumindest teilweise, daß es sich bei den Palästinensern nicht um eine wilde Horde von Terroristen, sondern um ein Volk handelte, das Respekt verdiente. Immer mehr Israelis begriffen, daß man ein anderes Volk nicht auf ewige Zeiten unterdrücken und unter Besatzung halten kann.

Aber nicht nur durch die Intifada, sondern schon vorher hatte sich langsam, quasi schleichend und von den meisten nicht bewußt wahrgenommen, das Klima im Lande verändert und so den Boden für den Weg nach Oslo bereitet. Jahre bevor die Regierung Rabin die PLO als Vertreterin des palästinensischen Volkes offiziell anerkannte, hatte ein Meinungsforschungsinstitut der Universität Tel Aviv festgestellt, daß fünfundsechzig Prozent, also eine klare Mehrheit der Israelis, die Ansicht vertrat, daß Gespräche, ja Verhandlungen mit der PLO ein Gebot der Stunde seien. Das war zu einer Zeit, als die politischen Parteien ein solches Ansinnen noch strikt ablehnten. Ich bin ziemlich sicher, daß da auch die Untergrundarbeit der illegalen Gesprächsrunden ihren Beitrag geleistet haben, was auch Shimon Shamir bestätigte – und er muß es ja wissen:

„Es ist jedenfalls sicher, daß diese Arbeits- und Gesprächsrunden den Prozeß auf Oslo zu und dann in Oslo erleichtert haben. Es war sicher nicht der einzige Faktor, aber ein wesentlicher. In den Verhandlungsteams beider Seiten saßen eine Reihe von Persönlichkeiten, die schon viele bilaterale Gesprächsrunden hinter sich hatten, die geübt waren im Umgang miteinander und auch wußten, worum es dem jeweils anderen geht, wo dessen Probleme liegen. In einem Workshop, an dem ich über die Jahre immer wieder teilgenommen habe, waren Palästinenser, die dann samt und sonders im offiziellen Verhandlungsteam saßen. Das ist doch ein Zeichen dafür, daß die palästinensische Führung diese Leute als kompetent ansah und ihnen vertraut hat."

Wenn also, wie das Beispiel zeigt, in Konflikten die Leute für Friedensverhandlungen ebenso geschult wären, wie die Soldaten für den Kampf, wenn man sich den möglichen Frieden ebensoviel kosten lassen würde, wie den Krieg und die Gewalt, wäre wohl eine Menge gewonnen. Die Rolle Professor Kehlmanns und seiner Gesprächstrainingsrunden kann also gar nicht hoch genug eingeschätzt werden, denn man ist ja damals tatsächlich einige wesentliche Schritte weitergekommen. Allerdings, und das zeigte sich in der Folge sehr bald ziemlich deutlich, wurden diese Friedensbemühungen längst nicht von allen Teilen der Bevölkerung und allen politischen Kräften mitgetragen, was den Keim des Scheiterns in den Prozeß getragen habe, wie Professor Shamir im Herbst 1994 meinte:

„Die Unterstützung für den Friedensprozeß beträgt in beiden Völkern, wenn es hochkommt, etwa sechzig Prozent, und selbst jene, die ihn unterstützen, sind äußerst skeptisch, was die möglichen Ergebnisse angeht. Das ist und bleibt eine äußerst heikle und sehr verwundbare Sache, was offensichtlich wird, wenn man bedenkt, daß vierzig Prozent in beiden Gesellschaften dagegen sind und dazu noch jene zwar kleine, aber fanatische Minderheit, die wild entschlossen ist, alles zu tun, um diesen Friedensprozeß zum Scheitern zu bringen. Das sind auf israelischer Seite die religiös Orthodoxen, die politische Rechte und die Siedler; auf der anderen Seite die Hamas, der Dschihad und andere extremistische Gruppen."

Für die palästinensische Seite gab es noch einen zusätzlichen erschwerenden Faktor. Sie sollte zwei Dinge gleichzeitig bewältigen: einerseits war da das Ringen um die Unabhängigkeit und zweitens sollten sie Verwaltungsstrukturen und tragfähige gesellschaftliche Institutionen aufbauen und das alles mit viel zu geringen wirtschaftlichen und personellen Ressourcen und unter dem permanenten militärischen und verwaltungstechnischen Druck der Israelis. Es hat nie einen palästinensischen Staat gegeben, also auch keine entsprechend geschulten Leute, die wüßten, wie eine eigene Nation funktionieren soll.

Auch die auseinandergerissene Bevölkerung war total unsicher, weil sie einfach nicht sehen konnte, ob ihre Führer überhaupt imstande sein würden, eine gerechte und vor allem auch demokratische Gesellschaft aufzubauen, oder ob sie auch nicht anders sein würden, als andere arabische Diktatoren, die sich hinter einer starken Polizei und einer schlagkräftigen Armee verstecken. Das ist ja auch einer der Vorwürfe, die Palästinenser ihrem Führer Yassir Arafat machen, daß er sich nie aus dem Muster einer autoritären Führungsstruktur befreien habe können und auch nicht fähig war, der wachsenden Korruption Einhalt zu gebieten.

Beide Seiten, das war in diesen Oktobertagen 1994 ganz offensichtlich und wurde auch in zahlreichen Gesprächen und Begegnungen deutlich, waren in sich tief gespalten und daher nicht wirklich friedensfähig. Auch wenn es eben dieses Körnchen Hoffnung noch gegeben hat, das zeigen konnte, was alles möglich wäre, würde dem guten Willen eine Chance gegeben. Was diese Unsicherheit aber für den Alltag, vor allem im Bereich der besetzten Gebiete bedeutete, wurde mir klar, als ich an einem Nachmittag die deutsche Sozialarbeiterin Diet Koster in Bethanien besuchte. Sie leitete ein Waisenhaus für palästinensische Burschen und teilte buchstäblich das Leben der Kinder mit allen Freuden und allen Problemen, die man sich in einer so heiklen und schwierigen Situation vorstellen kann.

Das Haus liegt nahe der Lazarus-Kirche in einem kleinen Garten direkt an der Hauptstraße, ist einfachst eingerichtet aber trotz der fünfzehn Burschen tadellos und sauber. Diet Koster selbst ist eine Frau mittleren Alters, zierlich gewachsen, mit wachen Augen in einem eher herb geschnittenen Gesicht. Sie hatte alle Sicherheiten in Deutschland aufgegeben und führte hier ein mehr als bescheidenes Leben. Unter solchen Konditionen Kinder großzuziehen, noch dazu wenn es nicht die eigenen sind, das ist keine leichte Aufgabe und das wurde auch in unserem Gespräch deutlich:

„Alle Buben sind schon geschlagen worden, ganz egal, ob sie etwas angestellt haben oder nicht, aber von der Gruppe, mit der ich jetzt lebe, war immerhin noch keiner im Gefängnis. Diese Erfahrung mit der Gewalt machen hier alle Burschen, und das prägt. Die Soldaten sind ständig ums Haus und auch wenn sie nichts tun, machen sie Angst. Ich weiß von mir selber, was das an Kraft kostet, und dann erst den Kindern.

Ich habe drei Buben im Alter von siebzehn und achtzehn Jahren. Die waren in einer Schule in Jerusalem, und es war schon mehr als schwierig, die nötigen Papiere zu bekommen, damit sie ungehindert zur Schule gehen konnten. Oft dauerte es Monate, und wir mußten die großen Burschen wie Kindergartenkinder täglich über Schleichwege in die Stadt bringen, denn ich war der Meinung, daß sie ein Recht hatten, zur Schule zu gehen. Jetzt gibt es überhaupt kein Permit mehr, wenigsten für zwei von ihnen – die gehen jetzt in einem Nachbardorf zur Schule. Die Qualität der Ausbildung ist natürlich nicht zu vergleichen. Nur einer von den Dreien kann noch seine Schule in der Stadt fertig machen, denn er ist zufällig in Jerusalem geboren und hat daher einen etwas anderen Status. Diese täglichen Auseinandersetzungen, diese immer wiederkehrenden Schikanen, das zehrt an den Nerven und nicht nur an meinen."

Die entnervende Lebenssituation kommt auch, wie Diet Koster erzählte, in den Träumen der Kinder zum Ausdruck. Auch wenn sie selbst sie nicht deuten kann, hält sie es für wichtig, daß die Kinder ihre Traumbilder beschreiben und verbalisieren können. Da ist viel Gewalt, die hochkommt: Überfälle, Verfolgungen, Schlägereien, viel Blut und Tod. Die Besatzung, die Unterdrückung, das ist immer im Hintergrund dieser Kinderträume; und dann die große Angst vor den rabiaten und schießwütigen Siedlern, die ständig mit ihren Autos am Haus vorbeirasen und oft auch nur zum Spaß in die Luft schießen, um die Leute zu schrecken.

Diet Koster kam auch noch auf einen anderen bezeichnenden Punkt zu sprechen: „Die Buben bitten mich immer wieder, ich soll doch etwas unternehmen, damit sie zur Yad Vashem-Gedenkstätte gehen können. Das würde sie interessieren und ich meine, das wäre doch auch sehr nützlich und im Sinne Israels, daß palästinensische Kinder etwas von dem grauenvollen Leiden des jüdischen Volkes erfahren könnten. Aber nein, es ist nicht möglich. Es wird nicht erlaubt. Ich habe unzählige Male versucht, mit der Behörde zu verhandeln."

Wenn die Burschen etwas zum Anziehen brauchten – und jeder weiß, wie schnell die Kerle in diesem Alter wachsen – mußte sie nach Jerusalem zum Einkaufen. Als Ausländerin konnte sie das ja problemlos, auch wenn sie dann nicht brachte, was die Buben gerne gehabt hätten und auch wenn es dann nicht immer auf Anhieb paßte und umgetauscht werden mußte. Tatsache ist jedenfalls, daß die Beweglichkeit seit Oslo auf ein Minimum eingeschränkt ist, seit es diese Checkpoints zwischen den einzelnen Zonen gibt. Daß das bei den Betroffenen die Friedenhoffnungen nicht gerade beflügelt, kann man sich unschwer vorstellen, notabene die Palästinenser nicht einmal in der A-Zone tun und lassen können, was sie wollen. Für alles und jedes braucht man eine israelische Genehmigung. Wie soll sich unter solchen Konditionen ein funktionierendes Staatswesen entwickeln können? Das zeigt sich ja auch in Gaza. Als man dort die im Osloer Abkommen vorgeschriebenen Wahlen zu planen begann, stellte sich heraus, daß es dafür in Gaza keine Unterlagen gab. Das nötige Material für die Erstellung der Wählerlisten war in israelischen Händen und damit unzugänglich, weil die Behörde nicht bereit war, es auszuhändigen.

Kein Wunder, wenn Diet Koster die Nase voll hatte. „Ich hab endgültig genug von diesem ewigen Behördengerenne, von diesem permanenten Spießrutenlauf für alles und nichts." Jedenfalls sah diese tapfere kleine Frau nicht viel Chancen für eine Verbesserung der Situation und überhaupt für so etwas, was den Namen Frieden verdiente.

Ein Mann wie Professor Shamir sah diese wirklich schwierigen Lebensbedingungen der Palästinenser sehr klar und er war sich ebenso darüber im klaren, daß es gerade die kleinen Dinge des Alltagslebens sind, die zum Sand im Getriebe des Friedensprozesses geworden waren.

„Solange sich das Leben für die palästinensischen Familien nicht spürbar verbessert, werden wir nur schwer vorankommen", meinte er, hatte aber auch die andere Seite im Blick, wenn er auf die wachsende Ungeduld der Israelis verwies: „Sie sagen: Wir haben einen großen Schritt auf die Palästinenser zugemacht. Wir haben sie anerkannt, wir befinden uns in einem Dialogprozeß mit ihnen, wir haben Teile der Autorität in ihre Hände gelegt. Sie werden ihre Fahne haben, ihre eigene Regierung und irgendwann auch ihren eigenen Staat. Und was bekommen wir dafür? Die Israelis fordern vor allem eines: Sicherheit. Tatsache aber ist, daß sich seit Oslo die Zahl der Gewaltopfer auf israelischer Seite verdoppelt hat. Da fühlen sich natürlich auch viele Israelis in einer unmöglichen Situation: Wir machen Konzessionen und bekommen nichts dafür.

Hier müssen natürlich auch kritische Fragen an die palästinensische Seite erlaubt sein. Warum ist die Führung nicht imstande, ihren Teil des Deals – nämlich die Sicherheit der Israelis zu garantieren – zu leisten? Wieso kommen sie mit ihren eigenen radikalen Gruppen, die Oslo einfach negieren wollen, nicht klar? Wieso ist ihre Polizei nicht imstande, diese Extremisten in Schach zu halten? Ja, so ist das hier: Hinter jeder Antwort tun sich hundert neue Fragen auf. Was wird herauskommen? Ich weiß es nicht, aber ich gebe die Hoffnung nicht auf, verliere das Ziel nicht aus den Augen."

10.

Nationalismus als Klammer

Man könnte meinen, die kulturelle Kluft zwischen den beiden Völkern sei einfach zu groß, als daß sie den Abgrund zwischen sich jemals überwinden könnten. Der Historiker ist da allerdings anderer Ansicht und meint, daß die Risse innerhalb der israelischen Bevölkerung vermutlich tiefer sind, als die Kluft zwischen Arabern und Juden in der Region, denn schließlich stamme die Mehrheit der heute in Israel lebenden Juden aus dem Orient, sei also wie die Araber orientalisch.

Diese innere Zerrissenheit der israelischen Gesellschaft ist sicherlich mit ein Grund für die nationalistische Entwicklung, die der Judenstaat genommen hat. Da waren zuerst die Diasporajuden aus Ost- und Westeuropa und aus Amerika. Später, als der Einwanderungsfluß aus Europa langsam versiegte – die Einwanderungszahlen blieben weit hinter den Erwartungen zurück, die sich die Gründerväter mit Blick auf einen eher homogenen europäischen Judenstaat gemacht hatten –, holte man Juden aus arabischen, nord-, ja sogar schwarzafrikanischen Staaten ins Land. Und dann kam die Einwanderungswelle aus Asien. Es gab im Grunde keine gemeinsame Sprache, oft nicht einmal innerhalb der Familien und zwischen den Generationen; es gab keine gemeinsame Kultur, ja nicht einmal eine gemeinsame Religion. Also, erkannten die Politiker offensichtlich, blieb als Kitt, als Klammer der Gesellschaft nur die Nation, der Nationalstolz, der Nationalismus, der Chauvinismus und, als Abgrenzung gegen außen, der Rassismus gepaart mit Militarismus. Keine gute Gemengelage.

Was dieses Gemenge für einen Einzelmenschen bedeutet, wurde in einem Gespräch klar, das ich in einem kleinen Restaurant der Altstadt mit Ruth Lelior, der bereits zitierten Tochter von Alisa Stadler, geführt habe. Ihr machte ein Leben lang die Frage der allseits geforderten Integration zu schaffen. „Auch ich gebrauche dieses Wort, aber im Grunde verstehe ich es nicht ganz. Wer hat wen integriert? Haben wir wirklich all diese Einwanderer integriert oder haben sie nicht eher uns überschwemmt? Ich muß mich mit meinem Volk identifizieren, denn ich bin ja Teil eines Ganzen. Aber wer ist dieses Ganze? Da waren zuerst die Menschen, die vor oder nach dem Holocaust ins Land gekommen sind. Wir haben diese Leute überhaupt nicht verstanden, hatten keinerlei Beziehung zu ihnen. Dann kamen die Einwanderungswellen aus Rumänien. Die waren wieder ganz anders, hatten weder zu uns noch zu denen aus Deutschland eine Verbindung. Dann kamen jene aus Nordafrika, mit ganz anderen Sprachen, einer ganz anderen, völlig fremden Kultur. Und dann kamen die Russen und die Leute aus Äthiopien. Gut, wir haben das nötige Personal ausgebildet – Sozialarbeiter, Ärzte, Psychologen – aber das genügte einfach nicht, um eine tragfähige Verbindung zwischen diesen so unterschiedlichen jüdischen Gruppen zu schaffen. Das einzige, was sich als tragfähige Basis erwiesen hat, und ich bedaure das sehr, ist leider der gemeinsame Feind – die arabischen Staaten außen, für die Israel noch immer ein fremder, imperialistischer Knochen im arabischen Hals ist, und dann auch mehr und mehr die Araber im eigenen Land."

Shimon Shamir hat auch zu diesem Thema eine akzentuierte Meinung: „Ich weiß, es gibt Leute, die verlangen, Israel müsse sich in sein arabisches Umfeld integrieren. Ich aber glaube, wir brauchen nicht so sehr Integration, denn sie würde ja schließlich zum Verlust der eigenen Identität führen. Was wir aber brauchen, ist Harmonie. Harmonie kann nur dadurch erreicht werden, daß wir jene Segmente unserer Kultur forciert entwickeln, die jenen unserer Nachbarn ähnlich sind. Immerhin ist die jüdische Kultur in diesem Raum entstanden und nicht in Europa. Hier sind unsere Wurzeln: Religion, Sprache und Philosophie sind auf diesem Boden gewachsen – auch in Interaktion mit anderen Völkern des Mittleren Ostens. Unser größter Philosoph ist Maimonides, ein Ägypter. Die Struktur unserer Sprache, des Hebräischen, entwickelte sich gemeinsam mit dem Arabischen. Islam und Judentum sind einander näher als Judaismus und Christentum. Es gibt also viele Elemente in unserem Erbe, die betont und weiterentwickelt werden können, um zu dieser Harmonie mit den Nachbarn zu kommen, ohne unsere spezifische Identität aufgeben zu müssen."

In eine ähnliche Richtung argumentiert auch ein sephardischer, ein aus Marokko stammender Jude. Schlomo Elbaz ist Literaturwissenschaftler, hat sich intensiv mit kulturphilosophischen

Fragen beschäftigt, aber ebenso mit der soziopolitischen Realität des Landes. Er behauptet, daß die aus islamischen Ländern stammenden Juden quasi auf der untersten Stufe der Sozialleiter leben und zu den ärmsten und diskriminiertesten Teilen der Bevölkerung gehören. Die reiche, die gebildete und daher auch die mächtigste Schichte bilden jene, die aus Europa und den Vereinigten Staaten gekommen sind.

Solange diese sozialen Probleme, solange diese Ungerechtigkeiten innerhalb der israelischen Gesellschaft nicht beseitigt sind, könne es keinen Frieden geben, meint Schlomo Elbaz, da der eigene Frustrationspegel einfach zu hoch sei. Um diese innenpolitischen Spannungen, zu denen natürlich auch die tiefe Kluft zwischen den Orthodoxen und Liberalen gehört, zu überspielen, halten die Politiker an der Gewalt nach außen fest. Schlomo Elbaz wörtlich: „Ich kann mir schwer vorstellen, wie es hier ausschauen würde, wenn plötzlich der Friede ausbräche und das alles verbindende Feindbild verschwände." Daher ist es in seinen Augen eine vordringliche Aufgabe, sich dem Aufbau von gerechten sozialen Strukturen zu widmen. Aber dafür gibt es im Augenblick offensichtlich weder die nötige Kompetenz, noch das Engagement und schon gar nicht den politischen Willen.

Später kommt Schlomo Elbaz aber auch noch auf das von Professor Shamir angeschnittene Thema der Integration in der Region zu sprechen, und da kommt auch Kritik an den Linken: „Sogar unsere Linken, die soviel von Frieden und Koexistenz reden, sind sich noch immer nicht über die Rolle im klaren, die Israel in der Region zu spielen hat. Sie halten Israel immer noch für so etwas wie ein europäisches Land, für ein Stückchen Westen im Mittleren Osten, dessen Aufgabe es sei, diese rückständigen Völker zu zivilisieren. Solange Israel von dieser arroganten Haltung nicht abgeht, wird der Friede schwerlich eine Chance haben. Wenn Israel von den anderen Völkern akzeptiert werden will, muß es sich selbst als Teil der Region, als ein orientalisches Land anerkennen. Für uns orientalische Juden und unsere Bewegung ist das ein ideologisches Dreieck, das nur gemeinsam verwirklicht werden kann: Frieden, Gerechtigkeit, Integration."

Da ist schon eine gewisse Spannung erkennbar zwischen den Ansichten der Herren Shamir und Elbaz, eines orientalischen und eines aus Europa stammenden Juden. Es ist unklar, ob diese beiden Begriffe – Integration hier und Harmonie dort – zusammenzuführen, ob da ein gemeinsamer Weg zu finden wäre. Die orientalischen Juden jedenfalls haben schon vor Jahren in einem Punkt die Konsequenzen gezogen und sind aus der europäisch-amerikanisch dominierten Friedensbewegung PEACE NOW ausgeschert und haben eine eigene Friedensbewegung gegründet.

Was übrigens die Positionierung auf der sozialen Leiter angeht, die von Schlomo Elbaz angesprochen worden ist, so ist er natürlich nicht ganz unten gelandet. Denn unter den orientalischen Juden rangieren noch jene, die aus den asiatischen Ländern, der ehemaligen Sowjetunion, aus Schwarzafrika, sprich Äthiopien, gekommen sind. Tiefer noch in der sozialen Rangliste stehen allerdings die arabischen Israelis und dort vor allem die Frauen. Das nur der Vollständigkeit halber.

Eine Frau war es auch, die ich als nächste im Visier hatte, damals im Oktober 1994, als es zwar keinen Frieden, als es immer mehr Einschnürung der palästinensischen Enklaven, jenen Löchern im Oslo-Emmentaler, als es wachsende Gewaltbereitschaft, als es das alles gegeben hat, aber eben immerhin so etwas wie ein *Gespräch der Feinde.*

An einem der Hänge Jerusalems, in einem der älteren Viertel des Westteils, stehe ich in einer ruhigen, fast verträumten Gasse vor einem knietschblauen, hölzernen Gartentor. Dahinter, ins Grün geduckt, ein niedriges Haus. „Das muß es wohl sein", denke ich mir, schaue gar nicht mehr in meine Aufzeichnungen, sondern drücke auf den Klingelknopf, obwohl kein Name daneben steht. Aber ich war tatsächlich an der richtigen Adresse, denn die bildhübsche Frau mit dem dunklen Wuschelkopf ist tatsächlich Rachel Freudenthal, die ich von früher kenne, aber noch nie in ihrem Heim aufgesucht hatte. Sie ist, wenn man so sagen kann, eine spätberufene Historikerin, da sie mit ihrem Studium erst nach dem Scheitern ihrer Ehe begonnen hat. Sie ist etwa fünfzig und hat erst jetzt angefangen, an ihrer Dissertation über die Juden in Deutschland zu arbeiten.

Die Wohnung, in die wir eintreten, ist hübsch und geschmackvoll aber eher einfach eingerichtet. Da ist kein Hauch von Luxus. Nun, als geschiedene Frau mit Tochter, als Studentin, die nur nebenher ein bißchen jobbt, kann man auch in Israel keine großen Sprünge machen.

Wir trinken Tee, kommen ins Gespräch und ich frage, wie sie denn ihr Land sehe. Es kommt spontan: „Zuerst einmal bejahend, sehr positiv, nahezu euphorisch, wie alle.“ Dann erzählt sie vom Kibbuz, in dem sie gegen Ende des Zweiten Weltkriegs geboren wurde und aufgewachsen ist. Es war ein Kibbuz vom linken Flügel der Arbeiterbewegung. Ihr Vater war Soldat, und sie zählt sich mit dieser Vergangenheit zum israelischen Establishment, und wie es in diesem Establishment üblich war, richteten sich die negativen Emotionen vor allem gegen die Deutschen, unter deren Nazi-Regime die Großeltern beider Elternfamilien umgekommen waren. „Wir haben immer geglaubt, daß Israel der fortschrittlichste Staat der Welt ist“, erzählt Rachel Freudenthal und sagt: „Mein größter Traum als junges Mädchen war es, Offizierin der israelischen Armee zu werden. Das wurde ich dann auch. Also, was mich angeht, so entspreche ich allen Stereotypen von einem Israeli. Ich bin in einem Kibbuz geboren und gehörte zu diesem zionistischen Konsensus, der damals besagt hat, daß die Einheit der jüdischen Nation über allem stehe und dies nur mit einer neuen, fortschrittlichen Politik zu erreichen sei. Alle gehörten zu diesem Konsensus, bis hin zur äußersten Linken, die ihre natürliche Oppositionsrolle nie wirklich gespielt hat.

Es gab in diesen Zeiten nirgendwo Kontakte mit den Arabern. Wir haben sie eben nicht als Volk, sondern als Teil der Folklore wahrgenommen und niemals als unterdrückte Minderheit. Es war sehr schön, in ein arabisches Dorf zu fahren und türkischen Kaffee zu trinken, aber im politischen Sinn blieb das alles bedeutungslos.“

Man war vor, aber auch nach 1967 vollauf damit beschäftigt, an der Fiktion einer nationalen Einheit zu basteln, und in diesem Prozeß bekam die Armee, bekam die Idee der Verteidigung nach außen einen immer größeren, die Gesellschaft prägenden Stellenwert. „Einer der höchsten Werte dieser Gesellschaft“, sagt Rachel und schüttelt ihren Wuschelkopf, „war es, für das Vaterland zu sterben. Andere Werte traten dagegen in den Hintergrund und verkümmerten. Wir hatten ja nichts Gemeinsames. Religiös waren wir alle nicht mehr, bis auf eine kleine radikale Minderheit. Eine gemeinsame Sprache hatten wir auch nicht. Gut, wir Kinder lernten Hebräisch, aber die Eltern und Großeltern fanden da keinen Zugang. Es ging damals ein Witz um, der besagte: Israel ist das einzige Land der Welt, in dem die Mütter von den Kindern die Muttersprache lernen. Also keine gemeinsame Sprache, auch keine Rede von einer gemeinsamen Kultur oder Tradition. Also blieb nichts anderes übrig als das nationale Gefühl, die nationalen Werte, und diese haben langsam alle anderen Werte an den Rand gedrückt: Werte wie Demokratie, Liberalismus, Humanismus und Menschenrechte. Die Tragödie dabei ist, daß wir das nicht wirklich wahrgenommen haben, weil es ein so schleichender Prozeß gewesen ist. Ich muß sagen, daß das die schmerzhafteste Wunde meines Lebens ist, solange neben dem täglich begangenen Unrecht gelebt zu haben, ohne sich dessen bewußt zu sein, ja noch zu glauben, daß wir das Gute tun."

Interessant ist vielleicht, daß Rachel Freudenthal selber zugibt, daß sie das wahre Gesicht Israels erst während ihrer Studienjahre in Deutschland und vor allem dann durch die Berichte über den Libanonfeldzug erkannt hat. „Gegen den Libanonkrieg habe ich als Jüdin in Deutschland demonstriert. Das war das erste Mal, daß wir so radikal begriffen haben, hier stimmt grundsätzlich etwas nicht, hier ist etwas von Anfang an falsch gelaufen. Aber wir haben es auch dann nicht geschafft, eine echte politische Opposition zu formen. Das blieb eher im kulturellen Rahmen, in Gedichten, in Liedern und der Bildenden Kunst, nicht aber in der Politik.

Wir, die wir uns in diesem kritischen, kulturellen Umfeld bewegten, fühlten uns sehr gut und sehr bedeutend. Wir hatten das Gefühl, erwachsen geworden zu sein, aber wir blieben halt wieder einmal unter uns und wurden gesellschaftspolitisch nicht wirksam. Ich meine, wir sind alle so stark in diesem Schoß des israelischen Konsensus gewesen, daß wir uns nicht wirklich befreien konnten und es noch vieler Schläge bedurfte, bis wir der Realität ins Auge schauen konnten. Ich glaube, daß wir erst heute beginnen, uns zu emanzipieren und vielleicht fähig sein werden, eine echte breite Alternative zu schaffen. Ich halte das für positiv, ja sogar bereichernd, weil wir ganz neue Seiten an uns selber entdecken können."

Diese hochintelligente Frau hat also in den ersten Monaten nach Oslo an einen gesellschaftlichen Aufbruch in Israel geglaubt, an ein Ausbrechen aus der nationalistischen und militärischen Falle. Leider hat ihr die weitere Entwicklung bis heute nicht rechtgegeben. In Wahrheit ist nach Oslo nichts besser, seit der Ermordung Yitzhak Rabins am 4. November 1995 aber alles schlechter geworden. Ich habe Rachel Freudenthal während meiner letzten Reise nicht getroffen. Ich hätte sie gerne gefragt, wie sie die neuesten Entwicklungen einschätzt, und kann mir eine sehr verschattete Antwort gut vorstellen.

Aber damals an dem kleinen Holztisch in ihrem Wohnzimmer zielte meine nächste Frage in eine andere Richtung. Ich will wissen, wann sie erstmals nicht mehr das Folkloristische, sondern das Gesicht des Schmerzes bei den Palästinensern bewußt gesehen habe. „Leider hat mir erst die Intifada die Augen geöffnet", meint sie mit ehrlichem Bedauern in der Stimme. „Das war erst im Dezember 1987. Erst als die ersten Bilder im Fernsehen gekommen sind, sahen wir unsere Kinder als Soldaten in den besetzten Gebieten und wir sahen die wütenden und schmerzverzerrten Gesichter der Kinder der anderen. Diese Bilder von damals haben mich nicht mehr verlassen, sie sind zu einem Teil meines Lebens geworden. Das war für mich und für viele andere sicherlich ein großer Schmerz. Aber meines Erachtens war es auch ein Gewinn, da wir aus dem wohlig weichen Bett dieses naiven Gruppennarzißmus gefallen und der Realität näher gekommen sind. Wir haben so etwas wie Selbsterkenntnis gewonnen, den Preis dafür haben die anderen bezahlt."

Nach dem morgendlichen Gespräch mit der jüdischen Historikerin Rachel Freudenthal habe ich mich damals auf den Weg zu einer Frau der anderen Seite gemacht.

Ich nahm wie üblich eines der Sammeltaxis am Damaskustor, das Leute einsteigen ließ, die Richtung Norden, nach Ramallah fahren wollten, und das wollte auch ich, um die bekannte palästinensische Friedensaktivistin Sumaya Farhat-Naser zu treffen, die als Professorin für Biologie an der Bir-Zeit-Universität lehrte. Und wieder einmal mußte ich eine dieser beklemmenden Szenen an einem der Checkpoints miterleben. Wieder einmal durfte ich mich als Ausländerin als privilegiert erfahren. Mich redete man nicht einmal an, aber mit einem der jungen Männer im Wagen schien etwas nicht zu stimmen, vermutlich hatte seine Identitätskarte die falsche Farbe. Jedenfalls zerrte ihn der kontrollierende Soldat aus dem dicken Mercedes. Zitternd stand er an der Mauer aus Betonklötzen, wagte kaum den Blick zu erheben vor den dichten Reihen der Soldaten, jeder ein Maschinengewehr im Anschlag. Schon sehr mutig: fünf Bewaffnete, davor der zitternde Junge!

Nach etwa einer Stunde und einem Wagenwechsel in Ramallah landete ich bei der Universität, einer der wenigen Universitäten Palästinas. Vier Jahre lang war sie zwangsweise geschlossen gewesen und erst nach Oslo durfte sie den Betrieb wieder aufnehmen. Der lief aber sehr langsam an. Die Infrastruktur hatte schwer gelitten, und es gab kaum Geld, um etwas herzurichten, neu auszustatten, die Professoren zu bezahlen. Auf dem Gelände standen Studenten in Gruppen zusammen. Heiße Diskussionen liefen, denn es war ein Streik ausgerufen worden, womit offensichtlich nicht alle einverstanden waren. Auch über eine geplante Demonstration herrschte noch keine Einigkeit. Die einen wollten die Einlösung all der israelischen Versprechungen einfordern und demonstrieren, die anderen hatten Angst vor der Gewalt der Militärs. Beides nur zu verständlich, und beides ein Symptom für dieses Gefühl der Zukunftslosigkeit, das sich längst unter der studentischen Jugend Palästinas breitgemacht hat. Dieses Gefühl, keine Chancen auf Zukunft zu haben, ist eine Bombe, die gefährlich tickt.

Ich ließ mir den Weg zum Büro von Professor Farhat-Naser erklären und folgte den Anweisungen, die mich nach einigem Suchen zu dem winzigen, kaum möblierten Zimmerchen der Biologin führten.

Die sonst so lebhafte und immer überlegen wirkende Frau, die ich seit Jahren kannte, wirkte unsicher und irgendwie bedrückt. Kein Wunder, denn die Professoren waren wie die Studenten unten auf dem Campus schwer enttäuscht über all die gebrochenen Versprechen und die immer wieder aufflammende Gewalt. Es war erst wenige Tage her, erzählte sie, daß direkt vor dem Eingang des Campus aus einem israelischen Militärfahrzeug auf eine Gruppe von Studenten gefeuert worden war. Drei wurden erschossen und zwei schwer verletzt und das aus ganz heiterem Himmel. Es war keine Provokation vorausgegangen, keinerlei Gesten der Bedrohung für die Soldaten. Man hatte das Gefühl, die Soldaten hätten fast zum Spaß das Feuer eröffnet, wie so oft, wenn sie halt Angst machen wollen. Drei Tote als Nebenprodukt.

Nachdem sie ihrem Zorn ordentlich Luft gemacht hatte, wurde Sumaya Farhat-Naser wieder ruhiger und lachte über den Zustand ihres Büros. „Kannst du dir vorstellen, wie man hier arbeiten soll? Dabei muß ich das Zimmerchen noch mit meinem Mann teilen, der hier auch als Biologe arbeitet. Aber solche Dinge können uns nicht mehr wirklich erschüttern."

Ich kenne Sumayas klaren und unbestechlichen Geist und fragte sie nach ihrer Einschätzung der jüngsten Entwicklungen, und sie gab offen zu, daß die Realitäten während der Intifada auch die palästinensische Führung zum Einlenken gezwungen und an den Verhandlungstisch gebracht hätten. Ich weiß um ihr jahrzehntelanges Engagement in direkten Beziehungen zwischen Frauen, aber auch im Rahmen der bilateralen Gesprächsgruppen und Workshops. Sie hatte mir immer wieder davon erzählt und auch betont, daß es in dieser illegalen Phase überhaupt nur Frauen möglich war, direkt miteinander Kontakte zu halten, denn Frauen traute man keine politische Tätigkeit zu. Da war schon viel aufgearbeitet, viel Mißtrauen abgebaut worden.

Während der Intifada, so erzählte Sumaya, habe es in den palästinensischen Führungsgremien viel Selbstkritik gegeben, und dadurch sei die Verhandlungsbereitschaft gewachsen. „Die Intifada", sagte sie, „war nie nur Konfrontation zwischen Soldaten. Es war nicht nur Steine werfen und schießen, sondern es war ein bewußter Entschluß der Menschen, ihre Sache selber in die Hand zu nehmen. Denn die Misere unseres Volkes konnte nur deshalb so schlimm werden, weil wir immer gewartet haben, daß die anderen unsere Probleme lösen. Alle Verhandlungen gingen über unsere Köpfe hinweg. Man hat mit Amerika, mit den Ägyptern, den Syrern, den Libanesen, den Jordaniern verhandelt, niemals aber mit den Palästinensern, um deren Schicksal es ja eigentlich geht. Und da reifte eben der Entschluß zum Aufstand.

Wir haben keine andere Möglichkeit, als das Land zu teilen und zwei Staaten für zwei Völker zu schaffen. Man kann nicht einfach sagen, würfelt euch zusammen, seid ein Staat. Das funktioniert nicht, das Ungleichgewicht ist zu groß. Die Israelis sind viel stärker – politisch, wirtschaftlich, militärisch. Sie haben einen funktionierenden Staat. Wir sind total zerrissen, leben verstreut in kleinen Gebieten, in Homelands, haben keine echte Möglichkeit, funktionierende Strukturen aufzubauen.

Da muß eben eine andere Lösung gefunden werden. Wir leben nun einmal auf diesem engen Raum, in den uns die Geschichte gestellt hat. Aber ein friedliches Zusammenleben wird nur möglich sein, wenn wir als gleichberechtigte Partner nebeneinander leben können und jeder genug Luft zum Atmen bekommt."

Davon, und das weiß auch Sumaya Farhat-Naser, war man im Oktober 1994 noch unendlich weit entfernt, und das vor allem, weil alles, was seit Oslo geschehen war, halbherzig getan war, wenn überhaupt. Ich meine, diese Installierung der kleinen, voneinander getrennten autonomen Gebiete hatte keine wirkliche

Erfolgschance, denn die letztendliche Planung liegt nicht in den Händen der palästinensischen Führung, sondern in jener der Israelis.

Sumaya wies vor allem auf die Lage im Gazastreifen hin. „Man kann nicht einfach sagen, nehmt Gaza und laßt sehen, was ihr daraus macht. Gaza ist eine Katastrophe für sich. Fast eine Million Menschen lebt auf engstem Raum zusammengepfercht. Es hat die höchste Bevölkerungsdichte der Welt. Sie haben nichts, keine Infrastruktur und kein Geld und deshalb fürchte ich, daß Gaza auch für die nächsten zehn Jahre eine tickende Zeitbombe bleibt. Es bräuchte viele Millionen Dollar, um Gaza auf die Höhe eines Dritt-Welt-Landes zu heben, und wir haben noch nicht einmal damit angefangen. Ist das der Friede, von dem man spricht?"

Ich wollte damals selber nach Gaza fahren, um mit eigenen Augen zu sehen, ob es wirklich so schlimm ist, wie Sumaya und andere Leute sagen. Es ging nicht. Gaza war wieder einmal gesperrt. Grund: irgendwelche Unruhen, irgendwelche Streiks, Näheres war nicht zu erfahren. Etwa 70.000 Menschen wurden dadurch daran gehindert, nach Israel zur Arbeit zu fahren. Am nächsten Tag hieß es, Gaza sei offen, also warf ich meinen Terminplan über den Haufen, eilte zum Damaskustor und fragte nach einem Sammeltaxi nach Gaza. Die Leute sagten: „Nein, nein, das war eine Falschmeldung. Gaza bleibt zu." Der neue Grund: ein neunzehnjähriger israelischer Soldat war in der Nähe des Ben-Gurion-Flughafens entführt worden. In Gaza würden die Arbeiter noch einen Tag, wer weiß wie viele Tage, ohne Arbeit sein, und mit der Not würde der Haß wachsen, dachte ich damals, als ich unverrichteter Dinge zum österreichischen Hospiz zurückging.

Erst einige Tage vor meiner Abreise habe ich es dann doch noch geschafft, wenigstens für ein paar Stunden nach Gaza zu kommen. Genug, um das bestätigt zu sehen, was ich gehört hatte. Die achtzig Kilometer trennen tatsächlich die erste von der vierten Welt. In dieser Trostlosigkeit, in diesen elenden Straßen mit ihren verfallenden Hütten, in den grauenvollen Lagern draußen am Strand, in denen Flüchtlinge seit 1948 bis heute unter menschenunwürdigen Bedingungen vegetieren – hier kann Friede nicht gedeihen. Mich erschreckten die harten Gesichter der jungen Burschen, die in ihrem jungen Leben nichts kennengelernt hatten als Gewalt. Und das alles war mein Eindruck von vor acht Jahren. Wie muß das erst heute sein?

Und auch damals ging es Schlag auf Schlag, denn schon am darauffolgenden Tage war Gaza wieder zu, saßen die Männer wieder zu Hause. Der Grund: ein fanatischer Selbstmörder hatte in einer der frequentiertesten Buslinien in Tel Aviv eine Bombe gezündet. Neue Tote, neue Verwüstungen, neue Tränen, die israelische Mütter und Väter um ihre Kinder, die Israelis um ihre Mütter und Väter weinen. Und in Gaza neuer Frust, neuer Zorn, der in den Herzen der Männer wächst, die nicht mehr wissen, wie sie ihre Familien ernähren sollen. Spirale der Gewalt.

Ich war damals voll der Hoffnung nach Israel gekommen, aber dann mußte ich erkennen, daß die Schatten viel länger und viel dichter waren, als ich dachte. Ich erinnere mich noch an eine Sonnenstunde auf der Terrasse des Österreichischen Hospizes in der Via Dolorosa. Unter mir das bunte Treiben der Altstadt, der Ruf der Händler, der Gesang einer sich nähernden Prozession. Das wirkte alles sehr friedlich. Ich blätterte in den mitgebrachten Zeitungen und überdachte die Zeit, in die ich da geraten war – und die sprach dem friedlichen Bild Hohn. Da war gleich in den ersten Tagen der neuerliche Marsch der Truppen Saddam Husseins in Richtung Kuwait. Da war das Dröhnen der schweren amerikanischen Bomber über den Dächern Jerusalems. Da waren die erschossenen Israelis und Palästinenser in der Ben Jehuda Straße. Dann der Soldat, der einen Kollegen erschossen hat, weil er meinte, der Fahrer des mit überhöhter Geschwindigkeit dahinrasenden Wagens sei ein Terrorist. Dann war da der blutjunge Soldat, der gekidnappt worden war und bei der Befreiungsaktion ums Leben gekommen ist. Diese Befreiungsaktion lief übrigens gerade zu der Zeit, als ich am Abend dieses Freitags mit der Gemeinde des Rabbi Tovia Ben Chorin den Shabbat-Gottesdienst feierte. Es war eine leichte, eine fröhliche Feier gewesen, an deren Ende die Nachricht vom Tod des Jungen und einiger Hamas-Leute platzte. Mir krampfte sich das Herz zusammen und ich erinnere mich, daß ich in die Runde fragte: „Darf man denn töten am Shabbat?" Göttliches Gesetz hat keine Bedeutung, wenn Militärs denken und handeln. Viele Menschen, Israelis wie Palästinenser, waren sehr zornig in jenen Herbsttagen, als die Blätter vom Baum der Hoffnung fielen.

Nach dem Gottesdienst hatte ich dann noch die bekannte palästinensische Anwältin Lea Zamal in einem kleinen Restaurant in der Altstadt getroffen. Sie, die viel Erfahrung über die Unrechtssituation, in der die arabische Bevölkerung Jerusalems lebte, gesammelt hatte, redete Klartext: „Ich bin sehr enttäuscht, was die Verträge angeht, und was ich leider überhaupt nicht sehen kann, ist ein Friedensprozeß. Was ich hingegen viel eher sehe, ist die Tatsache, daß die Israelis die militärisch besetzten Gebiete auch noch politisch übernehmen. Die Westbank und Gaza werden zunehmend Bantustans, wie wir das im Apartheid-Südafrika hatten. Ich sehe weder jetzt noch für die Zukunft so etwas wie Unabhängigkeit und ich glaube, daß sich jeder irrt, der heute noch mit der Errichtung eines Staates Palästina rechnet. Israel ist noch keinen Schritt zurückgegangen, hat bisher immer nur weiter genommen. Die PLO hat das Lebensrecht Israels anerkannt aber kaum etwas dafür bekommen, ja, sie mußte von den meisten Forderungen zurücktreten. Ich glaube nicht daran, daß den Flüchtlingen des Jahres 48 je ein Rückkehrrecht eingeräumt wird, während die Immigrantenströme aus den ehemaligen Ländern der Sowjetunion nicht abreißen. Die Siedler sind noch keinen Schritt zurückgewichen, und für die Neueinwanderer werden neue Siedlungen gebaut. Man hat nur abgegeben, was eine Belastung war, wie zum Beispiel Gaza, und hat sich dafür eingehandelt, daß Arafat zum verlängerten Arm der israelischen Polizei geworden ist.

Frieden macht man mit Leuten, die gleichwertig sind, nicht mit Leuten, die man unter Kontrolle hat und weiter kontrollieren will. Ich glaube an Frieden, aber an Frieden unter Gleichen und nicht zwischen zwei Gruppen, von denen eine alle und die andere keine Rechte hat. Das einzige Recht, das wir haben, ist, das Recht aufzugeben."

Bittere Worte, die inzwischen von der Wirklichkeit noch übertroffen worden sind.

Für den nächsten Tag hatte ich ein Treffen mit einem jüdischen Ehepaar aus der ersten Siedlergeneration vereinbart. Diese Verabredung einzuhalten war gar nicht so einfach, denn ich sollte nach Talpiot, in ein Viertel am Rande West-Jerusalems. Aber auch die Geschichte dieser ziemlich endlos scheinenden Fahrt war typisch für die Situation. Der Fahrer eines israelischen Taxis wird sich weigern, einen in die Altstadt zu bringen. Nicht, weil er das nicht dürfte, sondern weil er Angst hat. Der Fahrer eines arabischen Taxis, dem man eine Adresse in der Neustadt angibt, wird einen fragend anschauen und sagen, daß er keine Ahnung habe. Er kennt die Stadt nicht, er interessiert sich auch nicht dafür, und so kann es eben ziemlich lange dauern, bis man ans Ziel kommt. Und so war das damals auch, aber endlich war ich dann doch da und fand das kleine Einfamilienhaus der Familie Ada und Schraga Garni. Die beiden sind, so hatten mir Wiener Freunde gesagt, noch „gute Israelis". „Gute Israelis" sind jene, die nicht verwestlicht, nicht amerikanisiert sind, sondern den Pioniergeist des Anfangs in sich lebendig gehalten haben. Schraga ist Naturwissenschaftler und sagt von sich, daß er eigentlich ein Palästinenser sei, denn er sei ja noch vor der Gründung des Staates Israel, also in Palästina geboren. Hie und da mache es ihm Spaß, meinte er, arrogant wirkende israelische Gesprächspartner damit zu ärgern. Schraga und seine Frau Ada – sie ist Lehrerin und Erwachsenenbildnerin – zählen auch zu den vielen Vorkämpfern dieses noch zweifelhaften Friedens. Sie waren schon vor sechs Jahren zu einer Dialoggruppe gestoßen, die sich auch während der Intifada, während der schlimmen Zeiten des Golfkrieges, getroffen hat. Die Mitglieder der Gruppe haben versucht, so etwas wie gegenseitigen Respekt aufzubauen. „Das hat lange gedauert", sagte Schraga, „aber irgendwann, es war sogar noch vor Oslo, ist etwas aufgebrochen und wir haben wirklich zueinander gefunden. Ich meine, wir sind uns in vielen Punkten nicht einig, aber wir kennen einander und wir kennen die Beweggründe des anderen. Das ist meines Erachtens nach die wichtigste Voraussetzung für einen sinnvollen Dialog."

Wie Schraga ist auch Ada davon überzeugt, daß nur diese Art des Dialogs, daß nur das Miteinander eine sichere Zukunft in ihrer Heimat Israel gewährleisten kann. Wörtlich meinte sie: „Das ist der einzige Platz auf der Welt, wo ich als Jüdin, als Israelin meinen Staat haben kann und will, trotz aller Probleme, die es hier gibt. Ich bin hier geboren, bevor der Staat war. Meine Kinder sind hier geboren. Das ist mein Platz, auch wenn das anderen nicht paßt. Aber genauso bin ich davon überzeugt, daß es da noch einen Staat geben muß, für diejenigen Palästinenser, die da leben wollen." Und Schraga setzte bestätigend hinzu: „Sie werden ihren Staat bekommen. Nichts und niemand wird das verhindern. Auch wenn es immer noch Leute gibt, die ihre Augen davor verschließen. Sie werden ihren Staat haben."

Der Gesprächskreis, dem das Ehepaar angehörte, traf sich über Jahre in einem Privathaus in Beit Sahour, was ja nur etwa fünfzehn Autominuten von Jerusalem entfernt liegt. Jetzt ist natürlich auch dieser Faden gerissen, weil nichts mehr geht. Aber vor acht Jahren sah man einander noch regelmäßig alle zwei Wochen. Es traf sich günstig, und Schraga lud mich ein, am nächsten Tag einfach mitzukommen. Er würde die Leute verständigen, daß er einen ausländischen Gast mitbringe.

An diesem Abend war die Stimmung aufgeheizt, die Diskussionen waren heftig. Es ging nur um eines, um den erschossenen israelischen Soldaten, der die Gemüter auch hier erhitzte. Manche Standpunkte waren unversöhnlich und ließen zuweilen auch den von Schraga beschriebenen gegenseitigen Respekt vermissen. Man sah, wie dünn das Eis war, auf wie schwachen Beinen das Miteinander selbst nach so vielen Jahren stand. Aber immerhin eines, sie haben einander dennoch getroffen, etwa zwanzig Israelis waren trotz der Straßensperren und der manifesten Gefahren nach Beit Sahour gekommen, und man blieb trotz der wieder aufgerissenen Wunden auf beiden Seiten im Gespräch. Gegen Ende des Abends kam es dann zu einer für mich unvergeßlichen Szene. Einem etwa vierzigjährigen Palästinenser waren die Nerven durchgegangen. Seine Stimme überschlug sich: „Ich will nicht mein ganzes Leben unter Besatzung leben. Warum hält man mich in meinem eigenen Land gefangen, nur weil ich Palästinenser bin? Ich kann nirgendwohin fahren, ich kann nicht einmal meinen Bischof besuchen. Ich will endlich frei sein. Ich will nach Jerusalem fahren, ohne mich jedes Mal ausweisen zu müssen und jederzeit zurückgeschickt werden zu können. Ich will endlich frei sein, es ist mein Menschenrecht. Ich habe Angst vor der Zukunft, ich habe keine Lust, ständig in Angst, Verfolgung und unter Besatzung leben zu müssen. Es muß etwas geschehen. Der ganze Friedensprozeß ist sinnlos, wenn sich für uns nichts ändert!"

So brach es aus dem Mann heraus, er zitterte am ganzen Leib und Tränen rannen über seine dunklen Wangen. Während sich auf den Gesichtern der Anwesenden Betroffenheit ausbreitete, hob ein jung jüdischer Student seinen Arm und legte ihn brüderlich tröstend um die Schultern des wesentlich älteren Mannes und strich ihm mit der anderen Hand zärtlich über die Wangen. Es war wirklich ein unglaubliches Bild, das sich mir tief eingeprägt hat und in meinem Gedächtnis wohl als Hoffnungszeichen bleiben wird, daß Friede und Versöhnung vielleicht trotz allem eines Tages Wirklichkeit werden wird für die Menschen im Nahen Osten, für Israelis und Palästinenser, für Christen, Muslime und Juden.

So kleine, auch sehr persönliche Hoffnungszeichen hat es damals gegeben, aber wenn man Menschen – auch so positiv denkende wie Rachel Freudenthal – auf ihr konkretes Hoffnungspotential angesprochen hat, dann kamen doch ganz andere Töne zum Klingen: „Ich habe sehr wenig Hoffnung", sagte Rachel klar und verstärkte dann noch: „Ich bin sehr pessimistisch. Neulich hat mir ein Freund von diesen, wie er meinte, wunderbaren Begegnungen zwischen Israelis und Palästinensern erzählt. Ich habe ihm gesagt, daß ich überhaupt nichts davon halte. Ich finde, wie das jetzt plötzlich als Friede, Freude, Eierkuchen verkauft wird, so in dem Tenor, wir sind alle harmonisch, wir sind alle wunderbar, aus Feinden von gestern sind Freunde geworden, das finde ich ziemlich verlogen. Ich glaube nicht daran. Ich glaube, es geht um ganz nackte, harte, politische Tatsachen. Wenn diese Dinge nicht geklärt werden können, dann ist dieser ganze Dialog nichts weiter als eine freundliche Luftblase. Man kann keinen ehrlichen Dialog zwischen Tätern und Opfern führen, und ich sage das ganz bewußt. Dialog gibt es nur auf gleicher Augenhöhe. Und für die Israelis sind die Palästinenser noch immer nicht gleichwertig, man mutet ihnen noch immer eine Politik zu, die nicht akzeptabel ist. Israel muß endlich vom hohen Roß steigen, seine arrogante Haltung ablegen und auf dem Boden der Tatsachen landen. Die Siegesträume sind ausgeträumt."

Es blieb mir nur noch wenig Zeit in diesem Jahr 1994 mit all seinen „Ups and Downs", wie Tovia Ben Chorin das damals bezeichnete, mit seinen Wechselbädern zwischen Hoffnung und Enttäuschung. Einige Gesprächstermine standen noch auf meinem Programm, unter anderem mit dem Sozialpsychologen Dr. Avner Falk.

Es war schon einmal davon die Rede, daß viele der ersten jüdischen Siedler in Palästina sich nicht Juden, sondern Hebräer nannten. Sie wollten an die Stärke der biblischen Völker, der Makkabäer und Hebräer anschließen und das Image der kleinen, schäbig gekleideten und armen Juden aus dem europäischen „Stätl" ablegen. Für Dr. Avner Falk waren das Phantasien, wie vieles im Bereich des jüdischen Volkes eher in das Reich der Phantasie gehört, als zur Realität.

Wörtlich meinte er damals in unserem Gespräch: „Die Wirklichkeit der jeweiligen Gegenwart war viel zu schmerzlich, mit all den Verfolgungen und Pogromen. Aber jetzt, in diesem durchaus schmerzlichen Friedensprozeß müssen wir unsere Phantasien aufgeben und uns der Realität stellen. Heute geht es um Trauerarbeit, denn es ist nicht leicht, Gebiete aufgeben zu müssen, an die man sich gewöhnt hat, egal ob es um den Sinai gegangen ist oder jetzt um Gaza, Jericho und all das, was noch kommen wird. Wir haben uns als Besatzer ganz gut eingerichtet, immer mehr Land genommen und uns aufgeführt, als gehörte das alles uns. Es gibt immer noch viele Leute, die mit dem Abzug nicht zurecht kommen, nicht einmal die Vorstellung akzeptieren können, und die sind wie Krankheitsherde in unserer Gesellschaft. Um die Trauerarbeit werden wir nicht herumkommen. Wer nicht trauern kann, macht Krieg; wer trauern kann, braucht keinen Krieg."

Aber diese Vergangenheitsphantasien sind nicht nur Sache der Juden. Auch die arabische Welt hat ihre Geschichtsphantasien. Die Araber behaupten ja auch, daß es vom 7. bis zum 15. Jahrhundert ein riesiges, mächtiges arabisches Reich vom Mittleren Osten über Nordafrika bis Spanien gegeben habe. Das war jedoch nie ein vereinigtes Reich, aber die fanatischen Islamisten träumen immer noch von der Wiederherstellung dieses Phantasiereiches – und das macht sie so gefährlich.

Für Dr. Falk sind das nichts weiter als Abwehrmechanismen gegen Minderwertigkeitsgefühle, und diese nicht verarbeiteten Gefühle prägen bis heute die Beziehungen – beziehungsweise eben die Nichtbeziehungen – zwischen Israelis und Palästinensern. Die meisten Palästinenser kennen Israelis nur als Soldaten, als aggressive Siedler und Behördenvertreter. Und bei den Israelis ist es, wie wir schon erfahren haben, nicht anders. Denn selbst jene Palästinenser, die in Israel gearbeitet haben, blieben ja in der Kategorie Fremdarbeiter mit einem entsprechend niedrigen Ansehen und ohne jegliche gesellschaftliche Beziehungen am Rand.

Dr. Falk sieht beachtliche Schwierigkeiten, wenn es in Zukunft darum gehen sollte, Beziehungen aufzubauen: „Es wird nicht leicht sein, das über die Jahre und Jahrzehnte gewachsene Mißtrauen, all diese Ängste und Vorurteile abzubauen, die uns heute den Blick aufeinander verstellen. Viele Jahrzehnte lang waren die Palästinenser für die Israelis eher in die Gruppe ‚Nazis' einzuordnen. Lauter kleine Hitlers sind da herumgesprungen, wie sie meinten, kleine Hitlers, die es auf nichts anderes abgesehen hatten, als sie ins Meer zu treiben. Ich meine, Menachem Begin hat im Jahre 1982 in aller Öffentlichkeit von Arafat nur als von diesem ‚Hitler in seinem Bunker' gesprochen. Und dann gibt es da noch ein anderes sehr tiefsitzendes Phänomen. Wir brauchen Feinde, damit wir unsere eigenen negativen Gefühle, alle die Eigenschaften, die wir in uns nicht mögen und nicht akzeptieren können, auf sie projizieren können. Sie sind es dann, die all jene bösen und schlechten Eigenschaften haben, die wir in uns selber nicht aushalten können. Natürlich wollen die Leute den Frieden, andererseits aber haben sie Angst davor, und das muß man verstehen."

Das ist die eine Seite, aber es gibt da noch eine andere. Ich komme noch einmal auf jene bilateralen und damals geheimen, weil illegalen Gesprächsrunden und Workshops von Professor Kehlmann zurück, an denen, wie schon beschrieben, der Historiker Shimon Shamir über Jahre teilgenommen hat. Er sprach von einem auch für ihn neuen und eigenartigen Phänomen, auf das sie dabei gestoßen seien: „Auch wenn unser Konflikt mit den Palästinensern der schärfste und bitterste von allen Konflikten ist, die wir hier in der Region haben, so hat sich doch immer wieder gezeigt, daß wir meist unglaublich schnell zu einer gemeinsamen Sprache gefunden haben. Ein Paradox, aber auch wenn die politischen Standpunkte unvereinbar waren, so erleichterte die Tatsache, daß wir in einem Land leben, daß wir mit derselben Landschaft vertraut sind, unsere ersten Kontakte. Wir konnten über dieselben Witze lachen, wir hatten sehr ähnliche Assoziationen, was mit anderen Arabern unmöglich wäre. Wir kamen eigentlich sehr schnell zueinander, und es waren auch nur selten Spannungen zu spüren."

Auf einem gewissen politischen, intellektuellen und emotionalen Niveau und in der Ausnahmesituation solcher geschützter Treffen mag die räumliche Nähe, gewisse ähnliche Erfahrungen und die gemeinsamen geschichtlichen Bande aus biblischer Zeit schon zum Tragen kommen. Aber ob für den Alltag, für den Aufbau von normalen zwischenmenschlichen Beziehungen darauf gehofft werden kann, ist mehr als fraglich.

In meinem Gespräch mit Dr. Avner Falk kam ich zum Beispiel auf eine der Kernfragen des Konflikts zu sprechen, auf die Jerusalem-Frage. Das ist ja der Punkt, vor dem wirklich alle Angst haben, weil es da um viel, viel mehr geht, als nur um eine Stadt. Dr. Falk meinte: „Natürlich. Jerusalem ist ein Symbol, ein religiöses, ein politisches und ein emotionales Symbol. Für die Muslime ist Jerusalem nicht nur die heilige, sondern die heilige und erhabene Stadt, die für sie so etwas wie eine Mutter, die eigene innere Heimat ist. Für sie ist es undenkbar und daher unannehmbar, auf Jerusalem als Hauptstadt ihres Staates zu verzichten."

Das ist die eine Position, die andere bringt der orientalische Jude Schlomo Elbaz ein: „Jerusalem ist das Herz des ganzen Problems. Das liegt im mystischen Charakter dieser Stadt. Das eine ist eine politische Frage, ob Jerusalem Hauptstadt des einen, des anderen oder beider Staaten sein soll – und diese Frage ist wichtig, aber die mystische Dimension reicht viel tiefer. Für einen Juden ist Jerusalem alles, alles was er glaubt und hofft. Ein Jude wird eher sterben als Jerusalem aufgeben. Jerusalem ist das Symbol des ewigen Friedens, der letztendlichen Brüderlichkeit. Juden und Muslime müssen das lösen, und die Christen müssen dabei helfen. Jerusalem muß so etwas werden, wie die Hauptstadt der künftigen Welt. Es ist ja noch nicht verboten, zu träumen."

Natürlich ist es nicht verboten, zu träumen, Rabbi Tovia Ben Chorin allerdings will sich nicht mit Träumen zufrieden geben. Ihm ging es damals im Oktober 1994 um mehr, ihm ging es um Visionen: „Die meisten Menschen träumen gerne. Im Traum wird nicht viel verlangt. Und dann wacht man auf und lebt weiter. In einer Vision sucht man immer, sucht man jeden Tag die Möglichkeit, etwas zu verwirklichen. Die prophetische Vision des Friedens Gottes ist an das Land Israel gebunden. Wenn wir also schon so weit gekommen sind, müssen wir jetzt weiter arbeiten. Das meine ich, wenn ich von der Kraft der Vision, von der Kraft des Wortes, von der Kraft des Geistes rede. Jerusalem und das Land Israel müssen der Heimatboden für die drei großen Religionen sein und bleiben. Und wenn ein echter Friede sein wird in diesem Land, zwischen diesen Völkern und zwischen den Religionen, dann wird das ein großes Zeichen sein für die Welt, eine neue Botschaft für alle Menschen."

II.

Lokalaugenschein in Jerusalem

Die Vision des Rabbi Tovia Ben Chorin von einem echten Frieden, der ein Zeichen für die Welt sein würde, war längst verblaßt, als ich mich Ostern 1997 – diesmal ohne große Hoffnung – wieder auf den Weg nach Israel/Palästina machte. Es war Frühling. Wenn die Sonne schien, war es schon angenehm warm, aber in den engen, windigen Gassen der Jerusalemer Altstadt, in die die Sonnenstrahlen nicht eindringen können, konnte es noch bitter kalt sein. In der Karwoche füllten sich Gassen, Straßen und Plätze mit Pilgerscharen aus aller Welt, zunehmend auch aus den osteuropäischen Staaten. Ein babylonisches Sprachengewirr in und um die Heiligen Stätten, im Basar und in den Restaurants und Cafés. Aber über all dem bunten und vielstimmigen Geschiebe lag eine sich von Tag zu Tag steigernde Spannung. Der Konflikt zwischen Israelis und Palästinensern hatte sich schon seit Wochen verschärft, die weiter forcierte Siedlungspolitik, die Schikanen gegen die arabischen Bewohner Jerusalems, die Ermordung von sieben palästinensischen Schülerinnen, ein Selbstmordattentat in Tel Aviv, bei dem der Attentäter drei Israelis mit in den Tod gerissen hat – dies und vieles mehr hat die Stimmung angeheizt.

Am Karfreitag kochte und brodelte es in der Heiligen Stadt, und am Mittag kam es dann zu einer mehr als brenzligen Situation, deren Zeugin ich wurde. Ich stand vor dem Österreichischen Hospiz in der Via Dolorosa. Christliche Kreuzwegprozessionen im Gegenverkehr. Verkrampfte, ängstliche und gar nicht gelöste Gesichter bei den Pilgern, deren sonst so kraftvolle Lieder plötzlich sehr dünn klangen. Finstere Mienen bei den an den Rand gedrängten Einheimischen. Zornig blitzende Augen unter den Burnussen und Tschadors der Muslime, die von schwer bewaffneten Polizisten und Soldaten mit Stahlgittern an ihrem Weg zum Freitagsgebet gehindert wurden. Männer versuchten, die Sperren zu durchbrechen, gestikulierten wild und ballten ihre Hände zu Fäusten. Frauen begannen zu schreien und zu kreischen. Wer einmal arabische Frauen kreischen gehört hat, weiß, daß das ziemlich bedrohlich klingen kann.

„Wenn in diesem aufgeheizten Tumult nur irgend etwas passiert, einem Buben eine leere Cola-Dose aus der Hand fällt, explodiert das alles hier", schoß es mir durch den Kopf. Und die harten, entschlossenen, aber irgendwie auch unsicher wirkenden Gesichter der Soldaten, die über Walkie-Talkie-Geräte ihre Befehle empfingen und sicherlich in jeder Sekunde bereit waren, das Feuer zu eröffnen, wirkten auch nicht gerade beruhigend.

An sich war das ganze eine unerhörte und auch unverzeihliche Provokation, die das trotz des kalten Windes überhitzte Klima weiter anheizte. Unverzeihlich deshalb, weil die Situation nicht überraschend sein konnte, sondern vorhersehbar war, da es jeden Freitag um 12.30 Uhr das große Gebet in der al-Aksa-Moschee gibt, und weil eben am Karfreitag Pilger aus allen Ländern der Erde in die Stadt strömen und die engen Gassen verstopfen. Und jeder wußte vorher, daß das muslimische Freitagsgebet an diesem 28. März eine besondere Bedeutung haben würde, weil die Predigt und die von ihr sicherlich beeinflußte Stimmung der Gläubigen möglicherweise über den Verlauf des Sonntags mitentscheiden könnte. Der von den Palästinensern jeweils am 30. März begangene „Tag der Erde" fiel diesmal mit dem katholischen Ostersonntag zusammen, und daher war es wichtig, ob in der Moschee ab- oder aufgewiegelt werden würde.

Es wäre doch der Überlegung wert gewesen, einen gefährlichen Stau in der Stadt zu verhindern, indem man die Straßen über die Mittagszeit für die Pilgerprozessionen hätte sperren können, der Tag ist ja lang genug. Aber nein, die Behörden waren wieder einmal von keines Gedanken Blässe angekränkelt und riskierten lieber Tote und Verletzte, jedenfalls aber neuerliche tiefe Verbitterung. Man dachte nicht daran, den Muslimen auch nur einen Schritt entgegenzukommen und sie ruhig zum Gebet gehen zu lassen. Welche Bedeutung der „Tag der Erde" oder auch „Tag des Bodens" für die Palästinenser hat, war bekannt. An diesem Tag gedenken die Palästinenser eines Vorfalls vom 30. März 1976. Damals hatte die israelische Regierung in zahlreichen palästinensischen Dörfern Land enteignet. Es war zu einem Streik der Landarbeiter gekommen, der von der Armee mit Gewalt niedergeschlagen worden war. Sechs Männer sind getötet und Hunderte verletzt worden. Die Gewalt war von Galiläa auch in die besetzten

Gebiete übergesprungen, wo es ebenfalls zu massiven Zusammenstößen gekommen ist. Wie viel Land hatten sie schon verloren – und Land ist dem palästinensischen Volk heilig. Also konnte man sich ausrechnen, was diese neuerliche Provokation bei den Menschen auslösen würde, die ja zusehen müssen, wie sich die jüdischen Siedlungen immer weiter ins Land fressen, in ihr Land, daß also die israelische Landnahme unvermindert weitergeht, obwohl in dem Abkommen von Oslo von etwas ganz anderem die Rede ist. Der Friedensprozeß hatte nichts gebracht, das wurde den Palästinensern einmal mehr klargemacht, und es nimmt nicht wunder, wenn da die Angst wächst, die Heimat, den Boden, die Lebensgrundlage zu verlieren.

Wenn man die Bedeutung dieses Tages kennt, dann wird doch jedem klar, daß es sich an diesem Karfreitag um eine unverzeihliche Provokation handelte, wenn man die fremden Pilger schützte und den Menschen dieser Stadt den Zugang zu ihrem Gotteshaus verwehrte, notabene es auch unter den Pilgern sehr komische Vögel gibt, die besser im Schutz der Dunkelheit agiert hätten als am hellen Mittag. Da kam doch, kaum hatte sich das Gewühle aufgelöst, nachdem das Geschrei der Frauen die Soldaten bewogen hatte, das Gitter vor dem Österreichischen Hospiz so weit zu öffnen, daß die Menschen einzeln durchschlüpfen konnten, ein ziemlich grotesker Zug die Via Dolorosa herauf. Dieses von irgendwelchen amerikanischen Evangelikalen inszenierte Kreuzweg-Theater – ein mit Ketchup auf blutend getrimmter Christusdarsteller mit Plastikkreuz, römische Soldaten mit golden glitzernden Plastikpanzern und eine Dame mit aufgelöstem roten Haar und Plastiktränen an den Wangen – war wirklich der Gipfel der Peinlichkeit, um nicht zu sagen, blasphemische Geschmacklosigkeit der Extraklasse. Haß und Zorn in den Augen alter und junger Menschen wurden verständlich und verhießen nichts Gutes für den „Tag der Erde", der zwar brutale Gewalt als Ursache hat, aber keine gewalttätige Tradition, wie Sumaya Farhat-Naser erzählte: „Dieser Tag war für uns immer ein Tag des gewaltlosen Widerstandes, der friedlichen Protestaktionen, der daran erinnern soll, daß wir ein Recht haben, in unserem Land zu leben. Heuer allerdings haben viele Menschen Angst vor diesem Tag. Durch die neuerlich forcierte Landnahme durch die Israelis, die Planung immer weiterer Siedlungen, durch dieses aufgeschaukelte Klima von Drohung und Gegendrohung könnte der kleinste Zwischenfall ungeahnte Folgen haben. Der ‚Tag der Erde' ist heuer überschattet von dem immer stärker werdenden Gefühl, daß die Israelis trotz Oslo überhaupt nicht an Frieden denken, überhaupt keinen Frieden wollen. Die Gerüchte verdichten sich ja mehr und mehr, daß die Osloer Abkommen aufgehoben und neu verhandelt werden sollen, um die israelische Position weiter zu verbessern und die Besatzung festzuschreiben. Das verunsichert die Menschen bei uns und bestärkt die Radikalen auf beiden Seiten. Offensichtlich will man das. Wir werden aber trotz aller Ängste, die uns quälen, Zeichen des Friedens setzen. Im ganzen Land werden morgen und übermorgen Bäume gepflanzt. Ich selbst werde mit meinen Studenten um die Universität auf dem Hügel von Bir-Zeit Bäume pflanzen, damit die Leute sehen können, daß wir uns nicht hinreißen lassen, sondern Lebenszeichen setzen, Zeichen für die Zukunft."

Diesmal hatte ich mich mit Sumaya Farhat-Naser im Österreichischen Hospiz getroffen. Sie war ziemlich aufgelöst, als sie bei mir ankam. Der Weg von Ramallah war wieder einmal eine einzige Nervenprobe gewesen, denn sie besaß kein Permit für Jerusalem, mußte also teilweise über den Berg gehen und dann im Taxi von Checkpoint zu Checkpoint vor einer Kontrolle zittern. Menschenquälen nenne ich das. Während sie bei mir im sicheren Haus saß, ist an der Universität Schlimmes geschehen. Dort, wo sie am nächsten Tag Bäume mit ihren Studenten pflanzen wollte, wurde wieder einmal ein Student getötet und wurden mehrere verletzt.

Davon allerdings wußten wir zum Zeitpunkt unseres Treffens noch nichts, das Bild aber, das sie von der Stimmung unter den Studenten malte, war düster genug, kam fast einer Vorahnung gleich: „Es geht ihnen katastrophal. Du weißt, daß ich immer versucht habe, ihnen Hoffnung zu machen, sie zu überzeugen, daß sich alles eines Tages lösen wird und sie alles dazu tun müßten, um sich auf diese Zeit vorzubereiten, um dann die nötige Aufbauarbeit zu leisten. Aber heute, nach der Ermordung Yitzhak Rabins und durch die verrückte Politik eines Benjamin Netanjahu, ist es fast unmöglich geworden, ihnen von Hoffnung zu reden. Die jungen Leute sagen, Israel will ein menschenleeres Land, daher die verschärften Schikanen, die immer weitere Einschränkung unserer Lebensbedingungen, die uns so unter Druck setzen sollen, daß wir das Land freiwillig verlassen. Ja, so reden diese jungen Menschen, und bei vielen, vor allem bei christlichen Familien, hat das ja auch schon Wirkung gezeigt. Das ist eine Tragödie für unser Land, unsere Kultur, denn wenn die Christen weggehen, bricht sehr viel, vor allem aber das Schulwesen und die medizinische Versorgung zusammen, denn das wird doch zu einem Gutteil von den europäischen und amerikanischen Kirchengemeinden erhalten.

Das Wort Frieden ist in den Augen unserer Jugend so sehr entehrt, daß sie meinen, wer vom Frieden spricht, fordere im Grunde zur Kapitulation auf. Ich kann die jungen Menschen verstehen, denn sie haben in den vergangenen drei, vor allem aber in den vergangenen eineinhalb Jahren so viele Rückschläge erlitten, daß sie keinen Ausweg mehr sehen. Und eine Jugend ohne Ausweg, die ständig gedemütigt wird, gerät in große Gefahr."

Zu dieser Hoffnungs- und Perspektivlosigkeit der Jugend trägt natürlich auch das Bild bei, das die Politiker abgeben. Vor zwei, drei Jahren sind die Protagonisten beider Seiten einander noch mit einem gewissen Respekt begegnet. Männer wie Peres, Rabin und Arafat hatten keine Scheu, einander auch einmal in aller Öffentlichkeit zu loben, wenn positive Gesten von der einen oder anderen Seite gesetzt worden sind. Man hat noch die Menschenwürde des jeweils anderen geachtet und das hat doch bei allen Auseinandersetzungen das Klima etwas aufgehellt. Unter Netanjahu ist dann ein anderer Stil, man könnte sagen, der Stil des Wilden Westens in die Politik eingebrochen. Es gab nur noch Beschimpfungen, Unterstellungen, Anschuldigungen. Von Differenzierung kann überhaupt keine Rede mehr sein, und ohne Differenzierung erstarrt jede Politik zu Stein.

Wenn man Entwicklungen nachvollziehen und verstehen will, gerade in einer Stadt wie Jerusalem, ist es wichtig, in Abständen wiederzukommen, auch einzelnen Menschen immer wieder zu begegnen, um an ihnen, ihrer Stimmung, ihren Worten ablesen zu können, was sich zum Guten oder zum Schlechten verändert hat. So habe ich es zu Ostern 1997 gehalten. Ich habe nicht nur Sumaya Farhat-Naser wieder getroffen, sondern auch die jüdische Historikerin Rachel Freudenthal. Wie bei Sumaya sind auch bei ihr Hoffnungen zerbrochen, ist der Glaube an Frieden, an ein Miteinander ins Wanken geraten.

Ich klingelte wieder an der Holztür und saß wieder an dem kleinen Tisch, schaute wieder in das hübsche, von dunklen

Locken umrahmte Gesicht und ich erinnerte Rachel Freudenthal, was sie mir vor über drei Jahren darüber gesagt hatte, was die Intifada bei ihr bewirkt hatte, daß sie nämlich erkannte, daß die Palästinenser nicht nur Teil der Folklore sind, sondern ein Volk mit Recht auf Selbstbestimmung. Ich fragte mein Gegenüber, wie sie die Lage nach dem Mord an Yitzhak Rabin, nach den vielen Enttäuschungen einschätzt. Sie seufzte und sagte: „Das ist schwer zu sagen, denn es ist alles so unsicher, so problematisch geworden in diesem Land. Ich habe, wie viele andere, zwar gehofft, daß der Friedensprozeß die Lage für uns und die anderen klärt, aber ich kann nicht sagen, daß das für mich jemals eine Lösung war, sondern immer nur ein erster Schritt in die richtige Richtung. Der gewaltsame Tod Rabins hat natürlich das ganze Land erschüttert, aber man muß doch sagen, daß auch er nicht gerade zu den Friedenengeln zählte, sondern mehr oder weniger an den Verhandlungstisch gezwungen worden ist. Seine Rolle als Friedensmacher wird heute gern überschätzt. Aber der Mord an ihm war eine echte Zäsur in unserer Geschichte, erstens für den Friedensprozeß und zweitens hat er uns gezeigt, daß wir unsere Kraft zum Frieden ganz offensichtlich überschätzt haben. Heute stehen wir vor den Trümmern dieses Traums. Netanjahu ist mit Friedens- und Sicherheitsparolen an die Macht gekommen, und heute haben wir weder das eine noch das andere."

Ein wesentlicher Faktor für die allgemeine Enttäuschung ist, wie schon erwähnt, die von Seiten Israels forcierte Fortführung des Siedlungsbaus und hier vor allem die Siedlung Har Homa am südlichen Stadtrand von Jerusalem. Für Rachel Freudenthal ist gerade diese Siedlung ein Symbol, an dem sich die Unzufriedenheit der Palästinenser festmacht und die Gewaltbereitschaft schürt, gegen die auch Yassir Arafat nichts mehr tun kann, da man ja nicht nur bei den Siedlungen, sondern auch in den anderen Hauptfragen wie Jerusalem und das Recht auf Heimkehr für die Flüchtlinge nicht einen Schritt weitergekommen ist. Die Palästinenser sind, so scheint es, in eine Zwickmühle geraten. Einerseits gibt es starke Kräfte, die neuerlich zum Aufstand blasen wollen, anderseits wissen sie aber genau, daß sich eine neue Intifada jetzt gegen die eigenen Leute, gegen die palästinensische Polizei richten würde. Aber, so glaubte Rachel Freudenthal, sei es durchaus möglich, daß es vor allem Benjamin Netanjahu ist, der an einer Neuauflage der Intifada interessiert sei, weil er dann den nötigen

Vorwand hätte, schärfer gegen die Palästinenser vorzugehen und ihnen den Bruch der Abkommen in die Schuhe schieben könnte.

Nicht nur für Rachel Freudenthal, sondern für viele Israelis, die noch immer der Ansicht sind, daß es keine Alternative zum Frieden gibt, war die Regierungszeit Benjamin Netanjahus schlicht eine Katastrophe. Mit seinen amerikanischen Allüren und den US-Beratern, mit denen er sich umgab, hätte er den sensiblen Boden des Nahen Ostens mit den Weiten der Prärie verwechselt. Er habe kein Gefühl für das Land und für die Menschen gehabt, so hörte ich es immer wieder. Außerdem, so Rachel Freudenthal: „Er hat kein politisches Programm, keine politische Vision, er benimmt sich wie ein Elefant im Porzellanladen. Aber vielleicht ist die Zeit politischer Visionen überhaupt vorbei, jedenfalls sehe auch ich im Moment keine Alternative. Aber auch Netanjahu sitzt in einer Klemme. Er hat zu vielen Leuten zu viel versprochen und versucht es all denen, die ihn an die Macht gebracht haben, recht zu machen, damit die Koalition nicht auseinanderbricht. An einem Tag sagt er dies und am nächsten jenes. So kann man keine sinnvolle Politik machen. Irgendwann bricht alles zusammen, das Ventil wird brechen."

Das Gefühl, daß das Ventil am Bersten war, lag wie ein dunkler Schatten über Jerusalem in diesen österlichen Tagen, und es gab immer wieder Situationen, in denen ich dachte, wenn jetzt irgend jemand in einer dieser engen steingepflasterten Straßen eine Obst- oder Gemüsekiste umwirft, eine Flasche fallen läßt, dann kracht es.

Aber vielleicht war es gerade diese Unsicherheit und Angst auf beiden Seiten, die dafür sorgte, daß wenigstens der Ostersonntag, dieser „Tag der Erde" der Palästinenser, entgegen allen Erwartungen, erstaunlich ruhig verlaufen ist. Ich selbst bin an diesem Tag mit einer Gruppe von Freunden schon um halb vier Uhr, also zu nachtschlafender Zeit, aufgebrochen. Wir wollten in einem Nonnenkloster in den jüdischen Bergen die Osternacht feiern. Wir sind lange vor dem Damaskustor gestanden, haben lange auf ein Taxi gewartet, das bereit gewesen wäre, uns zu dem etwa eine halbe Autostunde entfernten Dorf zu bringen. Keiner der israelischen Chauffeure wollte Jerusalem verlassen. Endlich blieb ein Wagen mit einem arabischen Kennzeichen stehen. Auch dieser Fahrer wollte anfangs nicht, auch er hatte Angst und sagte immer wieder: „Was ist, wenn etwas passiert? Was ist, wenn sie mit

Steinen zu werfen beginnen? Ich kann das nicht verantworten!" Da wurde auch Wilhelm Bruners, der deutsche Priester, der mit uns diese Osternacht feiern wollte, unsicher. Er stand bleich und schweigend neben dem Auto und überließ die Verhandlungen anderen. Aber schließlich ging es dann doch los, allerdings erst, nachdem wir dem Mann einen bei weitem überhöhten Fuhrlohn zugesagt hatten. Wilhelm Bruners zwängte sich als Letzter in den Wagen, sprach während der ganzen Fahrt kaum ein Wort. Später gestand er: „Ich hatte plötzlich das Gefühl, ich könne die Verantwortung für euch nicht übernehmen, hätte nicht das Recht, euch in diese Gefahr zu bringen."

Nun, es passierte nichts. Wir kamen unbehelligt an, und es wurde eine wunderschöne Feier. Das Osterfeuer wurde im Garten, in einem weitläufigen Olivenhain entzündet und dann in die dunkle, kleine, aus Steinen erbaute Klosterkirche getragen. Die Lieder, die wir sangen, die Texte, die wir lasen, die Gebete, die wir sprachen schufen eine ganz besondere Atmosphäre, die mich diese Osternacht erleben ließ, wie keine zuvor. Auferstehung in dieser bedrohlichen Zeit, in diesem unter Gewalt leidenden Land, auf diesem blutigen Boden, in diesem Klima des Hasses – das war etwas ganz Besonderes. Ich nehme an, daß es den anderen, die sich hier zusammengefunden hatten, auch nicht anders ergangen ist, denn als wir einander die Hände dann zum Friedensgruß reichten, bevor wir in das langsam über die Hügel kriechende und durch die ausladenden Kronen der alten Bäume schimmernde Sonnenlicht traten, waren wir einander sehr nahe. Aus tiefem Herzen sagten wir einander, riefen wir dem Land und seinen Menschen den großen Shalom zu, den echten, den wahren Frieden, der den Menschen dieses Landes verheißen worden war, damals vor 2000 Jahren.

Eine gute Stunde später trennten sich unsere Wege wieder. Ein Taxi aus dem Dorf, das die Schwestern schon am Vorabend bestellt hatten, brachte Wilhelm Bruners, drei seiner Freunde und Mitarbeiter im Hospiz und mich ohne Zwischenfälle zum Damaskustor zurück.

Am Nachmittag, nach dem Bäumepflanzen, wollte mich Sumaya Farhat-Naser noch einmal besuchen und mir ein paar Dinge bringen, die ich für ihren in Innsbruck studierenden Sohn mitnehmen sollte. Als ich dann erfuhr, was tags zuvor in der Universität in Bir-Zeit geschehen war, daß einer ihrer Studenten erschossen worden war, bewunderte ich diese Frau einmal mehr, daß sie trotz allem gemeinsam mit den Kollegen des Toten die Bäume gepflanzt hat: „Für uns war das heute so etwas wie Trauerarbeit und auch ein Zeichen der tief empfundenen Solidarität mit unserem toten Freund und seiner Familie, die schon den zweiten Sohn verloren hat."

Sumaya übergab mir die Tasche für ihren Sohn, an dem sie vermutlich mehr als an den anderen Kindern hängt, da er eine schwere Last zu tragen hat. Er war vierzehn Jahre alt, als er auf dem Heimweg von der Schule von einer israelischen Patrouille angeschossen, am Bein schwer verletzt und dann auch noch getreten und geschlagen worden war. Kaum, daß die Wunde halb verheilt war, brachte man ihn in ein Gefängnis und auch dort wurde er wieder und wieder gefoltert, obwohl ihm keiner sagen konnte, was man ihm eigentlich zur Last legte. Die Proteste der Eltern blieben ohne Folgen, weil diese die Namen der Soldaten nicht nennen konnten – wie denn auch.

Jetzt lebt er zwar in Sicherheit und studiert in Innsbruck Medizin, aber das Trauma des Jahres 1990 wird er nicht los. Erst vor einem Jahr war er imstande, über die Zeit im Gefängnis und über die Folterungen zu reden. Er ist nach wie vor in psychotherapeutischer Behandlung.

Überraschend für mich, wollte Sumaya Farhat-Naser unser am Karfreitag begonnenes Gespräch fortsetzen und noch überraschender war für mich ihr Einstieg: „Auch die israelischen Menschen haben es schwer, denn auch sie haben begonnen, zu träumen, daß ein Frieden möglich sein könnte. Heute müssen sie feststellen, daß es immer mehr Tote gibt. Wie sollen sie da ihren Friedensaktivisten glauben, daß ihnen der Friedensprozeß etwas gebracht hat? Militärisch und politisch hat es den Israelis vielleicht genützt, aber was hilft das, wenn der einzelne Israeli sich so ängstlich, so unsicher fühlt wie noch nie? Das führt bei den Menschen zu einem totalen Vertrauensverlust allem und jedem, vor allem aber natürlich der anderen Seite gegenüber. Das spüren wir in der Arbeit unserer Friedensfront, deren Basis immer dünner zu werden droht.

Auch auf der eigenen Seite wird die Arbeit immer schwieriger, denn auch unsere jungen Leute verlieren die Hoffnung, daß sich etwas zum Besseren wenden kann. Sie sehen die weitergehende Landnahme, das ungebremste Wachstum der Siedlungen, die zunehmende Einengung unserer Bewegungsfreiheit, die Neueinführung all dieser Sperren. Im vergangenen Jahr haben wir die Sperrtage zusammengezählt und kamen insgesamt auf fünf lange Wochen, an denen wir solche Sperren hatten, an denen es keine Post, keinen Handel gab, an denen Schulen und Universitäten geschlossen bleiben mußten und die Leute nicht zur Arbeit gehen konnten, an denen man nicht einmal kranke Familienangehörige im Spital besuchen durfte. Das alles läuft unter dem Namen Friedensprozeß. Wie soll man den Leuten begreiflich machen, daß sich so der Friede anfühlt?

Daher ist auch die Arbeit zwischen israelischen und palästinensischen Friedensaktivisten praktisch gelähmt. Wir können einander nicht einmal mehr treffen. Ich darf nicht nach Jerusalem, auch die Strafen sind erhöht worden. Wenn ich jetzt hier erwischt werde, muß ich 1800 Shekel, das sind etwas mehr als 300 Euro, bezahlen. Dabei habe ich es als Frau noch leichter, denn ein Mann kommt zusätzlich noch für sechs Monate ins Gefängnis, wenn er erwischt wird."

Und trotzdem ist es nicht gelungen, die Bande der Freundschaft, die da über Jahre zwischen den Israelis und Palästinensern gewachsen waren, zu zerreißen. Man hält Kontakt über Telefon und E-Mail und plant immer wieder gemeinsame Aktionen, auch wenn man sie dann getrennt durchführen muß. Im Juni 1997 zum Beispiel wurde eine israelisch-palästinensische Kulturwoche unter dem Titel „Sharing Jerusalem" abgehalten, in der durch Ausstellungen, Theaterstücke, Lesungen, Musikveranstaltungen zum Ausdruck gebracht wurde, daß Jerusalem beiden Völkern und allen drei Religionen heilig ist, also allen gehört.

Dabei lief gerade in dieser Zeit eine Art ethnische Säuberung Jerusalems. Immer mehr Palästinenser wurden aus der Stadt vertrieben. Dafür wurden einfach immer neue und immer schärfere Gesetze gezimmert, so wie man sie gerade brauchte. Wenn zum Beispiel ein Mann, der von außerhalb der Stadt stammt, mit einer Frau aus Jerusalem verheiratet ist und über Jahre mit ihr auch hier gelebt hat, muß er jetzt die Stadt verlassen. Also bleiben nur zwei Möglichkeiten, entweder die beiden müssen sich trennen, oder die Frau geht mit ihm, verliert damit aber ihre Identitätskarte für Jerusalem. Neugeborene bekommen keine Geburtsurkunde, wenn nicht nachgewiesen werden kann, daß die Großeltern schon vor 1967 in Jerusalem gewohnt haben. Dafür muß eine Urkunde vorgelegt werden. Viele Menschen aber haben keine Urkunde. Sumayas Mutter zum Beispiel besitzt keine Geburtsurkunde, sie hat nur von ihren Eltern erfahren, daß sie im Jahr des großen Erdbebens zur Welt gekommen ist, das heißt 1927. Das war damals eben so üblich. Registrierungen nach europäischem Muster gab es nicht.

Sumaya Farhat-Naser konkret: „Seit eineinhalb Jahren bekomme ich, wie andere auch, keine Genehmigung zum Besuch Jerusalems. Wir dürfen nicht einmal einen Antrag stellen. Es tut mir zum Beispiel wirklich weh: Es ist Osterzeit. Ich bin Christin und kann mit meiner Familie das Osterfest nicht in Jerusalem feiern. Wir Christen im Heiligen Land sind die wenigen Nachfahren der ersten Christen aus der apostolischen Zeit, aus der Zeit der urchristlichen Gemeinden. Wir dürfen weder Weihnachten nach Bethlehem, noch Ostern zu den Heiligen Stätten in Jerusalem. Die Christen aus aller Welt kommen, um zu feiern, um zu beten, aber uns ist es verwehrt, und keiner von den Pilgern fragt: Was ist mit den Christen hier in diesem Land, in dem Jesus gelebt und gelitten hat? Ich meine, wer schweigt, macht sich mitschuldig."

Es muß die Christen wie die Muslime in dieser Stadt kränken, wenn sie zusehen müssen, wie immer mehr israelische Fahnen von den Häusern ehemaliger christlicher und muslimischer Häuser wehen. Und es ist für jemanden, der immer wieder kommt, auffallend, daß immer mehr Häuser von Israelis erworben und dann oft auch niedergerissen werden. Auf den Plätzen entstehen Neubauten, die die Homogenität der alten Stadtarchitektur zerstören.

Sumaya Farhat-Naser spricht vielen Menschen aus dem Herzen, wenn sie beklagt: „Mit Gewalt wird hier die einzigartige Struktur Jerusalems, das mosaikartig Gewachsene dieser Stadt verletzt. Wir haben hier als Christen, Juden, Muslime nur gemeinsam in Frieden leben können, weil wir von unseren Vorfahren die Sensibilität für diese Stadt gelernt haben, den Respekt vor den sensiblen Trennlinien zwischen den einzelnen Ethnien, Kulturen und Religionen. Heute werden diese Trennlinien mit Gewalt verwischt und das zugunsten einer Seite.

Ich frage mich auch, warum muß der Berg von Shabu Abunim verbaut werden? Es geht nicht nur um einige Häuser, sondern darum, daß faktisch das letzte Loch, das uns den Weg nach Bethlehem noch freigibt, zugemauert werden soll. Ost-Jerusalem ist dann faktisch eingemauert, eingeschnürt, jeder Chance beraubt, sich weiter zu entwickeln. Ost-Jerusalem hat sich in den letzten dreißig Jahren um das Sechsfache vergrößert, auf Kosten der Ländereien und Wälder der Westbank. Dort aber dürfen nur Israelis, nur jüdische Siedler leben, die sich in Wehrdörfern einbunkern.

Ein Palästinenser darf nicht einmal einen Antrag stellen, dort zu wohnen und deshalb fühlen sich die Palästinenser entrechtet, politisch, national und auch religiös gesehen. Vor allem wenn die religiösen Gefühle verletzt werden, dann hat die Logik keine Chance, dafür aber jede Art des Fanatismus. Ich glaube, das ist letztlich eine Katastrophe für beide Gesellschaften. Aber die Israelis wollen nicht einsehen, daß ihr Vorgehen letztlich auch ihnen zum Schaden gereichen wird."

Auf dem Weg zum Hospiz ist Sumaya Farhat-Naser für eine Weile in die Grabeskirche gegangen, um, wie sie sagt, Ostern zu spüren. Aber für sie war da nichts, es war nur das bunte Gewimmel der Touristen, das viel zu laute Gewirr all der fremden Sprachen. Kein Raum für das Gebet der einheimischen Christen an diesem Ostersonntag im Heiligen Land, in der Heiligen Stadt Jerusalem.

12.

Die Hoffnung schwindet

Es sollten zwei Jahre vergehen, bis ich wieder den Weg nach Jerusalem finden konnte. Reisen nach Indien, die Philippinen, nach Mexiko und Uganda drängten sich in den Reiseplan, denn überall auf diesem wunderbaren, kleinen, blauen Planeten hatte die Globalisierung, hatte der neoliberale Kapitalismus amerikanischer Prägung den Menschen und der Schöpfung tiefe Wunden geschlagen. Überall wurden immer größere Bevölkerungsteile von der Armut ins Elend getrieben, überall war Hilfe und daher auch die von den großen Medienkonzernen verweigerte Information nötiger denn je.

Aber dann im Frühling 1999 konnte mich nichts mehr halten. Vorverlegte Neuwahlen waren angesagt. Das allzu amerikanische Gehabe Netanjahus war den Israelis fast aller Fraktionen zu viel geworden. Sie hatten schlicht die Nase voll und wollten Veränderung. Aber wer stand als einziger Gegenkandidat zur Wahl: der ehemalige Generalstabschef Ehud Barak. Jener Ehud Barak, von dem der Friedensaktivist, Journalist und ehemalige Knesset-Abgeordnete Uri Avnery gesagt hat: „Ehud Barak war die größte Katastrophe, die Israel passieren konnte, schlimmer noch als Golda Meir.“ Das allerdings konnten die Wähler damals nicht wissen. In der Öffentlichkeit war er ein ziemlich unbeschriebenes Blatt, zwar kein Wunschkandidat, aber immerhin im Vergleich zu Netanjahu das kleinere Übel und aus den Reihen der Labour-Party, die für etwas mehr Liberalität stand, als der Likud. Wie sagte Uri Avnery? „Die Regierungen hier kommen und gehen. Eine ist etwas schlimmer als die andere, aber im Grunde sind alle gleich, ganz egal, ob sie von der Arbeiterpartei oder von der Rechten kommen.“

Die Stimmung war gereizt in den Apriltagen 1999, das politische Klima noch rauher geworden als 1997, die Hoffnung auf Frieden nahe dem Nullpunkt, wie Rachel Freudenthal, die Spezialistin für die Geschichte der Juden in Deutschland, damals meinte. „Von Hoffnung kann ich nicht mehr reden. Ich erwarte auch von den Wahlen eigentlich nicht viel, ganz egal, wie sie ausgehen werden. Wenn sie günstig ausgehen, könnte es sein, daß der Friedensprozeß weitergeht, aber was das heißen könnte, ist unklar." Ich fragte dazwischen, was für sie günstig wäre, und sie nannte den Namen Barak mit der Einschränkung: „Barak ja, aber nur mit einer starken Koalition, die den Friedensprozeß weitertragen kann. Aber selbst wenn es dazu kommen sollte, erwarte ich mir von diesen Leuten nicht, was ich die Erfüllung meiner Hoffnungen nennen kann. Hoffnung ist für mich zur Zeit einfach eine falsche Kategorie, weil sie sich darauf beschränkt, daß ich hoffe, daß die Situation nicht noch weiter eskaliert. Die Spannung mit den Palästinensern ist nur ein Teil des Problems. Es gibt die Spannung zwischen den Religiösen, es gibt die Spannung zwischen den europäischen und den aschkenasischen Juden, zwischen den jüdischen und arabischen Israelis, zwischen den Falken und den Tauben. Das Land ist in sich total zerrissen, sodaß der Friedensprozeß mit den Palästinensern nur ein Faktor ist."

Hoffnung ist also zu einer sehr zweifelhaften Kategorie geworden unter dieser noch sehr fahlen Frühlingssonne in Jerusalem. Für die Palästinenserin Sumaya Farhat-Naser waren die Schatten allerdings noch tiefer. Sie sagte es klar und deutlich: „Wir haben große Ängste. Wir wissen, daß es die letzten Tage vor den Wahlen sind, die den Wahlausgang bestimmen. Wir haben gesagt, daß irgendein schlimmer Gewaltakt passieren könnte, der dazu führt, daß eine rechtsradikale Regierung an die Macht kommt. Davon haben wir unter Bibi Netanjahu gerade genug bekommen. Wir wollen nicht, daß es noch schlimmer wird. Wir wissen aber auch, daß bis zu den Wahlen der Friedensprozeß total gelähmt sein wird. Egal, wer gewinnt, irgend etwas muß geschehen, denn die jetzige Regierung hat alles getan, damit die Verwirklichung der unterschriebenen Verträge nicht zustandekommt, obwohl beide Völker, vor allem aber die Palästinenser, ein Recht darauf haben. Es ist ja erstaunlich, daß die Bemühungen von allen Seiten durch eine Regierung so schnell zunichte gemacht werden konnten."

Neben dem Wahltermin vom 17. Mai stand noch ein anderer Termin in diesen Tagen an: der 4. Mai. Für diesen Tag war ursprünglich die nach Oslo beschlossene Ausrufung eines eigenen Staates Palästina vorgesehen gewesen. Sumaya Farhat-Naser erklärte, warum dieser Termin vorerst ausgesetzt wurde, obwohl er das angestrebte Ziel aller Palästinenser ist und auch für die friedensbewegten Israelis ein Muß ist, wenn man irgendwann einmal

Frieden haben will. „Nach den Friedensverträgen von Oslo wäre der 4. Mai jener Termin, an dem die fünfjährige Übergangsfrist zu Ende ist und ein eigener Staat Palästina errichtet werden sollte. Es wäre also unser Recht, diesen Staat auszurufen und es ist Unrecht, daß Israel ihn ablehnt. Es ist auch unrecht, daß die Weltgemeinschaft tatenlos zuschaut, aber es hilft uns auch nicht, diesen Staat zu proklamieren, wenn ihn dann niemand anerkennt. Wir wollen keinen Pro-forma-Staat, sondern ein lebensfähiges Gebilde, das auf Zukunft angelegt ist, uns Schutz und Sicherheit bietet, dessen Souveränität nicht angezweifelt werden kann und uns die Möglichkeit bietet, etwas aufzubauen, unsere Entwicklung selber planen zu können. Daher, so meine ich, ist es klüger, daß wir diesen Schritt, der an sich rechtens wäre, aufschieben, als ihn einfach aus Trotz zu setzen. Wir brauchen die Anerkennung der Welt und die Zustimmung einer israelischen Regierung, die unsere Selbstbestimmung und das Recht auf unser Land, auf unseren Boden respektiert, und das scheint im Moment nicht gewährleistet zu sein."

Um das noch einmal klar zu machen: Es ging in den Verhandlungen nicht um eine radikale Zurückdrängung Israels, es ging um zweiundzwanzig Prozent des ehemaligen Palästina, um ein knappes Viertel, das die Palästinenser für ihren Staat beanspruchen. Sumaya Farhat-Naser meinte, daß das an sich doch ein großzügiges Angebot gewesen wäre. Wobei sich natürlich die Frage stellt, ob ein so kleiner Staat in einer semiariden Zone überhaupt lebensfähig wäre. Eine Frage, die Sumaya Farhat-Naser von sich weist, weil sie der Überzeugung ist, daß dieses von Natur aus zur Bescheidenheit neigende Volk mit jedem Quadratmeter Erde etwas anzufangen wüßte, ließe man es nur machen. Was sie aber unter keinen Umständen akzeptieren könne, meinte sie damals vor drei Jahren: „Daß sich die Israelis auch noch dieses knappe Viertel des Landes stückchenweise arrogieren und uns in Bantustans, in Flecken einschnüren, um uns zu sagen: Hier dürft ihr leben und vegetieren. Das geht nicht. Wir sind Menschen. Wir haben dieselben Erwartungen und dieselben Ängste wie die Israelis, wir sind nicht weniger wert als sie. Friede und Sicherheit muß für beide gelten, sonst macht das keinen Sinn für die Zukunft. Wir glauben alle, daß wir Kinder Gottes und Nachkommen Abrahams sind – und darum treten wir ‚Frauen für den Frieden' für zwei Staaten für zwei Völker ein. Wir müssen es nur wollen, dann werden wir es auch schaffen. Wir wissen es."

„Das schaffen wir, wir wissen es" – die Hoffnung auf Frieden ist trotz aller Enttäuschungen nicht totzukriegen. Jedenfalls war das im Frühling 1999 noch so, wie ich mich überzeugen konnte. Frauen von beiden Seiten hatten ein paar Jahre zuvor mit ausländischer Hilfe ein sogenanntes „Half-Half-House" direkt an der Grenze zwischen Jerusalem und der Westbank gegründet. Es gab zwei Eingänge, einen für Frauen aus Jerusalem und der andere für Frauen aus dem Westjordanland. Dort trafen sie einander und lernten in sogenannten Kursen für Gesprächstraining über alle Vorurteile und Stereotype hinweg miteinander zu reden.

Bis zu dem Haus an der Grenze und zu den beiden Gruppen „Women for Peace" auf palästinensischer und „Bath Shalom – Töchter des Friedens" auf israelischer Seite war allerdings ein weiter steiniger Weg zu gehen gewesen. Im Jahre 1989 hatten die Exponentinnen dieser Gruppen einander geheim in Brüssel getroffen und diesen Plan ausgeheckt. Sich offiziell in Israel zu treffen, war ihnen per Gesetz verboten. Also hatten sie einander auf Einladung von Freunden in Brüssel getroffen. Ab 1992 waren die Treffen regelmäßiger geworden und es war gelungen, eine gemeinsame Basis zu schaffen, gemeinsame Prinzipien zu entwickeln. Aus diesen Bemühungen resultierte dann eine Allianz, die sich „Jerusalem Link" nannte und von beiden Seiten getragen wurde.

Ich machte mich auf den Weg zum „Half-Half-House" am Haupt-Checkpoint zwischen Jerusalem und Ramallah. Vor dem Jerusalemer Eingang, bis zu dem ich mit einem Taxi gekommen war, war gerade ein ziemlicher Wirbel im Gange. Die Soldaten hatten ein paar junge Leute verhaftet, die sich heftig dagegen wehrten. Es fielen Schüsse, deren Ursprung ich nicht orten konnte. Es wurde wild diskutiert und geschrieen. Immer mehr Leute strömten zusammen. Ich nützte die Gelegenheit, um an den Absperrungen vorbei und auf der anderen Seite ins Haus zu kommen. Ich hatte mein Tonbandgerät und auch bespielte Kassetten in meiner Tasche, von denen ich nicht wollte, daß sie bei einer eventuellen Durchsuchung in ungeeignete Hände fielen und meine Gesprächspartner gefährden könnten. Aber so einfach, wie ich dachte, war das nicht. Es waren da nicht weniger als drei Zäune, die mich von der Eingangstür trennten, weil rundum alles verbaut war. Also nichts wie drüber, dachte ich mir und versuchte mich über die Zäune und zwischen den noch ziemlich kahlen Büschen durchzudrücken. Es dauerte eine Weile, bis ich tatsächlich unbehelligt ins Haus gelangen konnte. Im zweiten Stock fand ich das Büro und dort Sumaya Farhat-Naser, die dann sehr schnell auf den Punkt kam: „Das, was wir hier und in Westjerusalem als ‚Jerusalem-Link' eingerichtet haben, ist die Frucht vieler intensiver Gespräche, die Frauen von beiden Seiten geführt haben mit dem Ziel, gemeinsam politische Arbeit zu machen, politische Probleme zu erörtern und Visionen zu entwickeln, die für beide Seiten gut sind. Es waren harte, verletzende Gespräche. Wir brauchten Zeit, um Vertrauen aufzubauen und all die existierenden Feindbilder zur Seite zu räumen und zu erkennen, daß es nicht nur eine, sondern zwei Geschichtsschreibungen gibt und daß es keineswegs um Schuldzuweisung gehen kann."

Inzwischen war auch die Leiterin der israelischen Gruppe Bath-Shalom im Büro des „Half-Half-House" eingetroffen. Sie erzählte, daß sich die Menschenmenge vor dem Haus inzwischen zerstreut hatte und sie ungehindert eintreten hätte können. Nach einem ersten Kennenlernen erläuterte sie mir die drei wesentlichen Grundprinzipien der Friedensorganisation: „Das erste ist, daß wir Gewalt von beiden Seiten ablehnen, sowohl palästinensischen Terrorismus als auch israelische Militärgewalt. Wir lehnen Gewalt als Strategie zur Erlangung politischer Ziele strikt ab. Das zweite Prinzip lautet: Wir brauchen zwei gleichberechtigte, nebeneinander lebende Staaten. Es geht nicht, daß ein Volk das andere unter Besatzung hält und brutal unterdrückt. Wir brauchen zwei unabhängige Staaten – Palästina und Israel, Seite an Seite. Das dritte Prinzip, und das ist bis heute das umstrittenste, lautet: Jerusalem – Hauptstadt für beide Staaten. Ohne ein gemeinsames phantasievolles Konzept für diese Hauptstadt wird es niemals Frieden geben."

Ich machte mir so meine Gedanken über die Funktionalität der beiden Frauenzentren und erfuhr, daß jedes diese Zentren total unabhängig ist, sowohl was die Planung, die Administration und die Finanzierung angeht. Jedes Zentrum entwickelt Programme, die auf die Bedürfnisse der je eigenen Gesellschaft abgestimmt sind, denn natürlich ist das Bildungsniveau, sind die Bedürfnisse der Frauen in der Großstadt Jerusalem andere, als jene der ländlich geprägten Frauen aus dem West-Jordanland. Aber, so hörte ich, es gibt auch gemeinsame Programme, vor allem im Bereich der Demokratie-Erziehung, der Frage der Menschenrechte und der Konfliktlösung in allen Bereichen, im privaten wie im öffentlichen Leben. Der Nachholbedarf auf beiden Seiten sei enorm, erfuhr ich, da auf diesen Gebieten weder hier noch dort viel für Frauen getan worden sei, man eher versucht habe, Frauen von diesen Fragen und Problemkreisen fern – also möglichst dumm – zu halten. Es sei zu einem wahren demokratiepolitischen Boom gekommen, sagten mir beide Repräsentantinnen von „Jerusalem Link". Beides ist also in dieser Arbeit gleich wichtig: den je eigenen Interessen und Notwendigkeiten gerecht zu werden und das beiden Gemeinsame anzusprechen. Die Hauptstoßrichtung des Gemeinsamen aber zielt, wie der Titel der Vereinigung schon klar macht, in Richtung Jerusalem.

Die Palästinenserin Sumaya Farhat-Naser: „Wir sind sicher, daß es ohne eine gerechte Lösung für Jerusalem keinen Frieden geben kann. Jerusalem ist die Kernfrage, denn Jerusalem gehört allen. Solange die Israelis sagen, daß ihnen allein Jerusalem auf ewig gehöre, klingt das für uns nach Kriegserklärung. Und heute ist es ja ganz offensichtlich, daß Jerusalem judaisiert, israelisiert wird, aber die wenigsten Israelis realisieren das, weil sie auch nicht darüber informiert werden. Aber jene, die diese Verdrängungspolitik sehen, mischen sich sehr stark ein. Es gibt an die zwanzig israelische Menschenrechtsorganisationen, die sich in dieser Frage engagieren, und wir sind mit dabei. Wir zeigen auf, warum Häuser in die Luft gesprengt werden, und in den vergangenen Jahren waren es nicht weniger als 600 palästinensische Häuser, die zerstört worden sind. Auf der Liste stehen noch 2000 weitere. Wir leuchten den Hintergrund dieses widerrechtlichen Vandalismus aus, damit die Leute verstehen, daß es sich hier um Rassismus, um eine neue Art der Apartheid handelt. Wie kommen die Behörden dazu, zu erklären, daß alle in Ost-Jerusalem lebenden Palästinenser Ausländer seien, wenn ihre Familien doch seit Jahrhunderten in dieser Stadt leben?"

Diese ungerechte Verteilung von Grund und Boden wird, wie ich schon sagte, von Jahr zu Jahr auffälliger. Jeder, der über die Hügel von Jerusalem fährt, kann sehen, wie die ausgedehnten israelischen Wohnsiedlungen weiß in blühenden Gärten wachsen und wie die arabischen Viertel immer kleiner und immer schäbiger werden. Die Ausbreitung der einen auf Kosten der anderen ist nicht nur für die Palästinenserin Sumaya Farhat-Naser ein Skandal, sondern auch für eine israelische Frau wie Gila Swirsky: „Seit 1967, also seit nunmehr zweiunddreißig Jahren, die die israelische Besetzung Jerusalems dauert, hat es niemals eine Regierung oder eine Stadtverwaltung gegeben, die sich bemüht hätte, Gerechtigkeit in der Versorgung der unterschiedlichen Wohngebiete herzustellen. Die Unterschiede sind schockierend. In den palästinensischen Teilen gibt es weder ordentliche Straßen, noch ordentliche Beleuchtung, weder eine gute medizinische Versorgung, noch genügend Schulen. In diesen Teilen der Stadt funktioniert nicht einmal die Müllabfuhr, sodaß man immer einen Grund hat, zu sagen, daß die Araber eben Schmutzfinken seien. Ich finde das moralisch und politisch schockierend, denn die Palästinenser unter uns werden immer brutaler an den Rand gedrängt. Warum also sollten sie sich wohlfühlen, warum also sollten sie unter israelischer Herrschaft bleiben wollen?"

Die Probe aufs Exempel bekam ich am nächsten Tag vor Augen und Ohren geführt. Für 16 Uhr war eine israelisch-palästinensische Demonstration angesetzt. Der Platz war von israelischer Polizei mit Sperrgittern abgesichert. Mit einem Mal hatte man den Eindruck, als sollten die politischen Gegner, die Demonstranten vor Übergriffen der Normalbürger geschützt werden. Von überall her gellten die Sirenen von Polizeiautos ans Ohr, und man übte sich in demokratiepolitischer Toleranz des Gegners. Stein des Anstoßes für diese Demonstration: der schon erwähnte verschärfte Umgang mit den Identitätskarten, der Aufenthaltserlaubnis für Palästinenser in Jerusalem, die immer öfter willkürlich eingezogen wurden. „Stop der ethnischen Säuberung", las ich auf Transparenten und mitgebrachten Plakaten. Über einer Kopie des Personalausweises von Noch-Präsident Benjamin Netanjahu stand in roten Buchstaben: „Expired!" also „Abgelaufen!" und daneben: „Bibi, you were abroad for 12 years. Now it's your turn." – „Sie waren 12 Jahre im Ausland. Jetzt sind Sie dran."

Für Bibi Netanjahu gab es jede Menge unfreundliche Sprechchöre, und laut wurde der Verdacht ausgesprochen, es sei Ziel der Regierung Netanjahu, Jerusalem palästinenserfrei zu machen. – So etwas gab es doch schon einmal. – Mehr als 8000 Menschen wurden innerhalb der letzten zwei Jahre ausgewiesen und das alles ganz legal durch entsprechend formulierte Gesetze. Es gibt eine Liste, auf der, wie ich hörte, weitere 40.000 Namen angeführt seien. Eines dieser ominösen Gesetze besagt, daß Palästinenser, die im Ausland arbeiten oder studieren, jedes Jahr zu einem festgesetzten Zeitpunkt zurückkehren müssen, um ihr Heimatrecht bestätigen zu lassen. Wer es nicht tut, weil er unmittelbar vor einer Prüfung steht, krank ist oder schlicht kein Geld für den Flug aufbringen kann, verliert für immer das Recht auf Rückkehr. Besitz und Erbe fallen automatisch an den israelischen Staat. Auf diese Weise haben Hunderttausende Menschen ihr Recht auf ihr Zuhause verloren. Da wirkt der israelische Satz: „Wir haben das Land mit legalen Mitteln erworben" zynisch, wenn Vertreibung das legale Mittel ist.

Für die Westbank und Gaza ist diese Bestimmung seit Oslo außer Kraft gesetzt, nicht aber für Jerusalem. Für Jerusalem wurde es sogar noch erweitert. Für Jerusalem gilt nun: „Wer siebenmal sein Heimatrecht bestätigen ließ, verliert es rückwirkend." Das ist neu und wird damit begründet, daß jemand, der sieben Jahre lang im Ausland arbeitet oder studiert, seinen Lebensmittelpunkt eben woanders gefunden hat. Es gibt aber Tausende Männer, deren Familien seit Jahrhunderten in Jerusalem wohnen, die aber in vielen Fällen oft zehn oder mehr Jahre zum Beispiel in Jordanien arbeiten, weil sie im Land keine Chance auf Arbeit haben, und die ihre Familie vielleicht ein- bis zweimal im Jahr besuchen. Eines Tages kommen sie dann an die Grenze, an den jordanisch-israelischen Grenzübergang bei der berühmten Allenby-Brücke, und es wird ihnen gesagt: „Wenn du so lange im Ausland gearbeitet hast, ist dein Lebensmittelpunkt eben dort. Also zurück, woher du gekommen bist."

Es geht noch weiter. Auch jemand, der außerhalb Jerusalems arbeitet, verliert rückwirkend sein Wohnrecht in Jerusalem. Ein einfaches Beispiel: Ein Lehrer aus Jerusalem, der dort mit seiner Familie lebt, arbeitet in einer Schule in Bethlehem, also etwa fünfzehn Autominuten entfernt. Er fährt jeden Tag hin und her. Plötzlich steht er am Checkpoint und der Soldat sagt ihm: „Du arbeitest seit mehr als sieben Jahren in Bethlehem, also hast du freiwillig Bethlehem zum Zentrum deines Lebens gemacht, also schau, wo du bleibst." Der Mann kann also nur noch illegal über die Berge zu seiner Familie kommen oder muß mitsamt seiner Familie nach Bethlehem übersiedeln.

Das sind Machenschaften, die die Menschen empören, und dieser Empörung machten sie an diesem Spätnachmittag im April 1999 lautstark Luft, die Palästinenser, aber auch die israelischen Demonstrationsteilnehmer. Es handelte sich dabei natürlich um eine kleine Minderheit der Israelis, um jene, die inzwischen begriffen haben, daß die restriktiven und letztlich gewalttätigen Maßnahmen gegen die palästinensische Bevölkerung von Jerusalem auch Israel zum Schaden gereichen. Seit der Friedensprozeß ins Stocken geraten ist, geht es nämlich auch mit der israelischen Wirtschaft bergab. Das hatte mir schon Tage vorher Rachel Freudenthal erläutert: „Natürlich waren die Israelis verwöhnt. Es ging ihnen wirtschaftlich eigentlich recht gut. Nicht allen, aber doch vielen. Während der Gespräche, die dann zu Oslo führten, kamen zahlreiche ausländische Firmen und investierten hier. Da boomte die Wirtschaft richtig. Aber dann ist alles stecken geblieben, und heute haben wir hier eine bisher unbekannte Rate an Arbeitslosen. Immer mehr Betriebe, vor allem im Bereich des Tourismus, müssen schließen. Die Arbeitslosigkeit greift auch bei der Jugend um sich, und das führt zu Unzufriedenheit und steigender Kriminalität. Die Leute kapieren langsam, daß das mit dem Stillstand des Friedensprozesses zu tun hat, und es sind nicht wenige, die der Regierung vorwerfen, den falschen Weg eingeschlagen zu haben. Das sind die einen. Die anderen aber, unter den Erwachsenen wie unter der Jugend, folgen dem Gegentrend und rücken immer weiter nach rechts und geben nicht der Regierung, sondern den Palästinensern alle Schuld. Sie sind es, die nach dem starken Mann rufen."

Vertreter dieser Gruppe waren es auch, die vor dem New Gate auf der anderen Seite der Stahlbarrikaden standen und ihre eigenen Slogans, vor allem auch jenen Wahlslogan von Benjamin Netanjahu brüllten, der da lautete: „Ein starker Führer für ein starkes Volk." Die Sache wurde im Laufe der Zeit – es war inzwischen längst dunkel geworden – ziemlich laut. Aber es blieb bei verbalen Auseinandersetzungen und Schreiduellen und es kam, jedenfalls während der Demonstration, zu keinerlei Ausschreitungen, was wohl auch auf die massive Präsenz der Polizei zurückzuführen war. Wobei man sicher sagen kann, daß die Polizisten weniger die Demonstranten schützten, sondern so knapp vor der Wahl Gewalt auf der Straße um jeden Preis verhindern wollten. Im Laufe des späteren Abends soll es – das erfuhr man am nächsten Tag – in einigen Jugendlokalen zu tätlichen Auseinandersetzungen, ja Schlägereien zwischen verschiedenen Jugendgruppen gekommen sein.

Die Jugendszene in Jerusalem, wie Rachel Freudenthal sagte, sei im Grunde ein ziemlich genaues Abbild der Erwachsenen: eine kleine, aber durchaus im Wachsen begriffene extreme Rechte, eine breite graue Masse politisch Desinteressierter, von denen ein guter Prozentsatz überhaupt am liebsten auswandern würde, weil sie im Land keine Zukunft mehr sehen, und dann eine dritte, bunt schattierte Gruppe – auch klein aber auch im Wachsen begriffen

– friedensbewegter, politisch wacher junger Leute, die sich gesellschaftlich einmischen und die Hoffnung auf Frieden noch nicht aufgegeben haben.

Fünf junge Leute aus dieser zuletzt genannten Gruppe sollte ich am Tag nach der Demonstration kennenlernen, und das wurde nach all den skeptischen bis verzweifelten Tönen eine durchaus erfreuliche Begegnung. Ich hatte bereits vor meiner Reise erfahren, daß das „Bruno-Kreisky-Forum" vor einigen Jahren eine Gruppe von Jugendlichen aus Israel, Palästina, Ägypten und Jordanien zu einem mehrwöchigen Workshop nach Wien eingeladen hatte. Ich hatte mich gleich in den ersten Jerusalemer Tagen mit einer Kontaktperson in Verbindung gesetzt und angefragt, ob wenigstens einige aus dieser „Wiener Gruppe" – wie sie sich nannten – zu einem Gespräch ins Österreichische Hospiz kommen könnten. Fünf sind dann auch gekommen. Es wurde ein höchst interessanter Vormittag, und ich konnte spüren, in welch guter Erinnerung sie diese Wochen in Wien behalten hatten. „Das war schon toll, daß wir die Chance hatten, einmal aus unseren jeweiligen Ghettos ausbrechen, junge Leute aus anderen Ländern und auch einige Palästinenser kennen zu lernen und Freundschaft mit ihnen zu schließen", sprudelte eine israelische Kunststudentin. „Es hat uns gezeigt, daß es durchaus möglich wäre, in Frieden miteinander zu leben. Das Problem ist nur, daß die Radikalen etwas weniger radikal würden, wenn man ihnen die Augen öffnen und sie aus ihrer prägenden Umgebung herauslösen könnte. Ich meine, daß diese verschlossenen jungen Leute von ihren Familien und ihren religiösen Führern indoktriniert und verängstigt werden. Unter meinen Freunden sehe ich, daß eine große Mehrheit den Frieden will und ihn auch für machbar hält. Das müßte doch auf die Dauer etwas bewirken und die politischen Weichen in eine positive Richtung stellen."

Sie erzählten, daß auch sie am Anfang der Wiener Gespräche große Schwierigkeiten hatten, daß auch sie – genauso wie es bei den israelisch-palästinensischen Frauengruppen gewesen ist – die meist erziehungsbedingten hohen Barrieren der Vorurteile und des Mißtrauens gespürt hatten. Je besser sie einander kennengelernt hätten, desto rascher sei dann auch das Vertrauen zwischen ihnen gewachsen. „Es war wirklich nicht einfach, weil wir so stark gegeneinander geprägt waren. Aber es ist gelungen, und wir haben dabei nur gewonnen, weil wir Freunde gefunden haben", bemerkte einer der Älteren unter meinen Besuchern und fuhr fort: „Ich glaube, es war ganz wichtig, daß die Österreicher dieses Projekt weitergeführt haben. Wir haben 1994 begonnen und sind eigentlich immer noch in Verbindung. Das wurde für jeden von uns zu einem oft nicht leichten Prozeß, der uns stark verändert hat. Wir, Palästinenser wie Israelis, konnten so den Weg miteinander weitergehen, uns in die Friedensarbeit einklinken, und ich kann Ihnen nur sagen, daß das Engagement für die gute Sache und füreinander einfach wunderbar ist. Wir haben gelernt, aus unseren Stereotypen auszubrechen, einander wirklich kennenzulernen. Und das ist wichtig, weil es ja darum geht, das kulturelle Erbe, die kulturellen Eigenheiten des anderen zu akzeptieren und seine oder ihre Wurzeln zu respektieren."

Eine andere der jungen Damen brachte ihre Erinnerungen in das Gespräch ein: „Seit ich sehr klein war, haben meine Eltern immer wieder gesagt: Hoffentlich ist das jetzt der letzte Krieg. Eine Generation verspricht der nächsten: kein Militärdienst mehr, kein Krieg mehr. Wir alle erzählen das unseren Kindern, und auch ich sage meinem vierjährigen Sohn, daß wir Frieden wollen und daß wir Frieden haben werden, wenn wir einander respektieren. Ja, wir sagen unseren Kindern, daß die Welt wunderbar sein wird, wenn wir endlich den Frieden und nicht wieder einen Krieg gewonnen haben."

Die dritte weibliche Stimme in der Runde fand: „Für mich ist das ein großer Fortschritt im Leben. Vor sechs Jahren habe ich keinen einzigen Palästinenser, keine einzige Palästinenserin gekannt und jetzt kenne ich viele, und sie sind meine Freunde. Wir mögen einander und wir wissen, daß wir eine gemeinsame oder keine Zukunft haben werden. Ich glaube jedenfalls, daß unser gemeinsamer Weg uns gegenseitig bereichert und daß er uns letztlich zum Frieden führen wird."

Alle fünf strahlten Optimismus aus, aber ich hatte nicht den Eindruck, daß sie nur blauäugig waren. Sie erzählten sehr offen von den Schwierigkeiten, die sie hatten und immer wieder haben. Sie erzählten vom Scheitern, von Rückschlägen, von der oft schwer zu verkraftenden Feindseligkeit, die ihnen von verschiedenen Seiten entgegenschlägt, in der Familie wie in der Gesellschaft. Sie waren sich auch darüber im klaren, daß der Weg, der vor ihnen liegt, kein Spaziergang sein würde. Aber sie zeigten sich entschlossen, ihn trotzdem weiterzugehen, auch wenn die

Perspektiven alles andere als rosig sind. Zuweilen kann es ja auch geschehen, daß man über den dunkel drohenden Wolken, die die Gegenwart überschatten, bemerkt, daß es gar nicht wenig ist, was man in den vergangenen Jahren erreicht hat und daß der einmal in Gang gekommene Prozeß nicht umkehrbar ist.

Darauf hat auch Gila Swirsky von der Frauengruppe „Bath-Shalom" im „Half-Half-House" am Checkpoint verwiesen: „Ich bin trotz allem, was jetzt passiert, doch optimistisch, was unsere Zukunft angeht. Ich sehe die Fortschritte, die wir gemacht haben, und die sind nicht von der Hand zu weisen. Vor fünfzehn Jahren waren die Palästinenser für uns einfach Terroristen, Gesetzlose, mit denen niemand reden soll, an denen man einfach vorbeischaut, die man nicht zur Kenntnis nimmt. Heute sind sie als ein Volk anerkannt. Als ein Volk, das ein Lebensrecht in dieser Region hat, auch wenn das manchen von uns noch nicht in den Kram paßt. Arafat ist als ihr Präsident und Sprecher anerkannt. Bis vor kurzem war er der Staatsfeind Nr. 1. Heute gibt es etwa siebzig Prozent der israelischen Bürger, die einen eigenen Palästinenserstaat für notwendig halten, und das ist doch ein ordentlicher Prozentsatz, meine ich. Also werden wir diesen Staat an unserer Seite haben, da bin ich sicher. Diese Fortschritte können sich doch sehen lassen, oder nicht?" erklärte diese große lebhafte Frau mit Nachdruck und schüttelte energisch ihre dichte graue Löwenmähne, nicht ohne hinzuzufügen: „Würde ich daran nicht glauben, ich könnten keinen Tag länger an meinem Platz arbeiten." Auch für die kommenden Wahlen glaubte sie, im Gegensatz zu vielen ihrer Landsleute, Hoffnungszeichen zu sehen: „Ich würde voraussagen, daß Netanjahu nicht gewinnen wird. Und selbst wenn er gewinnen sollte, sind seine Tage gezählt, denn die Leute hier haben genug von ihm. Sie wollen nicht mehr einen Krieg nach dem anderen, sie sind bereit für den Frieden."

So also sah diese gebildete, national und international versierte Frau die Lage im Frühjahr 1999. Sie sollte recht behalten, Benjamin Netanjahu verlor die Wahlen. Ehud Barak, den viele für das kleinere Übel hielten, hatte gewonnen. Nur das mit dem kleineren Übel hatte sich als gravierender Irrtum erwiesen. Und als ich im November vorigen Jahres, nach vielstimmigem Geschimpfe über Ariel Sharon, immer wieder fragte: „Wer dann?" tauchte überraschenderweise der Name Netanjahu wieder auf, was zeigt, wie tief die Frustration in den Köpfen der Israelis sitzt.

13.

Das andere Gesicht Israels

Der Grund, warum ich im November 2001 wieder nach Israel/Palästina reiste, war die Tatsache, daß bekannt geworden war, daß Uri und Rachel Avnery für die Friedensbewegung Gush-Shalom einen der „Right-Livelihood-Awards“, also einen der sogenannten Alternativen Nobelpreise bekommen sollten. Nach den vielen Bildern von Panzern, Bulldozern, blutüberströmten Menschen, war es mir ein Anliegen zu zeigen, daß Israel auch ein anderes als dieses militante Gesicht einer brutalen Besatzungsmacht, daß Israel auch ein Friedensgesicht hat. Ich fand nicht nur Uri Avnery, den ich schon einige Male zitiert habe, ich traf auch einige seiner Mitarbeiter und ich traf Menschen von einigen anderen der zahlreichen Friedensgruppen, die es zum Teil schon seit Jahrzehnten, zum Teil erst seit kurzem in Israel gibt.

Unter anderem besuchte ich Adam Keller, der so etwas wie der Büroleiter und Chefredakteur von Gush-Shalom ist. Ich traf ihn in seiner Wohnung im Süden Tel-Avivs, einer Wohnung, die ich so schnell nicht vergessen werde. Es gab da keinen Zentimeter, der nicht von Papieren bedeckt war. Als ich eintrat, kniete er am Boden und versuchte gerade, die Reste der Plakate und Transparente vom 4. November irgendwie zu ordnen und in Schachteln zu stopfen. Während er da werkte, hatte ich Gelegenheit, die Wände zu betrachten: voll beklebt mit Posters, Photos, Papieren, Slogans von Friedens- und Freiheitsinitiativen aus der ganzen Welt. Zusammenschau einer beachtlichen Vielfalt aus den vergangenen Jahrzehnten.

Als zumindest der Fußboden wieder geräumt war, zogen wir uns auf zwei inzwischen von Papieren befreite Stühle in die Computerecke zurück. Er begann zu erzählen und berichtete, daß er von deutschen Eltern abstamme, aber in Israel geboren sei und daher eine normale Schüler- und Studentenkarriere durchlaufen habe. Er habe seinen Militärdienst ordnungsgemäß abgeleistet, nicht bei der kämpfenden Truppe, weil er Probleme mit den Augen habe, sondern in einer Schreibstube. Anfangs habe ihn das geärgert, aber im Laufe der drei Jahre habe er bemerkt, daß der wachsende Militarismus in die Irre führen müsse. Seit seiner Abmusterung habe er sich nach anderen Idealen und Werten umgeschaut und sich immer stärker in der Ecke der Friedensbewegungen engagiert. Als er dann als Reservist der Armee neuerlich eingezogen werden sollte, habe er den Dienst, obwohl er ihn nicht mit der Waffe hätte leisten müssen, verweigert, was ihm einige Monate Gefängnis eingebracht hat und das nicht nur einmal.

Da ich am 4. November noch nicht im Land gewesen war, wollte ich mehr über die Rally erfahren, die als Trauerfeier für Yitzhak Rabin begonnen und in einer Demonstration für den Frieden geendet hatte. Zu Anfang konzentrierte er sich kurz auf Rabin selbst und meinte: „Wir kannten Rabin sehr gut und waren ja auch schon zu seiner Zeit tätig. Er hat sich während seiner Regierungszeit stark verändert. Am Anfang der ersten Intifada 1987 agierte er als brutaler Militär gegenüber den Palästinensern. Er forderte die Soldaten in den besetzten Gebieten auf, den steinewerfenden Jungen die Knochen zu brechen und Ähnliches mehr. Wir schätzten ihn nicht, auch weil wir sahen, daß er es war, der die Friedenskräfte wegen ihrer zu großen politischen Nähe lähmte, was ja letztlich auch zur Gründung von Gush-Shalom geführt hat. Aber langsam, auf dem Weg nach Oslo, begann er sich graduell zu verändern und in seiner letzten Rede vor seiner Ermordung sagte er in der Knesset: ‚Wir müssen uns daran erinnern, daß wir nicht in ein menschenleeres Land gekommen sind, daß das nicht nur ein paar Beduinen waren, sondern ein eigenes Volk war, das seine eigenen Hoffnungen und seine eigenen Träume hat.' Die Tragödie ist, daß er gerade in jenem Augenblick ermordet worden ist, als er seine Rolle als Friedensmacher erkannt und angenommen hatte. Für die Jugend hier ist er zum Symbol des Friedens, zum Hoffnungszeichen geworden. Viele junge Menschen, die seine Vergangenheit nicht oder nur ungenau kennen, sind der Überzeugung, daß sie das vollenden müssen, was Rabin begonnen hat."

Das zeigte sich auch während der Kundgebung, von der ich schon viel gehört hatte in diesen Tagen. Die Teilnehmerschaft hatte ein junges Gesicht bekommen, und diese Leute sind es auch, die nicht das geringste Verständnis dafür haben, daß die Tochter Rabins als stellvertretende Verteidigungsministerin in der Regierung Sharon tätig ist und die von vielen behaupteten Kriegsverbrechen dieser Regierung mitträgt.

Diese jungen Leute sind es auch, die sagen, daß Dalia Rabin ihren Vater jeden Tag aufs neue verrate. Für Adam Keller ist das, was diese junge Frau tut, blanker Opportunismus. Für Sharon, so meint er, ist das nur förderlich, denn sie gibt ihm sozusagen die Legitimität für sein brutales Vorgehen. Er schmückt sich auf diese Weise mit den fremden Federn des ermordeten Ministerpräsidenten. „Es gibt sehr viele paradoxe Dinge in Israel, das ist eines davon", sagte Adam Keller trocken.

Nun, Tatsache ist, wie schon vorher erwähnt, daß diese scheinheilige offizielle Trauerfeier letztlich von den zahlreichen Friedensaktivisten in eine sehr politisch akzentuierte Kundgebung umgemünzt worden ist. Die Slogans waren unter anderen: „Das Blut schreit zum Himmel und wir schweigen. – Jeden Tag werden Menschen liquidiert und wir akzeptieren das. – Die Vision Rabins wird vor unseren Augen ermordet, und wir wehren uns nicht. – Laßt unseren Schrei hinausdringen in die Welt. Verweigert der Regierung den Gehorsam und verlaßt die blutgetränkten besetzten Gebiete."

„Wir haben viele unserer Sticker, die die vereinten Fahnen Israels und Palästinas darstellen, an den Mann, beziehungsweise an die Frau gebracht", so Adam Keller und er berichtete dann auch von den Slogans anderer Friedensgruppen, wie von PEACE NOW, die auf ihre Transparente geschrieben hatte: „Ende der Besatzung" und „Frieden jetzt". Die „Women Coalition for Peace" forderte: „Nieder mit der Regierung. Zurück zu den Grenzen von 1967. Beendet das sinnlose Blutvergießen."

Ich bat den Friedens-Insider, mir die Szene genauer zu schildern, und er tat es: „Da gibt es Gruppen, die Lebensmittel in die eingeschlossenen Dörfer in den besetzten Gebieten bringen, und damit versuchen wir, die israelischen Barrieren zu durchbrechen. Wir von Gush-Shalom machen bei solchen Aktionen natürlich mit. Dann gibt es Frauengruppen, die sich von einem eher feministischen Standpunkt in den Kampf um Frieden einmischen. Da gibt es zum Beispiel eine Gruppe, die sich um jene Soldaten kümmert, die den Dienst in den besetzten Gebieten verweigern, und die auch jungen Mädchen und Burschen beistehen, die den Wehrdienst überhaupt ablehnen. Es gibt Menschenrechtsgruppen, die Informationen in den besetzten Gebieten sammeln und Übergriffe der Soldaten dokumentieren und die Berichte dann veröffentlichen. Es gibt Gesprächsgruppen, die Dialoggruppen zwischen Juden und Arabern organisieren. Und es gibt auch Gruppen, die medizinische Hilfe leisten, wie die ‚Ärzte für Menschenrechte', und es gibt sogar eine kleine, aber effiziente Gruppe von Rabbinern, die sich in der Westbank einsetzt und den Menschen beisteht. Sie sehen, es ist eine ziemlich bunte Palette, die da miteinander kooperiert."

Diese Friedensarbeit in den besetzten Gebieten ist natürlich seit Beginn der al-Aksa-Intifada erschwert. Erstens ist da das eigene Militär, das solche Aktionen zumindest zu verhindern sucht, und dann kommt es immer wieder vor, daß die palästinensischen Gruppen, die sie eingeladen haben – und diese Friedensaktivisten kommen niemals ohne Einladung und Akzeptanz in die Dörfer –, im letzten Augenblick anrufen und sagte: „Vor unserer Tür stehen die Panzer, ihr könnt nicht kommen."

Gegen Ende unseres Gesprächs zwischen den Papierbergen bat ich Adam Keller noch um eine politische Einschätzung des Unterschiedes zwischen der Regierung Barak und jener Sharons. Er wiegte seinen fülligen Körper auf dem Sessel hin und her und sagte schließlich: „Barak hat das Friedenslager in diesem Land demoralisiert, aber jetzt ist Sharon dabei, das Militärlager zu verunsichern. Er ist im Februar dieses Jahres als Terrorismus-Spezialist aufgetreten und hat den Leuten versprochen, daß der Zauber in einem halben Jahr beendet sein werde, denn er wisse, wie man mit diesen Leuten umzugehen habe. Aber alles, was er bisher tat, alle Bombardierungen, alle Zerstörungen, alle Einschnürung der Menschen, alles Morden – nichts hat etwas gebracht. Der Terror, das Sterben auf beiden Seiten gehen nicht nur weiter, sondern eskalieren. Die Menschen sind tief enttäuscht, aber im Moment zu mutlos, um sich aufzulehnen."

Die bunte Palette an Friedensgruppen hat mich neugierig gemacht, und ich versuchte, Kontakte mit einigen dieser Gruppen zu knüpfen, was auch gelungen ist. Was mich vor allem interessierte, war eine junge Gruppe, die sich „Ta'ajush" nennen, was soviel wie „Zusammenleben" bedeutet. Ich erfuhr, daß diese Gruppe sich erst nach Ausbruch der Zweiten Intifada zusammengefunden habe und daß sie aus jüdischen und arabischen Israelis bestehe, daß sie keine feste Struktur, keine wirkliche Hierarchie habe, daß es aber an der Universität von Tel Aviv einen Historiker gäbe, der hin und wieder als Sprecher auftrete. Es bedurfte einiger Telefonate, aber dann hatte ich den Betreffenden, Dr. Gaddi al

Gasi, am Apparat und verabredete mich mit ihm in einem Kaufhauscafé in der Nähe des Universitätsgeländes. Das Treffen gelang allerdings nicht auf Anhieb, da wir einander in dem Mittagsgetriebe vor und in dem Lokal nicht finden konnten. Erst als jeder von uns schon gehen wollte, fand ich ihn hinter einem Paravent sitzend, und es klappte doch noch alles.

Anstoß für die Gründung der Gruppe war ein gewalttätiger Zwischenfall in einem arabischen Dorf im Norden Tel Avivs, bei dem dreizehn arabische Bürger Israels erschossen worden waren. Dabei stellte es sich heraus, daß es keine arabisch-jüdische Gruppe gab, die gegen diesen Übergriff der israelischen Polizei hätte protestieren können.

Dr. Gaddi al Gasi ist für eine solche Koalition prädestiniert. Sein Vater stammt aus Alexandrien und seine Mutter ist eine in Budapest geborene Jüdin. Über die spezielle Lage der arabischen Bürger in Israel bestätigt Gaddi al Gasi, was ich schon zuvor gehört hatte, nämlich daß die Araber auf der untersten Stufe der sozialen Leiter leben: „Im Durchschnitt verdienen arabische Bürger Israels maximal die Hälfte der anderen Israelis und werden gesellschaftlich an den Rand gedrängt. Das Dorf, in dem die dreizehn Männer erschossen worden sind, ist ein Musterbeispiel dafür. Dieses Dorf existiert seit achtzig Jahren, wurde aber von den israelischen Behörden bis heute nicht anerkannt und wird entsprechend schlecht bis gar nicht versorgt. Wir haben den Leuten geholfen, die halb verfallene Schule zu reparieren und einen Kindergarten aufzubauen. Wir haben in einer freiwilligen Aktion in den Sommerferien gemeinsam mit unseren Studenten einen Spielplatz eingerichtet. Bis dahin konnten die Kinder des Dorfes nur in den schmutzigen Strassen spielen. Die Gruppe ‚Ärzte für Menschenrechte' haben wir gebeten, auf dem medizinischen Sektor etwas zu unternehmen. Es kommt jetzt regelmäßig ein Arzt, und zwei Krankenschwestern wurden dort stationiert, die auch eine kleine Apotheke eingerichtet haben. Außerdem versuchen wir gemeinsam mit einer Gruppe von Juristen, mit den Behörden in Kontakt zu treten, um die rechtliche Situation des Dorfes endlich abzusichern."

Es gibt aber auch noch ganz andere Aktionen, die die Leute von „Ta'ajush" unternehmen. Ein Beispiel dafür sind die Karawanen in die besetzten Gebiete: „Das sind dann etwa hundert bis dreihundert vor allem junge Menschen, die sich mit dreißig bis vierzig Autos und drei bis vier LKWs in Bewegung setzen und in abgeriegelte Dörfer fahren, um den Leuten Lebensmittel und etwas Geld zu bringen, das wir in arabischen und jüdischen Gemeinden gesammelt haben. Das Prinzip ist nicht ethnische Zugehörigkeit, sondern menschliche Solidarität. Vor einer solchen Karawane werden natürlich Kontakte mit den Dorfbewohnern geknüpft, sodaß wir wissen, was not tut, und damit die Leute auf unseren Besuch vorbereitet sind. Wir sind ja keine Soldaten, die einfach in die Dörfer eindringen, sondern wir kommen als Gäste, als Freunde. Unser Ziel ist ein dreifaches: erstens die Versorgung der notleidenden Menschen, zweitens beispielhaft die israelische Blockade zu durchbrechen und drittens, unseren israelischen Bürgern, den Arabern wie den Juden, zu zeigen, was es heißt, in den besetzten Gebieten zu leben. Davon haben unsere Leute ja normalerweise keine Ahnung, weil davon gibt es keine Bilder im Fernsehen und keine Berichte in den Zeitungen. Es schafft also Bewußtsein in den Köpfen unserer Leute, und im vergangenen Jahr waren es immerhin einige Tausend, deren Einstellung zu den Palästinensern sich zum Teil radikal geändert hat."

Dr. Gaddi al Gasi erzählte noch ein anderes Beispiel. Auf dem südlichen Hang von Hebron haben im Frühjahr Militärs und Siedler versucht, Hunderte von Palästinensern aus ihren Häusern und von ihren Grundstücken zu vertreiben, um Platz für die Ausweitung einer jüdischen Siedlung zu schaffen. Da waren dann aber plötzlich Leute von „Ta'ajush", also israelische Bürger da, führten eine Demonstration an und blieben einfach. Das hat das Militär dann doch gewaltig irritiert. Die Soldaten zogen ab, der Expansionsdrang der Siedler wurde eingebremst und die Menschen konnten in ihre Häuser zurückkehren – und sie sind bis heute da.

Diese Aktion der jungen Leute zeigte, daß Widerstand doch etwas bringen kann, Widerstand von israelischen Bürgern gegen das israelische Militär. „Für uns war das ein großer Erfolg", bemerkte der erst vierzigjährige Historiker, der auch seine drei Kinder in diesem Sinn zu erziehen versucht, was ihnen in der Schule eher keine Vorteile bringt.

Ich kam dann auf den Begriff „Blockade" zurück und fragte, ob es um das Durchbrechen der Blockaden in den Straßen gehe oder auch um die Blockaden in den Köpfen. Dr. Gaddi al Gasi meinte, es gehe um beides, aber in erster Linie um die reale Blockade der Menschen. „Es geht um die allgemeine Blockade, unter der Tausende palästinensische Menschen leiden. Die Leute leben in ihre Dörfer eingesperrt wie Vögel im Käfig. Sie erreichen weder ihre Arbeit noch die Schulen oder Krankenhäuser, die dort ja auch nicht so dicht gesät sind. Diese Blockaden müssen wir wenigstens da und dort aufbrechen, auch um zu zeigen, daß es möglich ist, wenn wir Israelis uns engagieren. Darüber hinaus geht es uns aber auch darum, das menschliche Potential, das es in Israel jenseits der ethnischen oder religiösen Zugehörigkeit gibt, zu mobilisieren. Denn gerade jetzt, in einer Zeit, die so blutig geworden ist, daß viele Leute in Apathie verfallen und nur noch wegschauen, ist es wichtig, die humanitären Qualitäten zu aktivieren, die durch die Gewaltpolitik Sharons ziemlich verschüttet sind. Im Moment gibt es für die Israelis keine politische Perspektive, daher besteht eben die große Gefahr, daß sie Sharon mehr oder weniger blindlings folgen. Für viele geht es nur noch um die eigene Sicherheit, und das ist ein Spiel mit Angst und Risiken, das Sharon besser beherrscht als jeder andere. Deshalb würde ich nicht so schnell sagen, was das israelische Volk wirklich will. Das hängt von der politischen Wahrnehmung, ab und die ist von dicken Nebelschwaden beeinträchtigt. Daher machen die Leute mit und erlauben, daß die Brutalisierung unserer Gesellschaft ungehemmt voranschreiten kann. Dagegen wollen wir mit unseren Aktionen ankämpfen, auch wenn das nur ganz kleine Schritte sein können. Unsere Kapazität ist nicht, oder zumindest noch nicht groß genug, um wirklich auf nationaler Ebene etwas in Gang zu bringen."

Ganz so neu, wie Dr. Gaddi al Gasi meinte, ist dieses Miteinander von Arabern und Juden in Israel nicht. Vor ziemlich genau dreißig Jahren wurde von dem Dominikaner Pater Bruno Hussah gemeinsam mit Ruwen Moskowicz – jenem israelischen Urgestein, von dem schon die Rede gewesen ist – und einigen Freunden das Dorf „Neve Shalom" – „Oase des Friedens" – im Dreieck von Jerusalem, Ramallah und Tel Aviv gegründet, in dem seit damals arabische und jüdische Familien zusammenleben. In einer Friedensschule werden schon den Kleinen die Prinzipien Gleichheit, Toleranz und gegenseitiger Respekt nahegebracht. Heute sind es vierzig Familien, die diesen einmal eingeschlagenen Weg weitergehen. Eine von ihnen ist die Familie Später. Evi Guggenheim-Später ist gebürtige Schweizerin und Jüdin, ihr Mann Palästinenser. Während eines Österreichbesuchs zu Beginn dieses Jahres sagte sie in einem Interview mit dem Mittagsjournal des ORF: „In Frieden leben heißt für uns, immer bereit zu sein, sich mit dem Konflikt auseinanderzusetzen, nichts unter den Teppich zu kehren und die Argumente der anderen Seite wegzuräumen. Es geht darum, sich mit der je anderen Identität, der je anderen Nationalität und mit den Gefühlen des anderen ehrlich auseinanderzusetzen, aber auch zu sich selbst zu stehen. Und das vor allem über den Weg des ständigen Dialogs."

In der jüngsten Zeit der Eskalation ist dieses Zusammenleben verständlicherweise schwieriger geworden, weil auf die Menschen in „Neve Shalom" zuviel einstürmt, vor allem auch alles, was über die meist sehr widersprüchliche Propagandamaschine läuft. „Ich meine, in unserem Dorf geht es nach wie vor gut", sagte Evi Guggenheim-Später, „weil wir alle gut konditioniert sind, aber mit den Dingen, die außerhalb des Dorfes passieren, ist es schwierig, fertigzuwerden, und das belastet auch uns. Die Situation ist wirklich furchtbar, und es ist schlimm mitansehen zu müssen, daß alles, was da an Respekt und Vertrauen aufgebaut worden ist, buchstäblich zermalmt wird."

In „Neve Shalom" gibt es eine zweisprachige Schule für Juden und Palästinenser. In diese Schule gehen aber nicht nur die Kinder des Dorfes. Das Einzugsgebiet ist groß. Die größte Distanz ist achtzig Kilometer. Es sind etwa 300 Kinder, die tagtäglich in diese Schule kommen. „Wir gelten als die Avantgarde der Friedenserziehung", erzählte die Schweizerin, „wir wurden sogar schon in andere Konfliktgebiete eingeladen, um dort Kurse zu geben. Wir waren im Kosovo, in Zypern, in Nordirland, weil wir Methoden entwickelt haben, wie man mit einem Konflikt umgehen, wie man Jugendliche und Erwachsene dazu bringen kann, Verantwortung zu übernehmen und von sich aus Entspannungsschritte zu unternehmen." Wenn Menschen, wie jene aus „Neve Shalom" – oder wie der arabische Name lautet „Bahata Salam" – so gut in Sachen Friedensarbeit ausgebildet sind, dann hat der Pessimismus, der sich sonst allenthalben im Lande breit macht, wenig Chancen. Das Ehepaar Später ist jedenfalls überzeugt, daß das, was in „Neve Shalom – Bahata Salam" geschaffen worden ist, ein Modell für das ganze Land sein könnte und sein wird, sobald den Militärköpfen die Macht aus der Hand genommen ist und beide Seiten begreifen, daß die je anderen keine potentiellen Mörder und Terroristen sind, sondern auch nur Menschen, die Angst haben. Heute sind die Leute aus „Neve Shalom" für jene, die dieses Vorzeigeprojekt, das nur von Spendengeldern aus aller Welt lebt, bekannt ist, so etwas wie ein Hoffnungsschimmer, ein Licht in der Finsternis, das zeigt, was alles möglich wäre, würde man nur die Brille wechseln und sich auf den Weg machen.

Aber nun zurück zu „Ta'ajush“, zu dieser neuen Friedenskoalition zwischen Juden und Arabern. Wenige Tage nach meinem Gespräch bin ich auf die Fährte einer der jungen Teilnehmerinnen gestoßen, die bei einer der Karawanen in ein Dorf in den besetzten Gebieten dabei gewesen ist und hautnah berichten konnte. An sich war ausgemacht, daß Yasmin mich in meinem Domizil bei Ella Sternberg abholen sollte und wir dann gemeinsam einen Strandspaziergang unternehmen würden, um das herrliche Wetter dieses Spätherbstes zu nützen. Daraus sollte nichts werden. Yasmin rief mich an und teilte mir mit hörbar verschnupfter Stimme mit, daß sie schwer erkältet sei und Fieber habe. Ich dachte schon, das hieße Absage. „Nein, nein“, tönte es von der anderen Seite, die diese Besorgnis in meiner Stimme erkannt hatte, „ich möchte Sie nur bitten, daß Sie zu mir kommen, wenn das möglich ist. Mir ist dieses Gespräch so wichtig, weil wir so selten Gelegenheit haben, Ausländern von unseren Initiativen zu erzählen. Erstens kommen nur wenige Leute und die, die kommen, interessieren sich nicht dafür, was in diesem Land wirklich vor sich geht.“

Also schnappte ich mir an der Ecke zur Ben Jehuda-Straße ein Taxi und ließ mich in die Rothschild-Avenue kutschieren. Kleiner Garten, einstöckiges Haus, eine hübsche, helle Wohnung. Fest eingepackt saß sie auf der Couch und nippte an irgendeinem, äußerst gesund duftenden Tee. Yasmin studierte Kunstgeschichte, hatte das Studium aber vor einem Jahr abgebrochen, weil sie Geld verdienen und von den Eltern unabhängig sein wollte, da es zwischen ihnen herbe politische Differenzen gegeben hatte. Die Eltern waren nach Yasmins Meinung zu sehr auf die rechte Seite abgedriftet, während sie sich immer intensiver auf der Friedensseite engagiert hätte. Jetzt hatte sie ihren Job verloren und wieder an der Universität inskribiert. Sie hielt sich mit irgendwelchen Studentenjobs über Wasser. Ihr Scheitern den Eltern einzugestehen, dazu hatte sie den Mut noch nicht, weil sie sich die Häme ersparen wollte, und schließlich sei es ja nicht ihr Scheitern gewesen: Die Firma sei pleite gegangen, erzählte sie und fügte hinzu: „Wie so viele andere in den vergangenen Monaten.“

Ich fragte Yasmin, was sie im vergangenen Jahr bewogen habe, sich der neuen Friedensgruppe „Ta'ajush“ anzuschließen und erfuhr, daß sie sich nicht angeschlossen habe, sondern eine der Mitinitiatorinnen gewesen sei. „Wir waren alle so schockiert über die dreizehn Toten, einige hatten demonstriert, aber einige waren einfach nur auf der Straße, als die Polizei sie niedergeschossen hat. Wir haben uns so geschämt, daß wir nicht vor Ort waren, daß wir diese Leute nicht geschützt haben. Das Problem ist, daß die Labour-Party, die sich immer als Friedenslager verstanden hatte, seit Barak völlig gelähmt ist und seit der Koalition mit dem Likud jeden moralischen Kredit verspielt hat. Sie hat sich mit den Falschen ins Bett gelegt. Jetzt sind wir das Friedenslager, die anderen kannst du vergessen."

Ich interessierte mich dafür, wie denn eine Gruppe wie „Ta'ajush" funktioniere und erfuhr Detaillierteres als von Dr. Gasi: „Wir haben kein Büro, wir haben keinen Führer und auch keinen fixen Treffpunkt. Wir treffen uns einmal in Tel Aviv, ein anderes Mal in dem einen oder anderen arabischen Dorf. Wenn wir uns in Tel Aviv treffen, sind mehr Leute aus der Stadt, wenn wir uns in einem der Dörfer treffen, so sind es mehr Palästinenser und mehr Frauen, die kommen. Das gleicht die Sache irgendwie aus, sodaß keine der Seiten bevorzugt wird. Bei diesen Treffen diskutieren und planen wir die jeweils nächsten Aktionen, und da geht es wirklich offen und demokratisch zu. Am Anfang war das schwierig, aber jetzt läuft es schon sehr gut, denn wir kennen und schätzen einander inzwischen. Das Schwierigste ist dann meistens, daß sich auch immer genügend Leute finden, die das, was wir entschieden haben, auch durchführen, da wir ja keine fixen Zuständigkeiten haben. Jeder oder jede, der oder die sich meldet, hat für die nächste Zeit ausgesorgt, was Arbeit angeht. Da heißt es organisieren, kopieren, telefonieren, neue Kontakte knüpfen und Geld auftreiben."

Yasmin war bei der letzten Karawane, die knapp einen Monat vor unserem Gespräch in den besetzten Gebieten gewesen war, mit von der Partie. Ich bat sie, mir zu beschreiben, wie das abgelaufen ist, und sie war gerne bereit dazu, nachdem sie sich einmal ordentlich die Nase geputzt hatte. „Wir hatten vier LKWs und beluden diese mit Öl, Reis, Zucker, Salz, Mehl, Nudeln und verschiedenen Gemüse-, Fleisch- und Fischkonserven. Dann fuhren wir los zu dem Dorf. Die Polizei stoppte uns und erklärte, daß wir nicht weiterfahren dürfen, denn wir kämen in das Gebiet der Zone A. Wir wußten, daß dies nicht richtig ist und fuhren einfach weiter, denn wir wußten, daß die Bewohner uns erwarteten. Und wie sie uns erwartet haben. Es war ein bewegender, warmherziger Empfang. Das sind Leute, die wirklich kaum etwas zum Essen haben, aber sie bewirteten uns mit Kaffee, Getränken, Süßigkeiten. Es war wirklich berührend, mitten in einer Intifada, mitten in diesem Haß ein solch liebevoller Empfang. Mir zeigte das, wie stark Solidarität ist, welche Kraft von ihr ausgeht.

Nach dieser Begrüßungszeremonie gingen wir zu einer Art Scheune, wo wir die LKWs ausladen, die Sachen verstauen wollten. Wir waren nicht weit gekommen, als wir die Sirenen von Fahrzeugen der Armee hörten, die offensichtlich von der Polizei geholt worden waren. Riesige israelische Fahne, Gewehre, Maschinenpistolen, bis an die Zähne bewaffnet. Wir haben später gehört, daß sich die Soldaten sieben Monate lang nicht getraut hatten, das Dorf zu betreten. Offensichtlich hatten sie auf uns quasi als Beschützer gewartet. Das war eine echte Provokation. Sie wollten uns daran hindern, die Wagen zu entladen. Dann stellte sich Gaddi am Dorfplatz auf und begann ins Megaphon zu brüllen: ‚Na, ihr Helden, habt ihr Angst vor Mehl und Zucker? Sind es wirklich diese gefährlichen Dinge, die euch angst machen?' Schließlich ließen sie uns doch abladen und eskortierten uns dann aus dem Dorf. Wir hatten kaum noch Zeit, uns von den Menschen entsprechend zu verabschieden. Vor dem Dorf wartete die Polizei und versuchte, Juden und Araber zu trennen, um unsere arabischen Freunde verhaften zu können. Das konnten wir nicht zulassen und so fingen wir Juden an, sie solange zu stören, solange zu provozieren, bis sie auch uns verhafteten. Das ging alles sehr brutal, sehr gewalttätig und sehr erschreckend zu, kann ich Ihnen sagen. Es war schlimm und ich hatte mir vorher nicht vorstellen können, wie unsere Polizei sich aufführen kann, sah zum ersten Mal die Gewaltfratze unserer Exekutive. Es erinnerte mich stark an das, was mein Großvater aus Nazi-Deutschland erzählt hatte. Aber für uns ging die Geschichte dann doch gut aus. Wir verbrachten einige Stunden im Gefängnis von Ariane, einer nahe gelegenen jüdischen Siedlung, bevor man uns schließlich ziehen ließ.

Vermutlich war es ein Glück, daß wir ein Kamerateam von CNN bei uns hatten. Sie mußten also damit rechnen, daß diese Szenen nicht nur in internationalen, sondern auch in den israelischen Medien gezeigt werden würden. Ja, ich glaube, das war wirklich ein Glück, obwohl ich diese penetranten Leute von

CNN sonst nicht gerade schätze. Aber diesmal haben sie uns wahrscheinlich gerettet, während unsere Aktionen für gewöhnlich totgeschwiegen werden."

Ich fragte Yasmin dann noch, wie sie sich als Jüdin fühle, wenn sie sieht, wie die Palästinenser in den besetzten Gebieten in die Rolle von Bettlern gedrängt werden. Die Antwort kam wie aus der Pistole geschossen: „Ich fühl' mich beschissen. Ich schäme mich und ich fühle mich mitschuldig. Ich kann als Jüdin unsere Geschichte nicht wegschieben. Wir sollten wissen, was Rassismus ist, und was hier geschieht, ist blanker Rassismus. Ich glaube, als Juden haben wir kein Recht, rassistisch zu sein. Ein Volk, das die Nazis überlebt hat, sollte sich des geschichtlichen Kontextes bewußt sein und verstehen, was es anderen antut."

Gerade in diesem Zusammenhang sah Yasmin die Bedeutung solcher Aktionen, weil es jungen Israelis vor Augen führt, was ihre Armee, ihre Polizei, ihre Politiker hier anrichten und daß dieses Gerede von der Rolle des ultimativen Opfers, davon, daß man von allen Seiten bedroht und verfolgt sei, nichts anderes sei als ein mieser psychologischer Trick. Diese jungen Leute, die sehr oft auch aus konservativen Familien kommen und entsprechend indoktriniert worden sind, sehen plötzlich der Wirklichkeit israelischer Politik ins Gesicht, und das sei heilsam, meinte Yasmin. Sie würden mit einem Mal spüren können, was das heißt, eingeschlossen zu sein und tagtäglich schikaniert und drangsaliert zu werden. Hier wirklich anpacken, hier wirklich etwas tun zu können, das gibt den jungen Leuten sehr viel für ihr Leben mit. Yasmin machte das an Beispielen fest: „Wenn du durch eine solche Aktion das Leben einer Familie wenigstens für einen Tag verbessern kannst, dann hast du etwas getan. Wenn du einen Brunnen säuberst, den die Soldaten deiner eigenen Armee, in der du vielleicht selbst gedient hast, mutwillig zerstört haben, dann hast du etwas getan. Und wenn wir diese und andere Dinge gemeinsam tun, dann ist etwas für die Zukunft getan, davon bin ich überzeugt.

Wenn ich mich so in der Welt umschaue und sehe, daß wir praktisch nicht nur hier, sondern überhaupt in einem Krieg der Reichen gegen die Armen sind, daß es möglich ist, daß die mächtigste Nation der Welt ein hungerndes Volk niederbomben kann, dann fühle ich mich trotz allem oft sehr hilflos.

Eines aber weiß ich, daß ich, wann immer ich sterben werde, und das kann in unserer Situation hier sehr bald oder auch später sein, ruhig sterben werde, weil ich weiß, daß ich mich nicht zum Komplizen des Systems gemacht habe. Daß ich getan habe, was ich konnte, um mich dagegen aufzulehnen und auf der Seite derer zu stehen, die meine Solidarität brauchen."

Ein starker Satz eines so jungen, noch nicht einmal fünfundzwanzigjährigen Menschen, der Verzweiflung durchklingen läßt, aber auch Hoffnung macht.

Von „Ta'ajush" jetzt noch einen Blick auf die Frauen, die im Rahmen der Friedensbewegung eine bedeutende Rolle spielen. Nach Beginn der Intifada haben sich zehn Frauenorganisationen zu der so genannten „Koalition der Frauen für den Frieden" zusammengetan, um ihre diversen Aktivitäten besser koordinieren zu können und damit effizienter zu machen. Jede dieser Gruppen hat ihren eigenen Schwerpunkt, aber es gibt auch Aktivitäten, die sie gemeinsam setzen.

Eine dieser Initiativen sind zum Beispiel jene Frauen, die jeden Tag morgens und abends an den Checkpoints rund um Jerusalem quasi als Zeugen stehen. Sie sind einfach da, beobachten und dokumentieren das Geschehen, wenn es zu Übergriffen der Soldaten kommt. Angeblich konnten diese Zeuginnen schon so manchen Übergriff alleine durch ihre Anwesenheit verhindern. Natürlich nicht alle, denn sie können ja nicht den ganzen Tag dastehen, und inzwischen wissen die Soldaten schon genau, wann sie sich zurückhalten müssen. Als Zeichen aber sind diese Frauen sicherlich wichtig.

Dann gibt es jene andere Gruppe, die sich „Neues Profil" nennt und schon seit vielen Jahren dem Militarismus den Kampf angesagt hat. Diese Frauen setzen sich für den Aufbau einer zivilen Gesellschaft ein, halten Kurse ab, durchforsten Lehrmaterial, und machen entsprechende Vorschläge, vor allem im Kreis der Lehrer und Erzieher. Das ist auch jene Gruppe, die jungen Leuten hilft, die den Militärdienst verweigern wollen. Diese Menschen, Mädchen wie Burschen, brauchen Beratung, aber auch psychologische Unterstützung, da der Druck der Gesellschaft noch immer sehr stark ist.

Die sogenannten „Frauen in Schwarz" , die ja seit Jahren auch international bekannt sind und nun auch, initiiert von Paula Abrams-Hourani, einen Ableger in Wien haben, halten regelmäßig ihre Mahnwachen, zu denen der Zulauf immer stärker wird, obwohl auch sie keineswegs straff organisiert sind und es jeder freisteht, zu kommen. Wichtig ist, daß die Grenzen zwischen den einzelnen Gruppen nicht dicht sind, wodurch jede Chance zu Kooperation gegeben ist.

Die religiösen Juden werden mehrheitlich dem rechten Lager zugeordnet, dem extremen, dem ultrarechten Lager, bis hin zu jenen, die eine staatliche Macht überhaupt nicht anerkennen, weil es ihnen nur um „Erez Israel“, nur um das Land Israel geht, in dem einzig und allein Jahwe und seine Gesetze die Herrschaft innehaben. Umso mehr hat der Hinweis von Adam Koller mein Interesse erweckt, als er von den „Rabbies for Human Rights – den Rabbinern für Menschenrechte“ sprach.

Für Jerusalem hatte ich ein Treffen mit Rabbi Jeremy Milcolm vereinbart. Jeremy Milcolm, ein Amerikaner, war vor dreizehn Jahren nach Jerusalem gekommen, um sein Thorastudium zu vertiefen. Ein Jahr lang sollte dieser Studienaufenthalt dauern, aber die Faszination der Stadt und des Landes ließen ihn nicht mehr los, und so ist er immer noch da. Seit der ersten Intifada ist er in der Gruppe „Rabbis für Menschenrechte“ engagiert. „Die Brutalität der israelischen Soldaten gegenüber den palästinensischen Zivilisten machte uns krank“, erinnerte sich Rabbi Jeremy in einem unserer Gespräche. „Wir konnten da nicht länger zuschauen, setzten uns zusammen und arbeiteten ein Programm aus, nach dem wir sowohl in Israel als auch in den palästinensischen Gebieten dort eingreifen wollten, wo Menschenrechte verletzt wurden und werden. In Israel treten wir auch gegen Mißstände auf, die nicht Teil des Konflikts sind. Wir unterstützen Landarbeiter, die ungerecht entlohnt und schlecht behandelt werden, und wir stehen Arbeitslosen und Frauen bei, die zur Prostitution gezwungen werden.“

Für den nächsten Tag stand eine ganz spezielle Exkursion auf Jeremys Programm. Er wollte mit einigen seiner amerikanischen Freiwilligen und einer Gruppe schwedischer Journalisten in die besetzten Gebiete fahren, um ein Beduinenlager zu besuchen, das schon seit Jahren von den Rabbinern und ihren Helfern betreut wurde. Wenn mich das interessiere, und ich um 10.15 Uhr in Jerusalem sein könne, dürfe ich mich anschließen. Natürlich interessierte mich dieser Trip, und zeitlich würde sich das schon ausgehen, antwortete ich. Direkt beim Busbahnhof könne er mich allerdings nicht abholen, da es dort keine Parkmöglichkeit mehr gebe, wegen der Gefahr von Autobomben, meinte mein Gesprächspartner, gab mir aber eine nahe Adresse an, bei der ich warten sollte. Wie ich ihn denn erkennen könne, fragte ich. Vom anderen Ende der Leitung kam ein tiefer Lacher: „Wenn einer aus dem Auto steigt, der nach allem ausschaut, nur nicht nach einem Rabbi, dann bin das ich", sagte die lachende Stimme. Wir verabschiedeten uns: „Auf morgen in Jerusalem."

So bestieg ich also am nächsten Tag um halb neun Uhr noch am alten, also offenen Busbahnhof in Tel Aviv einen der regelmäßig fahrenden Linienbusse nach Jerusalem. Ella Sternberg hatte es sich nicht nehmen lassen, mich zu begleiten, damit ich ja nicht einen falschen Bus nähme, da die Destinationen nur in Hebräisch beschrieben seien. Fahrzeit eineinviertel Stunden. Die Fahrt verlief ruhig, und der Soldat hinter dem Fahrer war schon bald eingeschlafen, was irgendwie beruhigend wirkte. In Jerusalem angekommen, ging ich, wie beschrieben, die Hauptstraße hinunter, landete auch bald bei der Hausnummer 224 und pflanzte mich vor dem Eingangstor des Schulgebäudes auf, um schon von weitem kenntlich zu sein. Die aufrechte Haltung gab ich dann allerdings wieder auf und setzte mich auf ein Mäuerchen, denn die vereinbarte Zeit war bereits kräftig überschritten. Kurz nach elf Uhr steuerte dann der beschriebene graue Wagen, ein ziemlich altes, schon etwas klappriges Modell, den Gehsteig an und hielt. Die Tür öffnete sich, ein für den kleinen Wagen viel zu wuchtiger Mann mit schulterlangem, lockigem Haar schraubte sich heraus und begrüßte mich sehr herzlich. Auf den Rücksitzen hatten sich drei junge Männer und eine junge Frau zusammengepfercht und mir den Beifahrersitz überlassen. Da der Wagen ein gelbes, also ein israelisches Kennzeichen hatte, konnten wir den Checkpoint am südlichen Stadtrand ungehindert passieren und fuhren dann durch kahles hügeliges Gelände. Etwa eine halbe Stunde später hielten wir am Rand eines kleinen Tales, und auch der uns folgende Wagen mit den skandinavischen Kollegen parkte sich ein. Rabbi Jeremy deutete auf einige Hütten und Zelte am Talschluß, über dem auf dem Bergrücken der befestigte Rand einer jüdischen Siedlung thronte. „Dort hinten haben bis vor drei Jahren jene Leute mit ihren Herden gelebt, die wir dann besuchen werden", erzählte Jeremy. „Diese Leute sind in drei Jahren viermal vertrieben worden. Nur zwei Familien haben sich geweigert, wegzuziehen. Sie werden zwar dauernd bedrängt und belästigt, aber sie sind immer noch da. Wir helfen ihnen, damit sie irgendwie überleben können." Durch die Verspätung, mit der wir unterwegs waren, blieb keine Zeit, die Leute zu besuchen. Wir fuhren weiter. Die Straße stieg in weiten Kurven hügelan. Die Soldaten bei der Einfahrt in die Siedlung kannten Jeremy schon lange und ließen uns durch. Wir fuhren durch die langgestreckte, saubere und gepflegte Siedlung mit ihren Steinhäusern, Gärten, Schulen und Supermärkten an einer Synagoge vorbei und verließen die Siedlung dann ebenso unbehelligt, wie wir hineingekommen waren.

Rege Bautätigkeit, Bulldozer, Kräne, Raupenfahrzeuge auch außerhalb der Siedlung. Schaute stark nach Erweiterung aus, was Jeremy bestätigte. „Ja, die bauen wie verrückt. Alles natürlich illegal." Die Distanz von den letzten Kränen bis zum palästinensischen Dorf betrug nur noch wenige hundert Meter. Man konnte sich also ausrechnen, wie lange es noch dauern würde, bis auch dieses ärmlich wirkende Dorf von der Bildfläche verschwunden und die Bewohner vertrieben sein würden. Noch hatten die Leute aus dem Dorf, wenigsten einige von ihnen, die Erlaubnis, in der Siedlung zu arbeiten, wenn auch die Löhne ein existenzbedrohend niedriges Niveau erreicht hatten. Jeremy grüßte winkend aus dem Fenster. Ein paar Mal hielten wir an und man spürte, daß die Leute ihn mochten, ihm vertrauten.

Die Straße wurde enger, war voller Schlaglöcher. Nein, hier war schon lange nichts mehr investiert worden. Wir fuhren an einer stinkenden, rauchenden Müllhalde vorbei und dann steil bergan, bis wir zu einer Ansammlung schäbiger, meist nur aus Holzresten, Blech und Plastik zusammengebastelten Hütten kamen. Dort wurden die Autos abgestellt. Schlecht gekleidete, magere Frauen und Männer, schmutzige Kinder wurlten aus den Eingangslöchern und begrüßten uns lautstark und lachend. Ein junger Mann führte uns zu einer größeren, aus an Holzstangen befestigtem Wellblech gefügten Hütte, die mit Plastikplanen abgedeckt war. Die Leute hatten große Polster auf den nackten Boden gelegt, auf denen Platz zu nehmen wir eingeladen wurden. Irgendwie erinnerte mich diese Szenerie an ganz andere Gegenden der Welt.

In kleine Becher aus Hartplastik wurde von Frauen aus einer zerbeulten Kanne Minztee gegossen, auf einem Tablett wurden Kekse gereicht: Zeichen der Gastfreundschaft trotz des sichtbaren und spürbaren Elends. Der Gestank, der von der Müllhalde aufstieg, war penetrant. „Da müßtet ihr erst einmal im Sommer kommen, da ist es wirklich fast nicht auszuhalten", berichtete Jeremy. „Zum Gestank kommen auch noch die gesundheitlichen

Gefahren, die von dem Mist ausgehen. Immer wieder kommt es zu schweren Infektionen, und eine medizinische Versorgung gibt es nur, wenn wir einen unserer befreundeten Ärzte bitten, mitzukommen und Medikamente zu bringen. Für die Kinder hier gibt es nichts, keinen Platz zum Spielen, keine Schule, nichts. Das ist einer der Hauptgründe für unseren Einsatz hier. Ein bis zwei Mal pro Woche kommen unsere Freiwilligen und versuchen, den Kindern wenigstens ein bißchen etwas beizubringen, damit sie nicht ganz chancenlos aufwachsen, denn Herden, von denen sie früher nicht schlecht gelebt haben, können die Leute hier auch nicht mehr halten. Es gibt noch einzelne, schlecht genährte Tiere, aber an eine Herde ist nicht zu denken."

Nachdem die Rabbis die Errichtung eines Brunnens finanzieren konnten, haben die fünfzehn Familien, die hier vegetieren, wenigstens Wasser. Aber, obwohl direkt über dem Lager eine elektrische Leitung gespannt ist, bekommen sie keine Erlaubnis, sich an das Netz anzuschließen. Trotz massiver Interventionen der israelischen Rabbiner ist man bisher auf taube Ohren gestoßen.

Der junge Mann, der uns hierher geführt hatte, beantwortete geduldig alle Fragen der Besucher, und Jeremy übersetzte mit ebensolcher Geduld. Irgendwann, als eine der Schwedinnen fragte, warum denn die Israelis nichts täten, um ihre Situation zu verbessern, wurde der junge Mann ziemlich laut und scharf: „Alles was sie sagen, ist gelogen. Sie sagen, sie können hier nicht investieren wegen der Intifada. Das ist eine Ausrede. Sie wissen ganz genau, daß wir Beduinen uns der Intifada nicht angeschlossen haben, und trotzdem geschieht nichts. Wir Beduinen sind für die Israelis Untermenschen, wir zählen einfach nicht. Ich sage euch, die sind alle Rassisten. Ja, Rassisten sind sie. Sie wollen uns einfach vernichten oder uns dazu bringen, das Land zu verlassen. Wie und wohin sollten wir gehen? Wir haben nichts. Und dann sind da immer wieder die Überfälle in der Nacht. Sie dringen in unsere Hütten ein, und wenn sich einer wehrt, wird er verprügelt. Oder wir Männer müssen aufstehen und uns auf nur einem Bein an die Wand stellen. Wenn einer umfällt, weil er das Gleichgewicht verliert, setzt es Schläge mit den Gewehrkolben. Warum erschießen sie uns nicht gleich, dann hätten das Leid und die Demütigung wenigstens ein Ende." Die Stimme des jungen Mannes hatte sich zum Schrei gesteigert, und seine Augen blitzten vor Zorn. Das ist eine gute Methode, sich Feinde zu schaffen.

Die schwedischen Kollegen, die zum ersten Mal im Land und mit einer solchen Situation konfrontiert waren, schüttelten nur noch die Köpfe und einer sagte laut: „Das ist ein Verbrechen, das sind Kriegsverbrechen, die da begangen werden.“ Die anderen nickten bestätigend. Wird in Schweden wohl keine gute Presse geben.

Ich ließ den jungen Mann fragen, ob er einen Ausweg sehe, und der Rabbi übersetzte die Antwort: „Krieg wird es geben, ja Krieg.“ „Und Sie, Jeremy, was denken Sie?“ fragte ich den Rabbi. Seine Antwort: „Ich meine, das ist ein großer Fehler. Wir können nicht aufgeben, das wäre ja genau, was unsere Militärs wollen. Wir dürfen nicht aufgeben, sondern wir müssen alles tun, um einem Frieden durch Gerechtigkeit eine Chance zu geben. Ich komme gerne hierher. Das sind meine Freunde. Es ist ein wichtiger Teil meines Lebens geworden, und ich würde wünschen, daß mehr israelische Juden und auch Juden aus dem Ausland, auch aus meiner Heimat Amerika, die Möglichkeit nützten und bereit wären, von diesen Menschen zu lernen. Das sind sehr warmherzige und großzügige Menschen. Vielleicht würden sie dann verstehen, daß es wichtiger ist, Menschen wie diese zu schützen, anstatt noch ein Haus, noch eine Straße zu bauen. Sie würden erkennen, daß wir letztlich uns selber schützen, wenn wir diese Menschen schützen und ihnen mit Respekt begegnen.

Unsere Religion, die von so vielen mißinterpretiert wird, gibt uns genug in die Hand, um den Weg zum Frieden, zur gegenseitigen Achtung finden zu können. Der Weg der Gewalt, den die Militärs in diesem Land eingeschlagen haben, führt nicht nur in die Irre, sondern ist auch ein Schlag in Jahwe's, in Gottes Angesicht. Wie heißt es doch an einer Stelle der Heiligen Schrift? Das Blut der Geschlagenen komme über euch und eure Kinder. Dort sind wir jetzt. Wir sollten Gott nicht noch mehr herausfordern.“

Später kam dann noch ein guter Satz von Rabbi Jeremy. Er sagte: „Wenn du an dem alten Prinzip Aug um Aug festhältst, wirst du dort enden, wo es nur noch Blinde gibt.“

Das kann das Ziel nicht sein. Sehenden Auges Blinde gibt es schon genug in Israel/Palästina, aber ich bin sehr froh und dankbar, daß es mir doch gelungen ist, wenigstens einige Exponenten jenes anderen Gesichts der beiden Völker kennengelernt zu haben, die mir trotz der nicht mehr von Tag zu Tag, sondern von Stunde zu Stunde eskalierenden Gewalt gezeigt haben, daß es noch immer Samenkörner der Hoffnung gibt.

14.

„Diese furchtbare Selbstbeschädigung Israels"

Zurück zu meinem Besuch in Bethlehem in den Weihnachtstagen 2000. Zurück zu den Bildern der damals erst anfänglichen Zerstörungen, zu den Begegnungen mit den durch die Gewalt der vergangenen Bombennächte traumatisierten Menschen, zu den enttäuschten Erwartungen, was das Ausbleiben des Millenniums-Tourismus anging. Als ich in Erwartung des Lateinischen Patriarchen an der Absperrung am Krippenplatz im Regen stand, sprach mich ein Team von CNN, ein Kamerateam von Reuters und eines einer deutschen TV-Station an, um mich als offensichtlich einzige Touristin zu interviewen. Ich konnte nur die Achseln zucken, mein Mikrophon aus der Leinentasche an meiner linken Schulter ziehen und sagen: „Tut mir leid, ein Mikrophon hab ich selber, bin keine Touristin, sondern eine Kollegin aus Österreich, die sich hier schon ein paar Tage herumtreibt." Enttäuscht, daß sie kein einschlägiges Opfer gefunden hatten, zogen die kamerabewehrten Kollegen wieder ab. Ich erinnere mich aber auch an so viele Menschen in Bethlehem, die mir damals – offensichtlich mein Gesicht wieder erkennend – stumm die Hand gedrückt oder mich wortreich umarmt hatten: „Danke, daß du da bist. Es gibt wenigstens noch einen Menschen, der uns seine Solidarität zeigt. Danke."

Mit dieser Idee, daß Solidarität notwendig ist und bis zu einem gewissen Grad not-wendend sein kann, bin ich damals auch nach Hause gefahren. Und so bin ich bei der nächsten sich bietenden Gelegenheit in jenes Gremium des Katholischen Laienrates, dem ich vorsitze, gegangen und habe den Freunden und Freundinnen von meinen Erfahrungen und Begegnungen berichtet und ihnen vorgeschlagen, daß es bitter nötig wäre, diesen Menschen unsere Solidarität zu bekunden. Ich verfaßte einen offenen Brief an die „Christlichen Gemeinden in Bethlehem", in dem ich an einer Stelle schrieb: „Sagt uns, wie wir Euch helfen können, was Ihr konkret von uns erwartet." Der Vorstand genehmigte den Text, und so machte er sich per E-Mail auf die Reise ins Gelobte Land. Wenig später kam eine Antwort von Mitri Raheb, der für die anderen evangelischen, katholischen und orthodoxen Gemeinden sprach, und in der nicht von materieller Hilfe die Rede war, sondern die Bitte geäußert wurde: „Vielleicht wäre es möglich, einige von uns nach Österreich einzuladen, damit das Problem Israel/Palästina für Euch ein menschliches Antlitz bekommt." „Eine gute Idee", dachte ich mir und beriet mich mit den Freunden, denen ich allerdings sagen mußte, daß ich zwar gerne bereit wäre, mich mit allem, was ich bin und kann, einzubringen, daß ich aber die Hilfe einer Institution benötige, die über entsprechende bürotechnische und organisatorische Kapazitäten verfüge, die ich nicht zu leisten imstande sei.

Diese Institution fand sich im CSI (Christian Solidarity International) und in der patenten Person von Kay Lechleitner. Also fuhren wir weiter im Tandem. Der Zufall wollte es, daß ich gerade in diesen Frühlingstagen 2001 von der Katholischen Frauenbewegung eingeladen wurde, die Festrede anläßlich ihres 50. Jubiläums zu halten. Ich sagte zu, fragte aber gleichzeitig an, ob sie denn – abgesehen von den Geburtstagsfeierlichkeiten – auch ein inhaltliches Thema hätten. Als dies verneint wurde, schlug ich die Einladung von drei christlichen palästinensischen Frauen vor, quasi als Start für eine Solidaritätsreise durch Österreich. Da gab es einige Beratungen im vorbereitenden Team, aber dann kam ein Ja. Mit diesem guten Start ließ sich dann alles andere leichter machen, es lief nicht von selber, aber doch leichter als es ohne diese Möglichkeit gewesen wäre.

Start also am 22. September in Graz, dann Innsbruck, Salzburg, Linz, St. Pölten und Wien, ein Dutzend oder mehr Veranstaltungen in Schulen, Bildungshäusern und anderen Institutionen. Nach einer ferienbedingten Durststrecke stand Ende August das Programm so gut wie fest und eine erste Zitterpartie begann. Würden unsere Gäste tatsächlich und zum richtigen Zeitpunkt Palästina verlassen und ausreisen können? Am 19. September eine erste positive Meldung: Sumaya Farhat-Naser rief mich aus einem Wiener Hotel an und jubelte: „Ich bin zwar halbtot, aber ich bin da." Also fehlten noch Viola Raheb und Christiane Dabdoub-Nasser. Am Abend des 20. September rief ich Violas Privatnummer an. Die Mutter war am Apparat: „Ich weiß nur, daß Viola und Christiane weggegangen sind, aber ob sie jemals in

Amman oder Wien eintreffen werden, kann ich nicht sagen." Also weiter warten, weiter zittern. Ich bewegte mich nicht mehr weg von meinem Telefon. Und dann, gegen 20 Uhr am 20. September ein Anruf vom Grazer Flughafen Talerhof. Maria Irnberger, die Organisatorin der Grazer Veranstaltung, freudestrahlend: „Ich habe sie im Arm." „Halleluja" meine Reaktion.

Der 22. September zeigte sich von seiner schönsten Seite. Ein strahlend blauer Herbsttag und der Freiheitsplatz bis auf den letzten Platz gefüllt, das heißt etwa 5000 Menschen, die nicht nur feiern, sondern auch das menschliche Antlitz des brennenden Problems Israel/Palästina sehen und deren Stimmen hören konnten. Die Reaktion – und das sollte uns während all dieser Tage, all dieser Veranstaltungen treu bleiben: „Warum wissen wir das nicht? Warum sagt uns das keiner? Warum sehen wir das nicht im Fernsehen? Warum lesen wir davon nichts in den Zeitungen?" Diese Fragen wurden in den Schulen ebenso gestellt, wie während der Diskussionsrunden und Abendveranstaltungen. Für einige Tausend Österreicher und Österreicherinnen waren hinter den Panzern und Bulldozern, hinter den täglichen Todesmeldungen plötzlich menschliche Schicksale, menschliche Alltagsbilder deutlich geworden und haben die Sicht mancher doch etwas verändert.

Eine Frucht dieser Reise durch Österreich war dann die Einladung des CSI an Frau Professor Farhat-Naser, als Gast am alljährlichen Schweigemarsch für verfolgte Christen teilzunehmen, der für den 15. März 2002 angesetzt war und dem Thema „Christen im Heiligen Land" gewidmet sein sollte. Sie hat die Einladung angenommen. Ich dachte an eine weitere Veranstaltung, an eine „Wiener Vorlesung" am Abend desselben Tages. Als ich dann im November Uri Avnery kennenlernte, lud ich ihn mit Genehmigung des Leiters der „Wiener Vorlesungen", Dr. Hubert Christian Ehalt, als israelischen Gesprächspartner für die palästinensische Friedensaktivistin Sumaya Farhat-Naser nach Wien ein. Er sagte zu. Mich machte das sehr froh, wäre das doch die Chance, die beiden anderen Gesichter Israels und Palästinas, an einem Tisch versammelt, den österreichischen Zuhörern vor Augen führen und zeigen zu können, daß es eben nicht nur Militaristen und Terroristen gibt. Mein Traum sollte nicht in Erfüllung gehen. Die Eskalation der Gewalt in den ersten Monaten dieses Jahres hinderte Uri Avnery an der Einhaltung seiner Zusage. Etwa zehn Tage vor dem Termin sagte er mit großem Bedauern, aber eben doch ab, obwohl er, als Israeli, keine Probleme mit der Ausreise an sich gehabt hätte. Also begann wieder das Zittern um Sumaya Farhat-Naser, die sich ja in unmittelbarer Nähe der von Panzern besetzten Stadt Ramallah befand, in der Yassir Arafat sich seit Anfang Dezember in Hausarrest befand.

Es war am 7. März, als mich auf Umwegen eine Nachricht Sumayas erreichte. Sie befürchtete, in der nächsten Woche nicht ausreisen zu können, also würde sie morgen einen Versuch starten und sich melden, sobald sie irgendwo in Europa gelandet sei. Unruhige Stunden, bis ich erfuhr, daß sie Paris erreicht habe und am Samstag nach Wien kommen würde. Also neuerlich hektische Bemühungen, das alles irgendwie zu organisieren, da wieder einmal alle Pläne über den Haufen geworfen waren. Es lief in bewährter Manier. Alles fand seine Lösung.

Am Sonntag vormittag holte ich sie von Freunden ab, bei denen sie für das Wochenende liebevoll aufgenommen worden war. Ich hatte schon am Morgen ein bescheidenes Mahl vorbereitet, aber zuerst wollte sie erzählen, sich Luft machen, Dampf ablassen. Sie erzählte von ihrem neuen Buch, das demnächst erscheinen sollte und unter dem Titel „Verwurzelt im Land der Olivenbäume" von ihrer Friedensarbeit der vergangenen, schwierigen und immer schwieriger werdenden Jahre handelt. Von diesen Dingen habe ich schon erzählt, also möchte ich mich auf den Bericht von ihrer jüngsten Reise beschränken, die ein Zeichen sein kann für das, was im Moment läuft, das heißt in diesen ersten Märztagen gelaufen ist. Aber vielleicht vorher noch ein Satz von Prof. Farhat-Naser aus dem Gespräch im „Half-Half-House" an der Grenze zwischen Jerusalem und der Westbank: „Es war plötzlich zu schwer, dieses Zentrum aufrecht zu erhalten. Auch wenn ich mir gesagt hätte, gut, dann brauch ich halt sechs oder sieben Stunden hin und her. Aber es wurde lebensgefährlich für mich, weil sich die Drohungen mehrten, ich würde mit meinem Leben dafür bezahlen, sollte ich diese Kontakte weiter aufrechterhalten. Ich mußte mich entscheiden, wollte ich nicht zulassen, daß jemand sagt: die Arbeit war umsonst. Kein Schritt war umsonst. Es war eine Phase, ein Versuch, und beide Seiten haben unendlich viel daraus gelernt. Es ist ein unverlierbares Kapital. Das konnte ich nicht aufs Spiel setzen, indem ich mein Leben in Gefahr brachte."

Und jetzt zu ihrer jüngsten Reise nach Europa. Die Strecke von Ramallah nach Jericho ist normalerweise in etwa vierzig Minuten zu bewältigen. Diesmal brauchte Sumaya für diese Strecke sieben Stunden, weil alle Straßen, die zu passieren gewesen wären, gesperrt, zerstört oder von Panzern zerniert waren. „Mein Taxifahrer, ein Verwandter übrigens, versuchte immer wieder eine neue Strecke und immer wieder standen wir vor Betonklötzen oder Panzern. Über uns kreisten Kampfhubschrauber und wohin wir schauten, Jeeps mit bewaffneten Soldaten. Die Mannschaften all dieser Fahrzeuge am Boden und in der Luft waren in ständiger Funkverbindung. Jedes Mal, wenn wir glaubten, endlich durch, endlich auf die Hauptstraße zu kommen, fanden wir den Weg mit schnell aufgehäuften Schutt- oder Erdhaufen versperrt. Allein drei Stunden hat es gedauert, bis wir aus der Stadt Ramallah hinausgekommen sind. Und dann, endlich in freiem Gelände, flog nicht weit von uns einer dieser Apache-Hubschrauber immer tiefer und tiefer. Ich habe vor Angst gezittert und geschrieen, denn ich sah schon unser Auto als Ziel des Angriffs. Nein, die von diesem Hubschrauber abgefeuerte Rakete hat nicht uns, sondern nicht weit von uns ein anderes Auto erwischt. Ich habe nachher erfahren, daß es der Wagen eines palästinensischen Politikers war, den sie im Visier hatten. Der Politiker selbst war nicht im Auto, sondern seine Frau und seine drei Kinder, die die Frau von der Schule abgeholt hatte. Alle vier waren sofort tot, Menschen in anderen Autos sind verletzt worden. Ich selbst, die ich vielleicht 150 oder 200 Meter davon entfernt war, habe noch heute starke Schmerzen im Nacken und im Rücken, allein von der Druckwelle der Explosion.

In meinem Taxi waren außer mir und dem Fahrer sieben Leute. Wir alle haben geweint und gebetet für die Toten und Verletzten und Gott gedankt, daß er uns verschont hatte. Endlich kamen wir in die große Ebene der Wüste von Jericho. Da waren wieder Panzer, Bulldozer und Helikopter, die unablässig über unseren Köpfen kreisten. Es waren viele Autos – vor allem in der Gegenrichtung – unterwegs, denn an diesem Tag kamen viele Menschen von der Hadsch, von der Pilgerreise aus Mekka zurück und versuchten, nach Hause zu kommen. Vor jedem, der versuchte, auf die Hauptstraße zu kommen, türmten die Bulldozer immer neue Erdhaufen auf, das ging alles per Kommando aus der Luft. Unser Taxi war eines von vier, die es geschafft haben, tatsächlich auf die Hauptstraße zu kommen. Ich habe keine Ahnung, was mit den anderen passiert ist.

Schließlich gelang es, den Weg über die Grenze nach Jordanien und bis zum Flugplatz nach Amman zu bewältigen. Für eine Strecke von insgesamt lächerlichen sechzig Kilometern brauchten wir etwa sechzehn oder siebzehn Stunden, so genau weiß ich es nicht mehr. Aber ich weiß, daß das keine Fahrt und keine Reise war, sondern eine einzige Folter, die im Grunde niemandem zuzumuten ist. Da kann man nur sagen, daß man nichts anderes als endlich Frieden will."

„Aber du gehst wieder zurück?" fragte ich an diesem milden Frühlingstag des 10. März. „Natürlich werde ich alles versuchen, auf demselben mühsamen und lebensbedrohlichen Weg zurückzukehren zu meiner Familie, zu meinen Menschen, um ihnen beizustehen und damit sie die Hoffnung nicht ganz verlieren." In den vergangenen beiden Jahren haben 130.000 Palästinenser das Land verlassen, weil sie keinen Ausweg mehr gesehen haben, und der überwiegende Teil dieser Vertriebenen, die irgendwann aufgegeben haben, sind Christen, weil eben Christen eher ein Visum für die USA bekommen als Muslime, die man dort nicht haben will. Schon gar nicht nach dem 11. September, seitdem der Islam ja als das absolut Böse behandelt wird. Es scheint also doch so zu sein, daß es der Schutzmacht Amerika nur recht wäre, die besetzten Gebiete endlich ‚christenrein' zu haben, um die Muslime, die ja mit den Terroristen gleichgesetzt werden, noch ungenierter aufreiben zu können.

Aber nicht nur die Christen verlassen das Land, wie ich es erst vor wenigen Tagen im Brief eines Freundes lesen konnte. Auch Juden gehen weg, weil sie es nicht mehr aushalten können, weiter mitanzusehen, was aus ihrem ‚Gelobten Land' dem ‚Land ihrer Sehnsucht' geworden ist und täglich mehr wird. „Diese furchtbare Selbstbeschädigung Israels ist für viele jüdische Menschen unerträglich geworden", lese ich da und weiter in dem mit 9. März 2002 datierten Handschreiben: „Heute, nach dem blutigen Freitag, sind alle Geschäfte in der Altstadt geschlossen. Dabei war es gestern hier sehr ruhig, ein friedliches Gehen zum Mittagsgebet. Bei Freunden zur Eröffnung des Erez-Shabat erfuhr ich, daß die Rücksiedlung nach Deutschland beschlossene Sache ist. Sie möchten nicht, daß ihre Kinder, die sechs und drei Jahre alt sind, einmal Palästinenser demütigen müssen oder selbst dabei zu Schaden kommen. Wer will es ihnen verdenken? Nahezu eine Million Israelis befinden sich derzeit außer Landes: Abstimmung mit den Füßen!"

Da ich in diesen Tagen nicht in Israel/Palästina sein kann, da ich an dem Manuskript zu diesem Buch arbeite, muß ich, um nicht auf die offiziellen Nachrichten angewiesen zu sein, auf Berichte meiner Freunde zurückgreifen. Am Tag des für den 15. März angesetzten CSI-Schweigemarsches durch die Wiener Innenstadt, einem Ökumenischen Wortgottesdienst im Dom zu St. Stephan und der „Wiener Vorlesung“ im überfüllten Großen Festsaal der Wiener Universität mit einem anders geplanten Podium, erhielt ich einen mit 13. März datierten Bericht aus Bethlehem, der niedergeschrieben wurde, während neuerlich Bomben auf Jesu Geburtsstadt fielen. Viola Raheb überschrieb diesen Bericht mit einem Zitat aus der Bibel: „Wer Ohren hat zu hören, der höre.“ Sie beschreibt die Bilder, die der Lokalsender Bethlehem an diesem von Explosionen durchgellten Abend sendet. „Ich sehe Bilder aus dem Flüchtlingslager ‚Daheisha‘, dem größten Flüchtlingslager im Raum Bethlehem mit einer Einwohnerzahl von etwa 12.000 Menschen. Auf dem Bildschirm sehe ich, wie israelische Soldaten Buben und Männer im Alter zwischen 16 und 50 Jahren aus dem Lager holen und auf einem nahen freien Gelände Aufstellung nehmen lasen. Alles Zivilisten. Die Soldaten befehlen, daß alle den Oberkörper freizumachen haben, als wolle man sie einer medizinischen Untersuchung unterziehen. Man gibt den Buben und Männern einen Plastiksack, in dem sie ihre Kleider verstauen können. Die Identitätskarten werden überprüft. Das Ergebnis entscheidet, auf welcher Seite sie sich einzureihen haben. Die Männer und Kinder auf der linken Seite werden gefesselt. Ihnen werden die Augen verbunden, bevor sie weggebracht werden. Es sind an diesem Tag insgesamt 600 Gefangene, Männer und Knaben. Ein Journalist fragt einen der Männer, warum er sich nicht zur Wehr setze. Die Antwort: ‚Welcher Widerstand ist noch möglich, wenn Soldaten dich herumkommandieren, während deine Augen verbunden und deine Hände gefesselt sind?‘“

Viola Raheb fährt fort: „In einer Zeit, in der israelisches Militär palästinensische Städte, Dörfer und Flüchtlingslager durchwühlt und Menschen demütigt, heißt die Devise der Regierung Sharon, frei nach Erich Frieds Gedicht aus einer anderen Zeit, einem anderen Umfeld: ‚Um die Gewalt zu bekämpfen, darf es keine Gewalt geben, außer meiner Gewalt.‘“

15.

Kein Ende des Schreckens

Karfreitag 2002. An diesem Tag, dem 28. März, möchte ich dieses Manuskript abschließen. Manchmal ist es schon eigenartig, wie die Dinge sich ergeben. Erst heute, also quasi hinterher, hab ich meine Kalendereintragung vom 13. Februar gesehen: „Beginn des Buches über Israel/Palästina." Ich überflog diese Februarwoche und stellte fest, der 13. Februar war Aschermittwoch, für mich als Katholikin also der Beginn der Fastenzeit. Ein Buch, nein, gerade dieses Buch als Fastenübung? Mit Sicherheit nicht, aber irgend etwas hatte diese Arbeit doch damit zu tun, denn über dieses heikle Thema gerade in einer Zeit der beinahe täglichen Eskalation der Gewalt zu schreiben, hatte zuweilen schon eher harte Züge.

Durch die Ereignisse der beiden vergangenen Tage, der letzten Stunden – so hörte ich es eben im ORF-Mittagsjournal –, habe der Nahostkonflikt eine neue Dimension bekommen. Am Mittwoch, dem Vorabend des jüdischen Pessach-Festes, des Gedenkens an den Auszug der Hebräer aus dem Sklavenhaus Ägypten, starben in einem Strandhotel der nordisraelischen Stadt Netanja mehr als zwanzig Menschen durch die bewußt gesetzte Tat eines palästinensischen Selbstmordattentäters. Während die Welt auf den israelischen Vergeltungsschlag wartete, scheiterte in Beirut der Friedensplan des saudischen Kronprinzen Abdallah. Gut, es war nichts wirklich Neues an diesem Plan und dem Motto *Land für Frieden;* neu war allerdings der Absender. Das islamische Königreich Saudi-Arabien, das konservativste Land der Welt, bot Israel Sicherheitsgarantien und normale Beziehungen zu seinen arabischen Nachbarn. Im Prinzip wäre dies genau das gewesen, wovon Israel seit mehr als fünfzig Jahren träumt. Aber der Preis, den die Israelis dafür zahlen sollten, schien Nahostexperten von allem Anfang an zwar vernünftig, aber für einen Mann wie Sharon unannehmbar: Rückzug auf die Grenzen vor dem Sechs-Tage-Krieg des Jahres 1967, die Installierung eines unabhängigen Staates Palästina mit Ost-Jerusalem als Hauptstadt, das heißt eine neue, von Israel immer kategorisch abgelehnte Teilung der Heiligen Stadt und eine faire Lösung für die palästinensischen Flüchtlinge, was ein Recht auf Rückkehr bedeutet hätte.

Saudi-Arabien, Heimat der heiligsten Stätten des Islam und Hort des islamischen Fundamentalismus als Friedensstifter, das hätte ein Zeichen gegen die weitere Verschärfung des islamischen Fundamentalismus sein können. Der Haussegen im Verhandlungssaal in Beirut hing allerdings von Anfang an schief. Zwar ist Kronprinz Abdallah allseits anerkannt, aber die radikalen unter den arabischen Staaten unter der Führung Syriens machten dem Traum schnell ein Ende. In der Abschlußerklärung wurde der Friedensplan zwar präsentiert, gleichzeitig aber auch zum Abbruch aller Kontakte zu Israel aufgerufen, da, wie es heißt, die „zerstörerische Politik" Israels scharf zu verurteilen sei. Daß Sharon den Friedensplan überhaupt nicht ernstgenommen hat, liegt auf der Hand. Also aus der Traum. Die militärische Antwort auf den Anschlag vom Mittwoch kam dann heute früh. Israelische Panzer besetzten die Stadt Ramallah, zernierten das Hauptquartier Präsident Arafats, brachen eine Mauer nieder. Soldaten drangen in das Haus ein und schossen einen Teil des Gebäudes in Brand. Es gab Tote und Verletzte. Arafat blieb unverletzt. Er war von der israelischen Regierung bereits am Morgen zum *Feind* Israels und der ganzen freien Welt erklärt worden. Man wolle ihn völlig isolieren, hieß es, ihn aber weder psychisch noch physisch vernichten, wie der Verteidigungsminister erklärte. Arafat seinerseits gab jede Menge Interviews und telefonierte mit aller Welt und bat um Hilfe. Sharon bezeichnete er als das „Zentrum des Terrorismus". Und so nebenher haben die israelischen Panzer ihre Zerstörung der Infrastruktur der Stadt Ramallah fortgeführt. Dr. Wüst, der Leiter des Goethe-Institutes, erzählte im Mittagsjournal, daß die Hauptausfallsstraße von Ramallah durch Panzer und Bulldozer zerstört und dabei wohl nicht zufällig eine der Wasserleitungen aufgerissen worden sei. „Das Wasser schießt aus dem geborstenen Rohr und fließt in Strömen", berichtete der Deutsche, „das in diesen Gegenden so kostbare Naß wird vom ausgedörrten Boden förmlich verschluckt." Den Preis für diese Aktion werden wie immer die Zivilisten, die Familien Ramallahs zahlen.

Während die Palästinenser den Angriff auf das Hauptquartier Arafats und die offizielle Erklärung, Arafat sei nicht ein, sondern *der* Feind des Staates Israel, als Kriegserklärung bezeichneten, sprengte sich eine junge Palästinenserin in die Luft und riß eine noch unbekannte Anzahl von Israelis in den Tod. Das, so scheint es, ist die neue Dimension des Konfliktes.

Ich erinnere mich an mein Gespräch mit einem der führenden Mitglieder der Friedensbewegung Ta'ajush, mit Dr. Gaddi al Gasi im November vergangenen Jahres, als wir über eine mögliche weitere Eskalierung des Konfliktes redeten und ich bemerkt hatte: „Was kann noch mehr Krieg sein, als es ohnedies bereits ist?" Dr. al Gasi darauf: „Im Moment ist es kein Krieg. Es tut mir sehr leid, daß es in gewissen Kreisen in Israel aber auch im Ausland als Krieg aufgefaßt wird, denn damit wird mehr oder weniger die Erlaubnis gegeben, Zivilisten so zu behandeln, wie sie behandelt werden. Was die Palästinenser machen, ist nicht immer Guerillakrieg, sondern es handelt sich auch um pure Terroraktionen und in manchen Fällen einfach um bewaffneten Widerstand. Wenn ich unsere Panzer sehe und andererseits diese Schießereien palästinensischer Extremisten, dann sage ich: gut, dabei kann man sterben, aber das ist noch lange kein Krieg, denn dazu sind zwei gleichwertige Kontrahenten notwendig. Es ist ein hoher Grad von Gewalt, es gibt Tote und Verletzte, aber es ist kein Krieg. Wenn Israel das behauptet, so heißt das, daß man will, daß alle moralischen Schranken fallen und man freie Hand hat gegen die Zivilisten in den besetzten Gebieten."

Ich fragte damals, ob das seiner Meinung nach auch noch möglich sei. Dr. al Gasi: „Ich glaube, daß Sharon in der Lage ist, die Situation noch zu eskalieren." „Und das Volk", fragte ich, „das Volk würde da mitgehen?" „Im Moment", so al Gasi, „im Moment gibt es keine politische Perspektive. Die Leute gehen einfach mit, weil sie keine Alternative mehr sehen und nur noch die individuelle und kollektive Sicherheit als Faktor zählt."

Heute, so scheint es, sind wir an diesem von Dr. Gaddi al Gasi angedachten Punkt, obwohl wir immer noch nicht wissen, ob der Kulminationspunkt bereits erreicht ist oder ob es noch weitere Zuspitzungen geben kann und geben wird. Vermutlich ist das Arsenal der immer noch schlimmeren Möglichkeiten noch nicht ausgeschöpft. Yassir Arafat hat heute vormittag (es ist Karfreitag 2002) betont, er sei zum Märtyrertod bereit. Aber wem, um Himmels willen, kann das nützen? Den Palästinensern nicht, da hinter Arafat keine eindeutigen Führerfiguren stehen, und den Israelis schon gar nicht. Der Regierung Sharon ist es mit ihrer Ablehnung des saudischen Friedensplans und all der anderen diskutierten Vorschläge gelungen, die arabischen Staaten mehr oder weniger zu einen und gegen sich aufzubringen. Eine arabische Reaktion auf einen Märtyrertod Arafats möchte ich mir lieber nicht ausmalen. Ich erinnere an die Aussage Uri Avnerys: „Heute gibt es in der Region jede Art von Massenvernichtungswaffen, chemische, biologische und atomare ..."

Heute ist für einen Teil der Christen Karfreitag, der Tag der Erinnerung an das Leiden und Sterben Jesu. Vor zwei Wochen habe ich im Gespräch mit Sumaya Farhat-Naser, die noch immer von ihren Nacken- und Rückenschmerzen gebeugt, neben mir saß, dieses Thema angesprochen und habe beide Völker als am Stamm von Haß, Mißtrauen und Angst gekreuzigte Völker bezeichnet. Ich fragte sie, ob es in ihren Augen noch eine Chance gäbe, dieses Kreuz auf Auferstehung, auf Versöhnung hin zu übersteigen. Nach einigem Zögern sagte sie: „Weißt du, ich glaube, daß mein Volk in seiner großen Mehrheit bereit ist für den Frieden, für eine Überwindung des Leidens, für eine Auferstehung. Es gibt bei uns keine Familie, die nicht unter der Besatzung und durch den Verlust von Angehörigen gelitten hätte, vor allem in den beiden vergangenen Jahren. Unsere Menschen haben genug und sie wissen, daß nur Gott uns aus dieser tiefen Not befreien kann. Die Menschen in Israel wissen das ebenso. Auch sie wollen nicht einen Krieg nach dem anderen, wollen nicht noch mehr sinnlose Opfer. Es ist nur so, daß für viele von ihnen der Krieg trotz allem noch weit weg ist, daß sie ein relativ normales Leben führen, das ganze Ausmaß der Tragödie noch nicht erkennen können, weil sie mit den falschen Bildern, den falschen Aussagen der Propaganda eingenebelt und konditioniert werden. Es kann doch nicht sein, daß auch auf ihrer Seite erst Tausende Tote sein müssen, bis sie endlich erkennen, daß es so nicht weitergehen kann."

Am Karfreitag 2002 geht es so weiter: Ariel Sharon erklärte den „Totalen Krieg gegen die palästinensischen Terroristen". Die extremistischen Gruppen der Palästinenser erklärten den „Totalen Krieg gegen den Staat Israel" und eine von ihnen verspricht, gegen israelische Einrichtungen in aller Welt vorzugehen. Hatten wir doch schon einmal – oder nicht? Wie lange wird es also dauern, bis israelische Botschaftsgebäude von Explosionen erschüttert werden, wie lange, bis jüdische Synagogen wieder brennen, bis jüdische Friedhöfe wieder geschändet werden, weil die Leute den

Unterschied noch immer nicht abstimmen können zwischen einer gewalttätigen Politik des Staates Israel und den jüdischen Gläubigen und ihrer Religion, die unsere älteren Brüder sind und bleiben werden.

Am Karfreitag 2002 wird Arafats Hauptquartier von israelischen Panzern zerniert, werden Gebäude zerstört, die Wasser- und Stromleitungen und die Festnetz-Telefonleitungen gekappt. Einzig das Gebäude mit dem Arbeitszimmer und dem Wohnbereich Arafats wird von den Zerstörungen ausgenommen. Dort sitzt er ohne Wasser, ohne Elektrizität und bald auch ohne Mobiltelefonverbindung, die er in den vergangenen Tagen überstrapaziert hat und nun seine Batterien nicht mehr aufladen kann. Lebensmittel gibt es in diesen Räumen keine mehr. Während er, wie es heißt, zum Schutz, in einem fensterlosen Raum bei Kerzenlicht sitzt – seine Gedanken möchte ich nicht denken müssen –, liegen draußen auf dem Gelände tote und schwer verletzte Anhänger und Sicherheitskräfte der Autonomiebehörde. Sie werden nicht abtransportiert, weil die Israelis den Rettungswagen keinen Zutritt gewähren. Ist das jetzt Krieg, oder was? Nun, nach den traditionellen Kategorien ist es immer noch kein Krieg, weil da keine offizielle Erklärung ist und die adäquaten „Partner" fehlen. Hier ist einerseits ein Staat mit seiner hochgerüsteten, bestens ausgebildeten Armee und auf der anderen Seite fehlt das alles: es gibt keinen Staat, keine entsprechenden Organisationen und Institutionen und natürlich auch keine reguläre Armee, sondern junge Leute, die unter dem schon zitierten Motto „Nothing to loose" ihr Leben als Waffe in die Waagschale werfen. Dafür aber ist es, erklärt oder nicht, plötzlich ein „totaler Krieg"! Neuerdings, wie es scheint, ein Modewort made in USA.

George W. Bush zeigt entsprechendes Verständnis. Wie sollte er auch gegen Sharon den großen moralischen Zeigefinger erheben und sagen: „So etwas tut man nicht. Man kann ein Volk nicht ewig unter Besatzung halten." Wie sollte er auch politisch oder sonstwie drohen, die Sanktionsrute ins Fenster stellen? Das ist schwierig in seiner Situation als oberster Terrorismusbekämpfer, der offensichtlich keine Probleme hat, arme, leidende Völker niederzubomben, um dann den großen Feind, das „personifizierte Böse", doch nicht zu erwischen und gleich den Nächsten ins Visier seiner Großmacht – nein, seiner Weltmacht-Allüren zu nehmen. „Es ist alles sehr kompliziert", sagte einmal einer unserer Exbundeskanzler.

Es ist jedenfalls ein sehr dunkler, sehr verdüsterter Karfreitag in diesem Jahr, dem auch der strahlende Sonnenschein, die milde Frühlingsluft hier in Wien nicht wirklich zu helfen scheint. Und niemand kann heute sagen, ob und wann es denn eine Chance auf einen Ostermorgen geben kann, oder ob die beiden gekreuzigten Völker im unheiligen Heiligen Land weiter stöhnen müssen: „Mein Gott, mein Gott, warum hast du mich verlassen?"

Als Schlußpunkt, weil das irgendwann, auch in dieser unendlichen Geschichte der Gewalt notwendig ist, noch eine Rückbesinnung auf das Inserat, das am 9. November 2001 in der Tageszeitung „Ha'aretz" von Gush Shalom geschaltet worden ist. Ein Bild der beiden Steintafeln, die Mose vom Gottesberg seinem halsstarrigen Volk gebracht hat. Darauf die zehn Gebote, die zehn Weisungen für ein mögliches, respektvolles Zusammenleben der Menschen. „Du sollst nicht …", heißt es da zehnmal. Es gibt eine andere sprachliche Formulierung, die mir lieber ist. Eine Formulierung, die nicht auf Verbot, sondern eher auf Zusage zielt, eine Zusage an jene Menschen, die so handeln, wie der Schöpfer sie gewollt, geträumt hat, irgendwo vor aller Zeit. Und so würden die zehn Zusagen von Gush Shalom analog zum Dekalog lauten:

Du wirst nicht töten
Du wirst nicht liquidieren
Du wirst die anderen nicht aushungern
Du wirst die Dörfer und Städte nicht blockieren
Du wirst die Häuser nicht zerstören
Du wirst die Bäume nicht ausreissen und zermalmen
Du wirst die Felder deines Nachbarn nicht begehren
Du wirst die Menschen nicht quälen
Du wirst Gott in den anderen nicht demütigen

So möge es sein!

ANHANG

TEXTE UND DOKUMENTE

I.

Der Schrei der Olivenbäume

von Dr. Sumaya Farhat-Naser

Dr. Sumaya Farhat-Naser ist Professorin für Biologie an der palästinensischen Universität in Bir-Zeit und bekannte Friedensaktivistin.

Ich habe die Zerstörung meines Landes gesehen und ich fühle den Schmerz der verletzten und gefolterten Olivenbäume. Mein Herz weint und trauert mit meinem Volk.

Seit einigen Wochen schon hindert man die Leute der umliegenden dreißig Dörfer daran, mit dem Auto nach Bir-Zeit zu gelangen. Sie gehen auf geheimen Pfaden über die steinigen und dornigen Wege durch die Täler. Sie erzählen, was dort passiert und erinnern sich dabei an die schreckliche Ausweisungspolitik von 1948 und danach. Sie alle sind entsetzt und reden voller Angst von den Übergriffen, dem Verbrennen der Felder und von den Ausgehverboten, die Augenzeugenberichte verhindern sollen. Sie sagen, daß das ganze Land westlich von Bir-Zeit total abgeriegelt ist und zur geschlossenen Militärzone erklärt wurde. Niemand kann die Hauptstraße benutzen, um Ramallah oder Bir-Zeit zu erreichen. Die Leute müssen sich über die Berge und durch die Täler kämpfen und versuchen, eine Nebenstraße oder einen Saumpfad zu nehmen; und wieder hindert sie eine zerstörte oder blockierte Straße, oder der nächste Checkpoint, an dem sie von Soldaten zurückgewiesen werden. Der Weg von Deir Gassaneh oder Abud nach Bir-Zeit ist normalerweise eine Autofahrt von zehn bis fünfzehn Minuten. Heute brauchen Studenten zwei bis drei Stunden, um zur Bir-Zeit-Universität zu gelangen, wenn es ihnen überhaupt gelingt hinzukommen. Kranke sterben, weil man sie hindert, auf normalen Straßen zu rechtzeitiger medizinischer Hilfe zu kommen. Oft habe ich gesehen, wie Kranke und Alte von Männern über weite Distanzen zur nächsten Fahrstraße getragen wurden, und die Helfer wußten genau, daß sie solche Wege noch oft gehen würden. Das ist Folter. Das ist entwürdigend und es ist ein klarer Bruch der Menschenrechte. In der Tat, es ist noch viel mehr: Es ist eine systematische Politik, das Leben so schwierig zu machen, damit die Leute weggehen. Es bedeutet, die Menschen langsam aber sicher zu töten – vielleicht in einer „zivilisierten" Art des Tötens. Es ist ein Verbrechen.

Gestern besuchte mich eine Freundin in Bir-Zeit, und ich bat sie, mich mit dem Auto mit der Nummer der „Internationalen" in die militärische Sperrzone zu begleiten. Schon nach einem Kilometer kamen wir zum ersten Checkpoint; die Soldaten hatten ein solches Auto und die ausländische Identitätskarte offenbar noch nie gesehen. Aber wir kamen durch, ich konnte es kaum glauben! Wir blieben irgendwo stehen und ich zeigte ihr unser Land und die Olivenbäume. Dieses Jahr hat man uns, wie alle Bauern, durch die Absperrung gehindert, unser Land zu bearbeiten. Dadurch sollte der Eindruck erweckt werden, daß wir unser Land vernachlässigen. Ein guter Vorwand für sie, es zu konfiszieren. Ein Auto kam vorüber und kontrollierte uns. Weil wir aber Frauen waren, ließen sie uns gehen. Es waren Leute vom Geheimdienst. Die Straße war wie leergefegt, keine Menschen, keine Autos. Aber abseits der großen Straße konnten wir Leute gehen sehen, und einige Autos quälten sich über die steinigen Sandstraßen.

So fuhren wir weiter Richtung Um Safa Beit Rima, Deir Gassaneh oder Ajul. Wir konnten nicht in die Dörfer fahren, weil die Straßen total zerstört waren. Wir versuchten es in Abud. Als wir an der Siedlung Halamisch vorbeikamen, hielten uns die Soldaten an und kontrollierten uns. Wenig später sahen wir auf einer Strecke von zwei Kilometern auf beiden Seiten der Straße und tief ins Land hinein die totale Verwüstung. Hunderte Olivenbäume waren ausgerissen und zerstampft worden, der Boden aufgebrochen, und etwa zwölf Panzer und viele Soldaten waren dabei, weitere Bäume mit Baggern auszureißen und zu zermalmen, das Land umzuwühlen und die Terrassen einzuebnen. Einige Militärzelte waren errichtet worden, und es sah ganz so aus, als wollten sie einen Bauplatz herrichten, um eine größere Militärbasis oder eine neue Siedlung anzulegen. Einige Soldaten waren irritiert, uns an diesem Ort zu sehen, andere erstaunt, und während uns die einen stehen bleiben hießen, forderten die anderen uns auf, den Platz sofort zu verlassen. Wir verließen ihn, aber mit einer Eskorte: ein Militärfahrzeug fuhr vor uns her, ein anderes folgte uns bis zur nächsten Abzweigung. Wir konnten am Ort weder fotografieren, noch einen Videofilm aufnehmen. Aber es gelang uns, auf dem Rückweg, ein paar Fotos zu machen.

Für mich war das ganze eine Erfahrung tiefsten Schmerzes. Das Land rund um Bir-Zeit ist meine Heimat, meine Landschaft, meine Natur. Ich bin jetzt dreiundfünfzig Jahre alt. Ich bin gemeinsam mit diesen Bäumen aufgewachsen. Ich bin Botanikerin von Beruf und nehme seit einundzwanzig Jahren meine Studentinnen und Studenten von der Bir-Zeit-Universität in diese wunderbare Landschaft mit, die so reich an pflanzlicher Vielfalt, Geschichte und Kultur ist. Hier habe ich meinen Studierenden die Liebe und die Ehrfurcht für den Erdboden und die Natur gelehrt. Wir haben zahlreiche wissenschaftliche Exkursionen in den Wald von Um Safa unternommen, den ältesten Wald Palästinas. Er liegt sieben Kilometer von Bir-Zeit entfernt. Dort haben wir Pflanzen bestimmt und klassifiziert, haben uns die vielen verschiedenen Geschichten jeder einzelnen Pflanze erzählt und von deren Nutzen, aber auch den Anekdoten, den Mythen, Spielen und dem Segen der Flora für Palästina gesprochen. Ich kenne die Namen und die Geschichte all dieser Bäume und Sträucher. Gestern mußte ich mich noch, um dort hinzugelangen, über militärische Anordnungen hinwegsetzen. Ich habe bitterlich geweint, weil man meinem Volk und mir schon seit Monaten verbietet, unser Land und unsere Bäume zu sehen.

Mein Herz schlägt schnell und immer schneller, während ich mich dem Wald nähere. Da steht ein Panzer, mit schweren Waffen bestückt, um den Wald abzusperren. Ich winke meinen Bäumen zu, nenne sie beim Namen, erzähle ihnen von meinem Schmerz und von dem Todesschrei der alten Bäume, die sie gerade kaputt gemacht haben. Mit Tränen in den Augen denke ich an die wunderschöne Rinde voller Runzeln und das lebendige Tanzen der Stämme und Zweige im Wind … jetzt hängen sie traurig herunter. Ein Lächeln für die Bäume, die bleiben: „Bleibt ihr wenigstens lebendig. Ich werde mit meinen Studentinnen und Studenten und meinen Kindern wiederkommen.“ Noch bin ich voller Schmerz, und ich schreibe dies nieder, damit niemand sagen kann: „Ich habe es nicht gewußt.“

2.

Es geht um das Leid …

von Viola Raheb

Viola Raheb ist Theologin und Lehrerin in Bethlehem. Im September 2001 war sie gemeinsam mit zwei anderen palästinensischen Christinnen auf Vortragsreise in Österreich. Der letzte Abend fand im Stephanisaal in der Pfarre St. Stephan in Wien statt.

Zur Einstimmung sang der palästinensische Musiker Marwan Abado ein Lied über den von allen ersehnten Regen, der in seinem Lied zur Metapher für Frieden und Freude wird.

So lautet in etwa der Text:

Der Regen, den wir erwarten,
Wird die Situation verändern.
Er wird die Pflanzen erfrischen
Und den Geist beruhigen.
Ein Hauch von Freude tritt durch die Tür,
In einer Zeit der großen Trauer,
In einer Zeit, in der die Lieben gegangen sind.
Vielleicht bleibt die Freude ein paar Tage.
Die Mädchen haben ihre Hände mit Henna bemalt
Und das Henna hat sie fröhlich gemacht.
Die Braut hat gesungen.
Ja, Freude komm wieder,
Erhelle unsere dunklen Nächte!
Freude kann die Situation verändern.
Freude kann unseren Geist beruhigen,
Deinen Geist – unseren Geist,
Deine Lage – unsere Situation.

Viola Raheb, die zum Unterschied von den zahlreich erschienenen Besuchern den arabischen Text verstanden hatte, nahm direkt darauf Bezug und sagte:

„Im Lied hieß es, das Leid hat zugenommen und die Liebenden sind nicht mehr da. Besser und kürzer kann man die palästinensische Geschichte gar nicht zusammenfassen. Das Leben sowohl der Frauen als auch der Männer, das Leben der Christen wie auch der Muslime ist in Palästina vom Leid gekennzeichnet, und zwar nicht erst seit Herr Sharon seinen sogenannten Spaziergang vor der al-Aksa-Moschee gemacht hat, sondern seit Jahrzehnten. Manchmal habe ich das Gefühl, unser Leben ist wie ein Videofilm, der vor Jahren aufgenommen wurde und immer noch aktuell ist. Man kann ihn immer wieder abspielen und das Thema ist gleich und das Leid ist gleich, nur sehr kleine, feine Details ändern sich, die vielleicht nur für Insider zu erkennen sind.

Es geht um das Leid, daß Palästina in den letzten elf Jahren des Friedensprozesses in viele kleine Homelands zerrissen wurde. Es geht um das Leid, daß die Palästinenser „dank" Oslo zu Gefangenen ihrer eigenen Städte und Dörfer geworden sind. Wenn Sie auf die Landkarte der Westbank blicken, dann können Sie es am besten mit einem Tigerfell vergleichen, kleine gelbe Flecken, die da und dort zu sehen sind, die von israelischen Siedlungen umringt sind und von sogenannten Umgehungsstraßen. Der Rest von Palästina ist sogenannte C-Zone. Es geht um das Leid, daß ich seit dem vergangenen Jahr nicht mehr in mein Büro in Ostjerusalem fahren darf, und ich bin nur eine unter den 2,5 Mio. Palästinensern. Es geht um das Leid, daß sich unsere Bewegungsfreiheit in Bethlehem auf zwei Kilometer beschränkt, „dank" Oslo. Es geht um das Leid, daß wir nicht wie alle anderen Menschen einfach zum Flughafen fahren dürfen, sondern eine Reise von achtzehn Stunden auf Irr-, Um- und unmöglichen Wegen unternehmen mußten, um heute Abend hier sein zu können. Es geht um das Leid, daß die Menschen, die vor Oslo Arbeit hatten, heute arbeitslos sind, nicht weil sie keine Arbeit haben, sondern weil sie nicht zu ihren Arbeitsstellen dürfen. Es geht um das Leid, daß viele Familien im Maïda-Flüchtlingslager in Bethlehem, das ist das zweitgrößte Flüchtlingslager der Stadt, heute zum dritten Mal zu Flüchtlingen geworden sind, 1948 nach der Gründung des Staates Israel vertrieben wurden, 1967 noch einmal fliehen mußten und heute nach Oslo – im Namen des Friedensprozesses – im Jahre 2001 wieder flüchten mußten. Es geht um das Leid, daß immer mehr Menschen zum Schluß kommen, daß es sich nicht mehr lohnt, sich für Palästina einzusetzen und sich weiterhin in Palästina aufzuhalten. Ich arbeite ehrenamtlich auch in einem Zentrum für Musik und Kultur und ich wünschte, wir hätten Musiker wie Marwan in unserer Heimat Palästina. Aber ich kann verstehen, wenn sie heute nicht in Palästina sind. Es gab eine Zeit, wo ich das nicht verstehen konnte, doch ich bin auch älter geworden und kann es heute verstehen. Das Schicksal von Christiane ist kein Einzelschicksal. Von der Raheb-Familie, von der ich komme, sind nur noch mein Bruder, seine Kinder und ich in Palästina. Alle meine Verwandten sind in der Diaspora. Viele sind nicht erst vor zehn Jahren geflohen, sondern schon 1913. Damals hat meine Großmutter gedacht, sie will ihre Kinder nicht im Krieg groß werden lassen, hat sie in ein Schiff gesetzt und sie sind heute in Lateinamerika. Es gibt heute kaum einen Palästinenser, der nicht Verwandte und ihm liebe Menschen in der Diaspora hat. Dreiviertel unseres Volkes lebt heute außerhalb Palästinas, und das fehlende Viertel lebt in kleinen Gefängnissen innerhalb von Palästina. Es geht um das Leid, daß Frauen, die sich seit dem Beginn des 20. Jahrhunderts für die politische Bewegung in Palästina eingesetzt haben, heute ausgegrenzt werden, zur Seite geschoben werden, nicht weil die Palästinenser eine patriarchale Gesellschaft sind, das sind sie ja auch, nicht weil die Araber keinen Sinn für eine Frauenbewegung haben, sondern weil eine schwierige politische und wirtschaftliche Lage immer eine soziale Benachteiligung von Frauen mit sich bringt. Es geht um das Leid, daß heute unsere Kinder in einem Land aufwachsen, in dem sie ihrer Kindheit beraubt werden. Unsere Kinder wissen nicht, welche neuen LEGO-Spiele herausgekommen sind, denn mit dem Namen LEGO können sie gar nichts anfangen. Aber sie können Ihnen wohl sagen, wie die Munition sich voneinander unterscheidet, wo sie hergestellt wurde, was der Effekt von Live-Munition oder Dumdumgeschossen oder F16-Kampfflugzeugen ist, und das schon bevor sie sich ein politisches Selbstverständnis aneignen konnten.

Ich kann diese Liste vom Leid lange fortsetzen, doch ich möchte auch auf das „Wie“ eingehen, das im Lied ebenfalls angeklungen ist. Über viele Jahre hinweg haben die Menschen geglaubt, die Hoffnung und die Lösung kommen von außen, ähnlich wie in den Märchen von 1001 Nacht, die Sie sicher kennen. Die Palästinenser glaubten jahrelang, ihre sogenannten Bruderstaaten werden auf weißen Pferden geritten kommen und unsere Braut Palästina in die Zukunft führen. Zwanzig Jahre nach der Besatzung haben die Palästinenser gemerkt, es kam niemand, und sie haben sich gewundert, ob sich die Reiter wohl verirrt hätten, doch die sind ja gar nicht erst losgeritten. Die erste Intifada begann mit dem Versuch, die Zukunft selbst in die Hände zu nehmen. Nicht mit Gewalt, die Intifada war nie ein Aufstand, die Intifada war immer eine Massenbewegung zur Abschüttelung der Besatzung. Es sollte ein gewaltloser Widerstand sein, deshalb haben die Leute israelische Wahlen boykottiert, deshalb haben die Leute sich geweigert, an Israel Steuern zu bezahlen, weil sie ohnehin keine Gegenleistungen dafür bekommen, deshalb wurden nach zwölf Uhr die Geschäfte geschlossen und wir dachten, die Welt würde hinschauen und die Augen öffnen, doch die Welt hat genau in die entgegengesetzte Richtung geschaut. Erst wenn sich jemand aus lauter Hoffnungslosigkeit in die Luft jagt, schaut die Welt auf Palästina. Und weil wir nicht spektakulär genug sind, sind nur wenige österreichische Journalisten zu unseren Veranstaltungen gekommen. Hätte ich angekündigt, ich würde mich heute Abend in diesem Saal in die Luft sprengen, wären alle Journalisten Österreichs hier gewesen.

Das Lied war ein Lied der Sehnsucht nach der Freude, die einmal war und nicht mehr da ist. Es erinnerte mich an Bonhoeffer [Dietrich Bonhoeffer, evangelischer Theologe aus Deutschland, der 1945 von den Nationalsozialisten im KZ Flossenbürg ermordet wurde]: „Noch will das Alte unsere Herzen quälen." Es bringt nichts, über sich selbst zu weinen und über sich selbst zu jammern. Der einzige Weg ist, Position zu beziehen, das war die Botschaft von Bonhoeffer. Doch das erfordert einen sehr, sehr hohen Preis. Viele kommen zu solchen Veranstaltungen, weil es exotisch ist, sich ein paar palästinensische Frauen, gerade, wenn es Frauen sind, anzuhören. Ich war in den letzten Tagen in verschiedenen Schulen und fragte die Schüler: „Was ist euer Bild von palästinensischen Frauen?" Das Bild von uns war: „Ungebildet, unterdrückt, hochschwanger, am Herd stehend ..." Das sind wir nicht, das waren wir nicht und das werden wir nie sein. Wir sind hier, weil wir meinen, daß es gerade jetzt, nach dem 11. September, um so wichtiger ist, nicht mehr zu schweigen. Wir dürfen es nicht zulassen, daß die Politik uns lähmt! Doch wir wollen Sie auch vor eine Verantwortung stellen, wir wollen, daß alle, die heute

Abend in diesem Saal sind, in der Zukunft nie die Ausrede haben können: „Wir haben nichts gewußt!"

Auch das „Wozu" ist im Lied angeklungen und ich dachte dabei an ein anderes Lied, nämlich, „Gott will im Dunkeln wohnen und hat es doch erhellt." Genau das ist es, wofür wir uns heute einsetzen. Es ist leicht, sich hier für Frieden einzusetzen, und es ist noch leichter, um Israel/Palästina zu philosophieren. Sie müssen ja keinen Preis dafür bezahlen. Das „Wozu" kann nur das sein, sich dafür einzusetzen, das Leben der dort lebenden Menschen zum Positiven zu verändern. Es geht nicht darum, auf welcher Seite Sie stehen. Das quält viele Leute in Österreich, weil man gerne in der sogenannten Neutralität bleiben will. Sie sind nicht neutral, Sie waren nie neutral und Sie werden nie neutral sein, glauben Sie mir das! Es ist wichtig, daß, wenn Sie Position beziehen, dann nicht in der Mentalität des Kalten Krieges. Sie müssen sich nicht den Kopf zerbrechen, soll ich mich mit Israel oder Palästina solidarisieren, denn das wäre eine Fehlinterpretation des Konfliktes. Die einzige Perspektive ist die, eine Position für oder gegen den Frieden einzunehmen – eine dritte gibt es nicht. Wenn Sie das tun, alliieren Sie sich mit Israelis ebensogut wie mit Palästinensern, mit Christen, Juden und Muslimen. Es ist wichtig, daß Sie heute Abend hier auch wissen, ohne sich mit diesem Land auseinanderzusetzen, ohne sich ein menschliches Bild von diesem Land zu machen, ohne den Versuch zu unternehmen, die Leute, die dort leben, zu verstehen, ohne die menschliche Dimension dieses Konflikts zu begreifen, daß Sie immer unbewußt und vielleicht unwillig eine Solidarität beziehen, die sich leider auf der falschen Seite befindet. Die Sehnsucht nach der Freude ist der Ruf, sich aktiv dafür einzusetzen, dem Leid und der Ungerechtigkeit entgegenzuwirken, sodaß die Freude wieder zurückkommt und die Frauen wieder ihre Hände mit Henna bemalen, um sich auf eine anhaltende Ehe vorbereiten zu können."

3.

Im Namen der Sicherheit

von Marwan Abado

Marwan Abado ist palästinensischer Musiker und lebt in Wien.

Nun ist es soweit. Die israelische Armee hat fast alle autonomen palästinensischen Städte wiederbesetzt. Die Wortwahl Wiederbesetzung impliziert, daß diese Städte bis zum Ausbruch der ersten Intifada im Dezember 1987 zwanzig Jahre unter israelischer Militärherrschaft waren. Diese Städte stellen einen geringen Teil der besetzten Gebiete dar. Die zwanzig Jahre Besatzung bedeuteten für die palästinensische Bevölkerung Bodenbeschlagnahme, Ausbau von Siedlungen, Vertreibungen, Gefängnisse. Schon damals wußte die palästinensische Gesellschaft, wie sie mit Besetzung umgeht: All die schlimmen Folgen einer Okkupation sind den Menschen bekannt. Sie erlebte früh genug die Ängste, die mit militärischer Gewalt zu tun hat. Die erste Intifada entsprach dem unbeugsamen Willen nach Freiheit und daß Okkupationen dieser Art der Vergangenheit angehören und Wege frei machen sollten für das Jahre später ausgehandelte Friedensabkommen von Oslo. Dies machte den palästinensischen Traum von einem eigenen Staat zu einer realistischen Möglichkeit.

Das Oslo-Abkommen hat viele Hoffnungen erweckt und Tabus gebrochen, aber auch die Spirale der Gewalt erst richtig in Bewegung gesetzt. Man darf dieses Abkommen, ohne als Friedensgegner bezeichnet zu werden, nicht kritisieren. Das Paradoxon dieses Abkommens ist, daß Sicherheit eine Zuständigkeit Israels ist. Der Staat Israel regelt und überwacht alle Grenzübergänge der autonomen Gebiete. Trotz dieses Friedensabkommens ging die Siedlungspolitik auch unter der Arbeiterpartei von Shimon Perez und Ehud Barak weiter, was eigentlich die Entstehung eines palästinensischen Staates nachhaltig verhindert. So wird dieses heikle Thema der Staatsgründung auf unbestimmte Zeiten verschoben und verunmöglicht den Wunsch der palästinensischen Gesellschaft nach einem Hauch von Freiheit. Viele Institutionen und Organisationen sind binnen kürzester Zeit entstanden. Große Summen wurden in den besetzten Gebieten investiert und unglaubliche positive Energien haben ihren freien Lauf bekommen. Und natürlich hat die palästinensische Gesellschaft auch mehr über Korruption, Gefängnisse und den Mangel an politischer Freiheit erfahren.

Jetzt ist der Moment gekommen, wo dieser Entwicklungs- und Friedensprozeß zum Stillstand gekommen ist. Bei der Wiederbesetzung ist die gesamte Infrastruktur, die mit Hilfe vieler europäischer Staaten entstanden ist, vernichtet worden. Es regiert wieder die militärische Gewalt: viele Tote, Verletzte, Wasser- und Lebensmittelknappheit, Ausgangssperren, Stromausfall, keine Arbeit, keine Schulen und keine Universitäten. Das Bild der Hoffnungslosigkeit ist wieder vorherrschend. Ein personifizierter Kampf zwischen den alten Herren Ariel Sharon und Yassir Arafat. Die palästinensische Zivilgesellschaft ist wieder in ihrer Existenz bedroht, weil *der Terrorismus* von der israelischen Armee ausgerottet werden muß. Dreiviertel der israelischen Bevölkerung stehen hinter diesem Einmarsch!

Die palästinensische Gesellschaft hat nicht mehr viel zu verlieren und ist der militärischen Gewalt Israels schon durch die bisherigen Okkupationen überdrüssig. Sie kann damit umgehen, weil sie den Willen zum eigenen Staat nicht verlieren kann. Hingegen verliert die israelische Gesellschaft mit der Politik Sharons und seiner Nationalen Regierung sehr viel an Glaubwürdigkeit. In keinem anderen Land wird über Sicherheit so intensiv gesprochen. Israel investiert soviel in Sicherheit, daß man eigentlich annehmen muß, man wäre im sichersten Land dieser Erde. Das Gegenteil ist der Fall. Die Angst wächst täglich durch politisch aufgestaute Gewalt.

Israel wollte Frieden schließen, ohne sich selbst zu entlasten. Die Gründergeneration des Staates (1948) wußte schon von ihrem Unrecht den Palästinensern gegenüber. Man hat sich das nicht eingestanden, weil die Staatsgründung eine Erfolgstory bleiben sollte. Generationen wuchsen in Israel auf, ohne sich mit diesem Unrecht, das die Vertreibung der Palästinenser bedeutete, auseinanderzusetzen. Die einzige offizielle Erklärung ist, daß Israel sich vom Anfang an im Krieg befand, und somit ist die Vertreibung der Palästinenser aus israelischer Sicht eine Folge des Krieges. Diese eingeschränkte Erklärung des Staates ist nachvollziehbar in der Logik des Krieges. Aber schon damals passierte Unrecht abseits kriegerischer Auseinandersetzungen.

Das christliche Dorf meiner Eltern „Kufr Birem“ wurde schon zur Staatsgründung Israels aus Sicherheitsgründen evakuiert. Die Dorfbewohner wurden per militärischem Befehl in die benachbarten Dörfer für zwei Wochen „ausquartiert“. Doch nach dieser Zeit durften sie nicht mehr zurückkehren. Der Dorfpfarrer setzte alle möglichen rechtlichen Schritte, um die Dorfbewohner in ihre Häuser zurückzubringen. Vergeblich! Es siegte schon damals das militärische Vorgehen vor den zivilen Gesetzen eines Rechtsstaates. Das Dorf wurde Jahre später nach der Staatsgründung zerbombt, und die Bewohner wurden zerstreut. Nur die Kirche steht noch im verwüsteten Dorf. Meine Familie ging in den Libanon als Flüchtlinge, weil das benachbarte Dorf im libanesischen Gebiet gelegen ist. Das heißt, meine Familie darf bis heute nicht in ihr Heimatdorf zurück und wurde für die Vertreibung auch nicht entschädigt. „Kufr Birem“ ist kein Einzelfall und ist ein Symbol des Unrechts, das Tausenden von Menschen schon damals zugestoßen ist. Israel sollte sich diesem Unrecht stellen, ohne historische Begründungen zu suchen, und soll aufhören, sich durch sein ultimatives Opferdasein ständig zu „legitimieren“. Die Befreiung aus dieser Opferrolle ist ein wichtiger Schritt in Richtung einer Zukunft in Frieden und Sicherheit.

Mir scheint die Frage nach der Qualität des Lebens eine wesentliche Frage in diesem Konflikt, weil sie die Existenz der militärischen Strukturen und die Selbstmörder in Frage stellt. Gerade diese Strukturen sorgen für die Unsicherheit und die Ängste der Menschen.

Wien, Ostern 2002

4.

Europa ist schuld

von Moshe Zimmermann

Der israelische Historiker Moshe Zimmermann, Jerusalem, veröffentlichte am 14. Oktober 2000 einen sehr bedenkenswerten Beitrag über die Wurzeln des Nahostkonflikts im Feuilleton der Süddeutschen Zeitung. Der Titel des Beitrags lautete: „Europa ist schuld!" Zimmermann geht weit in die Vergangenheit zurück – ein legitimes Herangehen für einen Historiker. Die Tagespolitik muß kurzatmiger reagieren und auch aus friedenspolitischer Perspektive sind Antworten auf der Grundlage der heutigen Gegebenheiten zu formulieren. Daß die historische Schuld Europas in eine verantwortungsvolle Friedenspolitik münden muß, die auch die berechtigten Interessen der Palästinenser in der Region und der arabischen Bevölkerungsminderheit in Israel berücksichtigt, sollte dabei selbstverständlich sein. Auch daran werden sich europäische Politiker messen lassen, die sonst gern die „Menschenrechte" im Munde führen. Europa kann also mehr tun, als Zimmermann am Ende seines Beitrags fast resignierend einräumt.

Hat der israelische Oppositionsführer Ariel Sharon mit seinem Besuch auf dem Jerusalemer „Tempelberg" die Katastrophe ausgelöst? Gewiß. Er wollte die Moslems provozieren und gleichzeitig die arabischen Abgeordneten im israelischen Parlament, die gegen den Besuch demonstrierten, als „Staatsfeinde" diskreditieren. Die Provokation war erfolgreich: Die Region explodierte, und innerhalb der israelischen Gesellschaft begann der arabisch-jüdische Bürgerkrieg. Doch sieht sich der Historiker veranlaßt, zwischen Provokation und Ursache zu unterscheiden: Die Ursachen, die Wurzeln dieser Eruption liegen tiefer.

Die Erfahrung seit dem Jom-Kippur-Krieg beweist: Erst wenn die Araber Gewalt anwendeten, war Israel bereit, Kompromisse einzugehen, die eigentlich auch vorher die logische Schlußfolgerung aus der politischen Lage hätten sein müssen. Erst nach dem Jom-Kippur-Krieg hat Israel den Sinai evakuiert. Erst nach der Intifada hat man mit der PLO Verhandlungen aufgenommen und in Oslo ein Abkommen unterzeichnet. Erst nach dem Golfkrieg zeigte sich die Regierung des Hardliners Shamir bereit, an der Friedenskonferenz in Madrid teilzunehmen. Erst nach einem langen Kampf gegen die Hisbollah-Terroristen hat sich Israel aus dem Südlibanon zurückgezogen. Wieso, fragt man sich, konnte man nicht früher, ohne Blutvergießen und Gesichtsverlust, zum selben Ergebnis kommen?

Sicher: Auf der arabischen Seite war man oft stur und unklug, aber das allein ist weder Erklärung noch Entschuldigung für die wiederholte Erfahrung der Gewalt (beziehungsweise Niederlage) als Einleitung zu Verhandlungen, Kompromissen, Frieden. Damit stellte sich spätestens seit Ende Juli die große Frage: Wieso rannte man offenen Auges in die nächste Katastrophe? Sah man nicht, daß der lange Stillstand in den Friedensverhandlungen bei den Palästinensern eine Frustration erzeugen mußte, die früher oder später explodieren würde?

Am Anfang war die Erbsünde

Nun ist es passiert. Nicht wegen der umstrittenen jüdischen Siedlung Har Homa bei Jerusalem, nicht wegen der alltäglichen Präsenz der israelischen Besatzung im palästinensischen Leben, nicht einmal wegen der Ausdehnung der jüdischen Siedlungen in der Westbank, sondern wegen der al-Aksa-Moschee, wegen eines besonders wirkungsvollen religiösen Symbols. Da wundert man sich auch, weshalb eine Provokation, die aus dem rechten Flügel der israelischen Politik kommt, eine so heftige Reaktion gegen die angeblich linke Regierung Ehud Baraks hervorgerufen hat. War nicht gerade diese Regierung kompromißbereiter als jede Regierung zuvor?

Die Antwort liegt in der Diskrepanz zwischen den Plänen Baraks, den damit verbundenen Hoffnungen der Palästinenser und israelischen Araber, und den Taten von Baraks Regierung. Sein Wahlsieg 1999 war im Endeffekt nicht mehr als eine optische Täuschung: Netanjahu hatte nach und nach sein Image als „Magier“ verloren und erlitt so bei der Wahl eine klare Niederlage.

Doch die rechten Parteien haben ihre parlamentarische Mehrheit behalten können: Die drei religiösen Parteien, die zur Netanjahu-Koalition gehörten, schufen mit der zwar dezimierten Likud-Partei, der rechtsradikalen „Nationalen Einheit" und der Partei der russischen Einwanderer eine Mehrheit von achtundfünfzig der insgesamt 111 „jüdischen Sitze" in der Knesset. Die übrigen neun Sitze der arabischen Abgeordneten gelten in Israel, das sich immer mehr als „jüdischer Staat" versteht, sowieso als Exklave. Das Ergebnis: Baraks Koalition bestand etwa zur Hälfte aus Parteien und Abgeordneten der israelischen Rechten. Der Wahlsieg war ein Pyrrhussieg. Kein Wunder, daß das Hauptziel von Barak und der angeblich siegreichen israelischen Linken, die energische Fortsetzung des Friedensprozesses, keine Chance hatte. Die rechten Parteien und Abgeordneten waren so lange in der Koalition geblieben, als sie Ministerposten besetzen konnten, ohne auf Land zugunsten der Palästinenser oder der Syrer zu verzichten. Als man am Ende doch Entscheidungen treffen mußte, die wegen des Osloer Vertrags unumgänglich waren, schieden sie aus der Koalition aus. Baraks Regierung wurde zur Minderheitsregierung, die im Parlament nichts mehr durchsetzen konnte.

Als sich Israel etwa aus dem Dorf Abu Dis, nur 200 Meter von der Jerusalemer Altstadt, zurückziehen sollte, führten Tumulte am Gedenktag der „Naqba", der arabischen Katastrophe von 1948, zu einem Aufschrei der rechten Parteien, was wiederum Barak dazu veranlaßte, die Übergabe des Dorfs an die palästinensische Autonomiebehörde auf unbestimmte Zeit zu verschieben. Wohlgemerkt: In Abu Dis steht längst das Parlamentsgebäude der Palästinenser bereit.

Stillstand, das war ‚the name of the game', und als nach Camp David weder Israel noch die USA die Dringlichkeit einer Vorwärtsbewegung erkannten, reichte die Provokation Sharons aus, das Faß zum Überlaufen zu bringen. Und es war kein Zufall und für Sharon keineswegs eine Überraschung, daß ausgerechnet ein religiöses Symbol die Massen so effektiv mobilisieren konnte: Im Zeitalter der postmodernen Verzweiflung, die so viele Menschen „zurück" zur Religion führt, ist im stark fundamentalisierten Nahen Osten eine Überreaktion auf religiöse Symbole die Regel geworden, und zwar auf beiden Seiten – bei Juden wie bei Moslems. „Heilige" Stätten stehen nun im Mittelpunkt der Ausschreitungen. Das Josefsgrab in Nablus: Synagoge oder Moschee? Juden verbrennen nun Moscheen, Moslems verbrennen Synagogen. Und weil die nationale Konfrontation in einen Religionskrieg aufging, schwappt dieser Krieg auch ins Ausland über: In Deutschland und anderswo setzen Araber und Rechtsradikale eine antiisraelische Kampagne in antijüdische Ausschreitungen um, ohne zu erkennen, daß damit der arabisch-israelische Konflikt eine altneue Qualität erhält.

So schließt sich der Kreis. Diese auch im Ausland stattfindende Auseinandersetzung demonstriert die prinzipielle Schwäche der zionistischen Ideologie: Der Zionismus konnte, all seiner Illusionen zum Trotz, das Problem des Antisemitismus nicht durch die Schaffung eines Judenstaates lösen. Mehr noch: Er erwies sich als Last statt als Lösung für Juden der Diaspora, auch dort, wo sie mit dem nationalen Judentum, mit dem Zionismus keine gemeinsame Sache machen. Und das bringt uns zur Kernfrage, zur Frage nach der tieferen Ursache der heutigen Lage zurück: Am Anfang der Kette findet man weder Sharon noch Barak, weder die religiösen Parteien noch den „Kalten Krieg“, weder Oslo noch die Gründung des Staates Israel, die alle die Lawine in Schwung gebracht haben. Am Anfang steht die „Erbsünde“ Europas: die gescheiterte Emanzipation und Integration der Juden. Lange bevor das Dritte Reich die Gleichberechtigung der Juden rückgängig machte, hatte sich die nationaljüdische Lösung der sogenannten „Judenfrage“ zu Wort melden können, als Ersatz für die gescheiterte Emanzipation. Die antiemanzipatorische europäische Grundhaltung brachte Zionisten dazu, nicht nur nach Palästina auszuwandern, sondern dorthin auch nationalistische, völkische, ja rassistische Einstellungen aus Europa mitzunehmen.

Die europäische Geschichte der Neuzeit hat auch dazu beigetragen, daß für Juden, für Zionisten die Wehrlosigkeit zum schlimmsten Trauma wurde – was in Israel in eine Mischung aus Paranoia und Schießfreudigkeit übersetzt wurde. Vor allem die israelische Rechte, die nun Dank der unheiligen Allianz Sharon–Arafat Hochkonjunktur erlebt, hat, wie so viele Elemente des Konflikts, ihre Wurzeln in europäischen Nationalismus.

Zur Lösung der Israel-Palästina-Frage kann aber Europa kaum etwas beitragen. Eher umgekehrt: Die antisemitischen Vorfälle der letzten Zeit, besonders in Verbindung mit den Ereignissen im Nahost, weisen auf einer „Rückwanderung“ der „Judenfrage“ nach Europa. Wenn man dazu in Betracht zieht, daß die Aufwertung Jerusalems im Islam – eine wichtige Quelle der heutigen Unruhen – eine Folge der Kreuzzüge war und daß der jüdische wie der arabische Nationalismus das Europa des 19. Jahrhunderts als Vorbild benutzten: Dann relativiert sich das Bild Europas als Quelle der Zivilisation und Kultur.

Aus: „Süddeutsche Zeitung“, 14. 10. 2000

5.

Die Kreuzigung Bethlehems

von Viola Raheb

Der Krieg gegen Terror nimmt viele Gesichter an. Die politischen Koalitionen werden immer neu gemischt. Vor ca. einem Monat begann die israelische Militäroffensive in den palästinensischen Gebieten. Für die Regierung Sharon eine klare Aktion gegen die sogenannten „Terrornetze" Palästinas. Die am Anfang noch unter internationale Kritik geratene Politik ist inzwischen eine geduldete Politik, sowohl seitens der Europäer als auch seitens der Amerikaner. Die Welt, die vor dieser Militäroffensive um zukünftige politische Lösungen des Konfliktes bemüht war, ist heute vor allem damit beschäftigt, einen sogenannten „Waffenstillstand" zu erreichen und – dringender noch – die Belagerung der Geburtskirche und des Sitzes Arafats zu beenden. Reflektiert man über die Geschehnisse der letzten Wochen in Palästina insgesamt und in Bethlehem speziell, so wird einem klar: Alles, was hier geschieht, hat kaum mit Terrorbekämpfung zu tun, sondern vielmehr mit der systematischen Zerstörung Palästinas als Gesellschaft. Die Regierung Sharon nimmt die internationale „Mode" der Bekämpfung des Terrors als Vorwand, um sicherzustellen, daß Palästina für Jahrzehnte nicht in der Lage sein wird, ein funktionierenden Staat zu werden.

Die Infrastruktur wird zerstört

Während der letzten Jahre haben sich viele Initiativen zusammengefunden, um die Stadt Bethlehem zu restaurieren und für das Jahr 2000 vorzubereiten. Straßen wurden neu gemacht, der Bereich der Altstadt wurde gepflastert und zu einer Fußgängerzone entwickelt. Wasser, Strom und Telefonleitungen wurden neu verlegt. Millionen von Entwicklungshilfegeldern wurden in diese Restaurierung investiert. Mehrere europäische Länder haben sich daran beteiligt, die Geburtsstadt Jesu für das Jubiläumsjahr vorzubereiten. Schaut man sich die Straßen Bethlehems jetzt nach nur drei Wochen der israelische Militäroffensive an, so kommt es einem vor, als wäre diese Stadt eine Ruinenstadt. Die Strassen existieren kaum noch, Gehwege sind kaum zu erkennen, Verkehrszeichen liegen zertrümmert auf dem Boden, Wasser-, Strom- und Telefonleitungen liegen gekappt auf den Straßen, und die Liste kann noch verlängert werden. Doch was hat die Infrastruktur einer Stadt wie Bethlehem mit Terror zu tun? Was haben Ampeln, Sanitäranlagen, Bäume, Denkmäler mit der Sicherheit des Staates Israels zu tun? Diese Frage müßte man der Regierung Sharons wohl stellen, ebenso aber müßte man diese Frage den vielen Ländern stellen, die sich an dieser Restaurierung beteiligt haben. Während der letzten Jahre haben wir des öfteren Einwände der Geldgeberstaaten bezüglich eines unangemessenen Umgangs der PA (Palästinensischen Autonomiebehörde) mit den Entwicklungshilfegeldern gehört, was verständlich ist. Denn letztendlich müssen ja die Regierungen Verantwortung gegenüber den Steuerzahlern tragen. Diese pragmatische Haltung hätte dazu führen müssen, daß dieselben Staaten jetzt auch kritisch ihre Stimmen erheben, wenn das Militär binnen weniger Tage alles zertrümmert, was an Hilfe geleistet wurde. Doch überraschenderweise wurde erst vor ein paar Tagen in Norwegen ein Treffen der Geldgeberstaaten organisiert, bei dem beschlossen wurde, daß die Europäer zusätzliche 300 Millionen US-Dollar an die PA geben, um die Schäden zu beheben, die bei dieser Militäraktion zugefügt wurden. Dies geschieht in einer Zeit, in der die Regierung Sharons schon offenlegt, daß der Einmarsch in die sogenannten „Autonomen“ Zonen auch in der Zukunft eine Option bleibt. In diesem Sinne kommen die Entwicklungshilfegelder gerade recht, um die Städte für die nächste Zerstörungsaktion vorzubereiten!

Fundamente einer zivilen Gesellschaft

Jahrzehnte unter Besatzung ohne eigene politische Führung vor Ort führte dazu, daß sich in Palästina im Gegensatz zu anderen arabischen Ländern die zivile Gesellschaft stärker entwickelt hatte. In allen Städten sind Nichtregierungsorganisationen entstanden, die sich Fragen der Gesellschaft gewidmet haben. Bethlehem ist hierbei keine Ausnahme. Die Stadt hat während der letzten fünfundreißig Jahre israelischer Besatzung viele verschiedene Organisationen beheimatet, die in den verschiedensten Bereichen gesellschaftlicher Arbeit tätig sind, so beispielsweise im medizinischen Bereich, bei Bildungs- oder Menschenrechtsfragen usw. Es waren Institutionen, die sich darum bemüht haben, Menschen in diesem Land Hoffnung inmitten all der Hoffnungslosigkeit, die sich breitmachte, zu geben. Doch was haben diese Organisationen mit Terror zu tun? Die Frage müßte man ebenso der Regierung Sharon stellen. Denn in den vergangenen Wochen hat das Militär wohl kaum eine Institution ausgelassen, ohne sie mit Panzergranaten und Maschinengewehren anzugreifen. Das neue Gebäude der Universität Bethlehems wurde bombardiert, das Internationale Begegnungszentrum Bethlehems ist ebenso beschossen und bombardiert, die Krankenhäuser sind auch nicht verschont worden, Schulen teilen das gleiche Schicksal. Damit wird dafür gesorgt, daß Palästina für die nächsten Jahre zu einem Entwicklungsland wird, das weiterhin auf die Hilfe der Internationalen Gemeinschaft angewiesen ist, um wieder auf die Beine zu kommen. Zugleich hat die Regierung Sharon dafür gesorgt, daß alle PA-Institutionen dem Erdboden gleich gemacht wurden: das Bildungsministerium, das Innenministerium, das Wirtschaftsministerium und vieles mehr. Jetzt heißt es nur noch: Chaos! Will ein Schüler eine Kopie seiner Abiturprüfung, so liegen keine Dokumente vor; will jemand eine Geburtsurkunde, so gibt es keine Unterlagen mehr. Damit wird dafür gesorgt, daß die PA, auch wenn sie das Ganze hier überstehen sollte, über Jahre damit beschäftigt sein wird, ihre Teile wieder zusammenzufügen. Gleichzeitig wird verkündet, daß die Israelische Zivile Administration, die vor Oslo das gesamte Leben in Palästina in der Hand hatte, wieder belebt wird. Viele sehen darin eine große Gefahr. Aber blickt man hinter die Fassade, so wird einem klar, daß die Situation sich nur vordergründig verändert, aber nicht im Kern. Das Gesicht der Besatzung wird in dem Moment wieder sichtbar, in dem die Schminke verschwindet. Ja, in den vergangenen Jahren hatte Israel alle Entscheidungen über Palästina in der Hand, allerdings hinter den Kulissen. Jetzt heißt es: Maske ab! Daher gilt meine Sorge nicht der Zukunft der PA, sondern vielmehr der Zukunft der zivilen Gesellschaft. Die Geschichte hat uns gelehrt, daß wir ohne die PA unser Leben organisieren können, doch nicht ohne die vielen engagierten „Grass-Roots"-Organisationen.

Die Würde des Menschen

In den vergangenen Wochen hat die Regierung Sharon alles unternommen, um den Menschen hier vor Ort alles wegzunehmen inklusive ihrer menschlichen Würde. Menschen sind seit jetzt bald mehr als einen Monat ohne Arbeit, ohne jede Möglichkeit, ihren Lebensunterhalt zu verdienen. Sie sind zu Gefangenen in ihren eignen vier Wänden geworden, oft ohne Strom, Wasser und Telefonleitungen. Immer mehr Menschen kämpfen nun um das einfache Überleben. Immer mehr Menschen werden soweit gebracht, Schlange zu stehen, um sich die notwendigen Lebensmitteln zu besorgen, und dabei begeben sie sich jedes Mal in eine lebensgefährliche Situation. Menschen werden täglich an den Punkt gebracht, sich selbst und ihr Leben aufzugeben. Was haben Brot und Würde mit der Sicherheit des Staates Israel zu tun? Diese Frage müßte der Regierung Sharon gestellt werden ebenso wie den vielen Internationalen Organisationen und Ländern, die sich auch daran beteiligen. Wenn ich manchmal aus dem Fenster blicke und sehe, wie Menschen Schlange stehen, um sich ein wenig Mehl, Zucker und Reis zu besorgen, dann blutet mir das Herz und ich sehe Afghanistan vor mir. Ja, Afghanistan, wo die Amerikaner den Flüchtlingen im gleichen Zug Bomben und Essen gaben. Bomben, weil sie sich in dieser Fremde fürchten, und Essen, weil sie sich damit ein gutes Gewissen kaufen wollen. Wirft man nur Bomben, dann werden viele nicht gut schlafen können und von Albträumen verfolgt werden. Das Essen sorgt für einen ruhigen albtraumfreien Schlaf! Die Internationale Gemeinschaft unterstützt einen Staat Palästina. Das ist keine große Leistung, wenn sogar Sharon dies unterstützt, wenngleich nur auf 50 % der geographischen Fläche der Westbank und des Gazastreifens. Doch sie wollen einen Staat haben, in dem Menschen sich daran gewöhnt haben, ihre Hand nach dem täglichen Brot auszustrecken. Menschen, die sich mit der Rolle des Untertanen zufrieden geben und somit gute Kandidaten für politische Manipulationen sind.

Wer durch die Straßen Bethlehems geht, spürt eine starke Ambivalenz der Lage. Zum einen blutet einem das Herz bei der Betrachtung der Zerstörung, zum anderen spürt man die Widerstandskraft der Menschen, die trotz allem und allem zum Trotz sich noch auf die Straßen wagen. Sharon hat vielleicht alles Materielle zerstört. Das ist eigentlich auch keine große Leistung für den bestbewaffneten Staat in der Region. Doch er kann und wird nie den Willen der Menschen für Freiheit und Gerechtigkeit zerstören können. Das lehrt uns die Geschichte. Übrigens auch die jüdische Geschichte!

Bethlehem, 28. April 2002

6.

Eine Botschaft an die Christen im Heiligen Land

Eine Botschaft an die Christen im Heiligen Land während eines Besuches von Bischöfen aus Europa und Nordamerika

Jerusalem, den 24. Januar 2002

An unsere christlichen Brüder und Schwestern im Heiligen Land;

an Seine Seligkeit, den lateinischen Patriarchen, den Präsidenten und Ihre Exzellenzen, die Mitglieder der Versammlung der katholischen Ordinarien im Heiligen Land;

an Ihre Seligkeiten, den griechischen und den armenischen Patriarchen von Jerusalem, und Ihre Exzellenzen, die Bischöfe und Oberhäupter der Kirchen in Jerusalem.

„Die Gnade Jesu Christi, des Herrn, die Liebe Gottes und die Gemeinschaft des Heiligen Geistes sei mit euch allen!“ (2 Kor 13,13)

Wir sind in dieser Woche nach Jerusalem gekommen, um euch als geschätzte Mitglieder der Glaubensfamilie näher zu sein. Ihr habt uns herzlich und gastfreundlich aufgenommen. Ihr habt mit uns über euer Leid und eure Sehnsucht nach Befreiung und Frieden gesprochen. Ihr habt uns auch im Gebet vereint, und darin haben wir gemeinsam Kraft gefunden durch den lebendigen Christus, der Quelle unseres Lebens.

In diesen wenigen Tagen haben wir erlebt, wie ihr mit der täglichen Gewalt leben müßt und wie ihr in einer von Sicherheitsrestriktionen geprägten Umgebung eurer Arbeit nachgeht. Die Menschen auf der Straße haben uns von ihrer Arbeitslosigkeit und zunehmenden Armut erzählt. Dabei haben wir auch den Eindruck gewonnen, daß viele eurer Mitmenschen mehr und mehr die Hoffnung verlieren. Ferner haben wir erfahren, daß sich viele junge Menschen mit dem Gedanken tragen, auszuwandern.

Mit unserem Gruß an euch grüßen wir alle unsere Brüder und Schwestern, die Söhne und Töchter Abrahams, ganz herzlich. Wir wissen, daß sich die meisten Menschen, auf allen Seiten, nach Frieden sehnen. Wir beten für die Friedensstifter unter ihnen, auf der israelischen wie auf der palästinensischen Seite, und wollen uns bemühen, sie zu unterstützen und mit ihnen zusammenzuarbeiten bis zu dem Tag, an dem endlich Frieden im Heiligen Land einkehrt.

Der gegenwärtige Teufelskreis der Gewalt ist für alle eine Tragödie. Es ist höchst unrecht, ein Volk im Besatzungszustand zu halten; es ist verabscheuungswürdig, Millionen von Männern, Frauen und Kindern in einem einzigen, riesigen Gefängnis eingesperrt zu halten. Genauso ist es moralisch verwerflich, mit ziellosen Angriffen auf unschuldige Menschen Rache zu üben oder Widerstand zu leisten.

Unser Heiliger Vater, Papst Johannes Paul II. formulierte es in seiner Ansprache an das diplomatische Corps zu Beginn dieses Monats wie folgt:

„Niemand kann angesichts der Ungerechtigkeit, der das palästinensische Volk seit über fünfzig Jahren ausgesetzt ist, teilnahmslos bleiben. Niemand kann dem israelischen Volk das Recht auf ein Leben in Sicherheit streitig machen. Aber es darf auch niemand die unschuldigen Menschen vergessen, die auf beiden Seiten jeden Tag den Schüssen und Anschlägen zum Opfer fallen. Waffen und blutige Attentate werden niemals geeignete Mittel sein, um den Gesprächspartnern politische Botschaften zukommen zu lassen. Die Logik der Vergeltung ist ebenfalls nicht geeignet, um den Weg zum Frieden zu ebnen.“

Wir sind fest davon überzeugt, daß nur ein Ende der Besatzung und ein gerechter Friede mit den Palästinensern Israel Sicherheit bieten und seine Bewohner von der Last der Angst, die sie bedrückt, befreien wird.

Ebenso wissen wir sehr wohl, daß als Grundlage für den Frieden Versöhnung notwendig ist. Ohne gegenseitigen Respekt werden die Ressentiments größer werden, bis es erneut zu einem Ausbruch von Gewalt kommt. Daher beten wir zu dem einen Gott Abrahams, dem Vater aller Gläubigen, daß er Palästinenser und Israelis – Juden, Christen und Muslime – miteinander versöhnen möge.

Der heilige Paulus ruft uns Christen auf, Botschafter der Versöhnung zu sein, und ihr, die Menschen im Heiligen Land, habt in dieser Hinsicht eine besondere Berufung. Wir unterstützen euer Bemühen, ein Leben im Dialog mit euren muslimischen und jüdischen Nachbarn aufzubauen. Wir haben die feste Hoffnung, daß die interreligiösen Begegnungen und die ökumenischen Bemühungen, die wir in unseren eigenen Ländern für den Frieden im Heiligen Land unternehmen, dazu beitragen werden, euch Mut zu machen.

Gemeinsam mit der Versammlung der katholischen Ordinarien im Heiligen Land sind wir der Frage nachgegangen, wie wir in den Kirchen Europas und Nordamerikas unsere Bande zur Mutterkirche in Jerusalem stärken können, in der Hoffnung, zum Erhalt einer lebendigen christlichen Präsenz im Heiligen Land für die kommenden Generationen beitragen zu können. Was wir aus den Gesprächen mit der Versammlung und den Laien besonders festhalten ist der Wunsch, in der derzeitigen Notsituation gemeinsam einen Weg für den Fortbestand der katholischen Schulen zu finden.

Was wir ferner mit auf den Weg nach Hause nehmen ist die Bitte, daß unsere nationalen Bischofskonferenzen, die regionalen Zusammenschlüsse von Bischofskonferenzen und die Justitia-et-Pax-Kommissionen das Anliegen des Friedens im Heiligen Land zu einer vordringlichen Aufgabe machen. Wir wollen versuchen, mehr Verständnis der Öffentlichkeit für die Probleme hier und eine bessere Darstellung der Situation in den Medien zu fördern. Eine der Anregungen, die wir mit in unsere Heimatkirchen nehmen ist, Pilger wieder zu Besuchen im Heiligen Land zu ermutigen, damit sie euch, die „lebendigen Steine“, kennenlernen. Wir selbst wollen so bald wie möglich als Begleiter von Wallfahrten unserer Gläubigen wiederkommen.

Und bis Gott den von allen ersehnten Frieden gewährt, versprechen wir euch, unseren Brüdern und Schwestern im Glauben, uns für euren Verbleib in Jerusalem, Palästina, Israel und Jordanien einzusetzen. Ihr seid die Wurzeln des Baumes, d. h. der Kirche, die tief im harten, felsigen Boden dieses Landes verankert sind. Auch wenn alte Olivenbäume gefällt werden, ihr, Gottes eigene Gewächse, dürft niemals entwurzelt werden. Euch, den ersten Zeugen des auferstandenen Herrn, die ihr nach einer rechtmäßigen Anteilhabe am Frieden strebt, den nur Er geben kann, versichern wir unsere Liebe und Solidarität.

Wir schließen euch in unsere Gebete ein und verbleiben mit hochachtungsvollem Gruß

Bischof Jacques Berthelet, C.S.V.
Vorsitzender der Kanadischen Bischofskonferenz
Bischof William Kenney
Kommission der Bischofskonferenzen der Europäischen Union
Bischof Pierre Burcher
Delegierter der Schweizer Bischofskonferenz
Bischof Manfred Melzer
Delegierter der Deutschen Bischofskonferenz
Bischof Rodolfo Cetoloni
Delegierter der Italienischen Bischofskonferenz
Bischof Giuseppe Merisi
Delegierter der Italienischen Bischofskonferenz
Bischof Wilton Gregory
Vorsitzender der United States Conference of Catholic Bishops
Bischof Anthony O'Connell
Mitglied im Komitee der Catholic Relief Services (USA)
Erzbischof Patrick A. Kelly
Stellvertretender Vorsitzender der Bischofskonferenz von England und Wales und Delegierter des Rates der Europäischen Bischofskonferenzen
Bischof Jean Orchampt
Delegierter der Französischen Bischofskonferenz

Vorschläge der Versammlung der katholischen Ordinarien im Heiligen Land an die Bischofskonferenzen

Die folgenden Vorschläge wurden der bischöflichen Arbeitsgruppe anläßlich ihres Treffens im Januar 2002 in Jerusalem von der Versammlung der katholischen Ordinarien im Heiligen Land vorgelegt. Sie wurden von der Arbeitsgruppe zur Kenntnis genommen, geprüft und befürwortet. Die Mitglieder der Arbeitsgruppe wurden aufgefordert, sie den eigenen Bischofskonferenzen und deren gemeinsamen Gremien vorzulegen.

ZENTRALES ANLIEGEN

(1) Unterstützung von Seiten der Bischofskonferenzen

a) Wir rufen unsere Kirchen weltweit auf, zur Kenntnis zu nehmen, daß die Existenz der christlichen Gemeinschaften im Heiligen Land (in diesem Dokument sind darunter Israel, Jordanien und Palästina zu verstehen) durch den schweren gegenwärtigen Konflikt und den dadurch verursachten wirtschaftlichen Schaden extrem gefährdet ist. Da die „Mutterkirche" in Gefahr ist, muß ihr die gesamte Kirche beiseite stehen. Die Bischofskonferenzen, die Justitia-et-Pax-Kommissionen sowie andere Stellen, die sich ihrem Auftrag gemäß für Gerechtigkeit und Frieden einsetzen, müssen bei der Untersuchung und Lösung des gegenwärtigen Konflikts eine zentrale Aufgabe übernehmen. Wir rufen diese Institutionen auf, unserer Sache hohe Priorität einzuräumen und sich auf nationaler und regionaler Ebene dafür einzusetzen, zum Beispiel bei der Kommission der Bischofskonferenzen der Europäischen Gemeinschaft (COMECE), dem Rat der Europäischen Bischofskonferenzen (CCEE), der Konferenz der Europäischen Justitia-et-Pax-Kommissionen, dem Rat der lateinamerikanischen Bischöfe (CELAM), der Vereinigung der asiatischen Bischofskonferenzen (FABC) und dem Symposium der Bischofskonferenzen Afrikas und Madagaskars (SECAM). Dabei ist uns bewußt, daß jede einzelne Bischofskonferenz ihre eigenen Schwerpunkte für eine effektive Unterstützung setzen muß.

b) Eine bedeutende Form der persönlichen Beziehungen liegt ausschließlich im Zuständigkeitsbereich der Bischöfe: regelmäßige, offizielle Treffen mit der Versammlung der Katholischen Ordinarien im Heiligen Land. Wir laden die Bischofskonferenzen und die Vertreter ihrer regionalen Zusammenschlüsse ein, an regelmäßigen Treffen im Heiligen Land teilzunehmen. Sofern die derzeitigen tragischen Umstände weiter andauern, sollte ein nächstes Treffen in zwölf Monaten ins Auge gefaßt werden.

PERSÖNLICHE KONTAKTE

(2) Aufruf zu Pilgerreisen

Wir glauben, daß Pilgerreisen in das Heilige Land zu der spirituellen Entwicklung der Christen einen wichtigen Beitrag leisten können. In der heutigen Situation kommt noch eine weitere Überlegung hinzu, nämlich daß Pilgerreisen dieser Art auch die regionale Wirtschaft ankurbeln und die Solidarität fördern. Damit beiden dieser Aspekte – sowohl der spirituellen Entwicklung als auch der Solidarität – Rechnung getragen wird, empfehlen wir Pilgern, die Dienste von Reiseveranstaltern und Reiseführern in Anspruch zu nehmen, die ihnen das Heilige Land als einen Ort lebendiger christlicher Gemeinschaften näherbringen können. Besucher, die sich auf eine solche Reise einlassen, werden nicht nur die Gelegenheit haben, mit den Gemeinschaften in Kontakt zu treten, sondern auch ihre Kultur und Lebensbedingungen besser kennenzulernen. Viele Gruppen haben beispielsweise den Besuch einer örtlichen christlichen Gemeinde, die Teilnahme an ihren Gottesdiensten und das Kennenlernen der Lebensumstände als bereichernd empfunden. Kein Pilger kommt umhin, sich mit dem gegenwärtigen Konflikt zu beschäftigen.

In diesem Zusammenhang sei gesagt, daß selbst unter den derzeit schwierigen Bedingungen Pilgerreisen ohne weiteres möglich sind, sofern sie mit der gebotenen Vorsicht und unter kundiger Führung durchgeführt werden. Dabei kommt es darauf an, Möglichkeiten zur Lösung der vorhandenen Schwierigkeiten zu finden. Je mehr die Christen aus aller Welt vor einem Besuch zurückschrecken, desto größer wird die Angst der Christen vor Ort, in ihrer Heimat zu bleiben. Dazu sei anzumerken, daß in der

Tradition religiöse Pilger oftmals physische Unbequemlichkeiten und Risiken auf sich genommen haben.

Pilgerreisen können auch für die im folgenden dritten Absatz beschriebenen Partnerschaften förderlich sein.

(3) Partnerschaften zwischen Gemeinden und Diözesen

Wir ermutigen ausländische Gemeinden und Diözesen sowie andere Institutionen, Beziehungen zu Gemeinden und Diözesen im Heiligen Land aufzubauen. Daraus lassen sich feste Bande knüpfen, die beide Partner bereichern werden. Das Beten füreinander, die Teilnahme an Gottesdiensten und das Erleben anderer Kulturen kann die Christen ein Stück näher an die Realität unseres gemeinsamen Glaubens heranführen.

(4) Dienst an palästinensischen Gemeinschaften im Ausland

Wir kennen den Schmerz, der den christlichen Familien im Heiligen Land durch die Wirtschaftskrise zugefügt wurde. Während unserer Begegnung wurde darüber berichtet, wie durch die Enteignung von Land, die Einschränkung der Reisefreiheit, die Isolierung von Städten und durch Strafabgaben vielen Menschen systematisch die Lebensgrundlage entzogen wurde. Viele mußten aufgrund dieser Maßnahmen auswandern, um ihr wirtschaftliches Überleben zu sichern.

Die Auswanderung fordert von den Menschen große Opfer. Den Zurückgebliebenen wird die lebenswichtige Unterstützung und Hilfe ihrer Familien genommen. Die zahlreichen im Exil lebenden Christen benötigen dringend seelsorgerische Betreuung. Deshalb bitten wir die Diözesen und nationalen Bischofskonferenzen, die Bedürfnisse der im Ausland lebenden palästinensischen Gemeinschaften zu ermitteln und ihnen angemessene Pastoraldienste anzubieten, beispielsweise jährliche Gebetstage oder besondere Meßfeiern. Die *Holy Land Christian Ecumenical Foundation* ist diesbezüglich eine erste Anlaufstelle, da sie gezielt die Aufgabe hat, zwischen den im Ausland lebenden Palästinensern und ihrem Heimatland eine Verbindung herzustellen.

(5) Unterstützung von Gruppen, die mit der christlichen Gemeinschaft zusammenarbeiten

Unsere Hochachtung gilt den vielen Menschen, die sich durch praktische Hilfe mit den Völkern im Heiligen Land solidarisch zeigen. Wir rufen Gemeinden, Diözesen und Bischofskonferenzen dazu auf, die Aktivitäten solcher Gruppen – dazu gehören die *Ritter vom Heiligen Grab, Caritas Internationalis, Catholic Near-East Welfare Association, Holy Land Christian Ecumenical Association*, die katholischen Hilfsdienste und viele andere – bekannt zu machen und zu noch größerer Unterstützung ihrer Arbeit, ihres Engagements und ihrer Friedensbemühungen aufzufordern.

FÜRSPRACHE

(6) Katholische Medien: Bewußtseinsbildung

Beide Völker in der Region leiden unter der extremen Gewalt, die sie sich gegenseitig zufügen. Während die internationalen Medien unentwegt diese Gewalt in den Vordergrund stellen, bleiben die täglichen Ungerechtigkeiten, die die Palästinenser erleiden, von der Weltöffentlichkeit weitgehend unbemerkt.

Frieden läßt sich im Heiligen Land nur durch eine gerechte Lösung erreichen, was wiederum voraussetzt, daß die volle Wahrheit ans Licht kommt. Die Öffentlichkeit muß systematisch über die Ereignisse informiert werden. Wir rufen besonders die katholischen Medien auf lokaler und nationaler Ebene dazu auf, der schwierigen Situation der palästinensischen Christen noch größere Aufmerksamkeit zu schenken, beispielsweise in Form eines regelmäßig erscheinenden „Briefes aus Palästina“, durch die größere Verbreitung der Informationen, die im Namen der Versammlung der Katholischen Ordinarien im Heiligen Land bereitgestellt werden, sowie durch Vortragsreisen und Medienauftritte der Mitglieder der Versammlung oder ihrer Vertreter.

Wir möchten ferner auf den Schulungsbedarf der Mitarbeiter im Medienbereich der Kirche im Heiligen Land hinweisen. Wenn finanzielle Mittel zur Verfügung gestellt werden, kann eine entsprechende Stelle eingerichtet werden.

(7) Wissenschaftliche Untersuchung der Probleme der Christen

Um ein breiteres Bewußtsein bei den Außenstehenden zu fördern und wirksame Förderprogramme zu ermöglichen, ist es dringend notwendig, die Schwierigkeiten und Möglichkeiten der Menschen im Heiligen Land eingehender zu untersuchen, insbesondere ihre sozialen, politischen und wirtschaftlichen Probleme. Die Ortskirche muß die Möglichkeit haben, der Welt ihre eigene Notlage zu schildern. Ein Weg, diesem Erfordernis gerecht zu werden, wäre die Schaffung von Forschungskapazitäten, damit die Christen in der Region kreative Lösungen für ihre Situation entwickeln können. Die Versammlung wird in einer Studie mögliche Formen dieser Forschungskapazitäten vorstellen. Unabhängig davon, welche Strukturen empfohlen werden, müßte es sich in jedem Fall um eine ökumenische Initiative handeln, die der Wahrheit und Objektivität verpflichtet ist.

(8) Bewußtseinsförderung in Schulen im Ausland

Wir empfehlen, daß sowohl katholische als auch andere Schulen und Bildungseinrichtungen ihre Lehrpläne für den Religionsunterricht dahingehend überprüfen, ob der gegenwärtigen Misere und der Geschichte der christlichen Gemeinschaften im Heiligen Land mehr Aufmerksamkeit geschenkt werden muß und wie ihr Leben, ihre Traditionen und Bräuche dargestellt oder gar ignoriert werden.

(9) Regelmäßige Kontakte zwischen Bischofskonferenzen und Politikern

In unserer Botschaft an die Christen im Heiligen Land und über sie dann auch an alle Völker in der Region sprechen wir die Gewalt und das Leid an, die dem palästinensischen Volk nach wie vor zugefügt werden. Wir sehen auch das Leid, das vielen Israelis durch die Gewalt angetan wird. Der einzige Weg, der aus der Gewalt herausführt, ist der Dialog, eine Versöhnung in Gerechtigkeit. Die Hauptursache für die gegenwärtige Ungerechtigkeit ist der Besatzungszustand, der beendet werden muß. Um die Suche nach einer gerechten Lösung des Konfliktes voranzutreiben, muß die Kirche ihren Dialog mit den politischen Akteuren ausbauen. Daher schlagen wir vor, daß die entsprechenden Organe der nationalen Bischofskonferenzen und gegebenenfalls die regionalen bischöflichen Gremien regelmäßige Kontakte zu ihren jeweiligen Regierungen, sowie zu offiziellen Vertretern der palästinensischen Autonomiebehörde und zur israelischen Regierung herstellen. Diese Kontakte werden ergänzt durch unsere eigenen Gespräche mit dem Heiligen Stuhl und die entschiedene und konsequente Haltung des Heiligen Vaters, Gewalt als Mittel zur Konfliktlösung abzulehnen. Bereichert werden müssen sie ferner durch unsere Beziehungen zu den anderen Kirchen im Heiligen Land und zu anderen Religionen.

FINANZIELLE UND INSTITUTIONELLE HILFEN

(10) Unterstützung für Schulen

Der folgende Vorschlag hat für die Versammlung und die Arbeitsgruppe die höchste Priorität. Die christlichen Gemeinschaften im Heiligen Land legen großen Wert auf die bestmögliche Erziehung ihrer Kinder. Nach der „Zweiten Intifada“ stehen die Schulen der Region wegen der derzeit herrschenden politischen Umstände und der negativen wirtschaftlichen Folgen trotz der engagierten Arbeit von Lehrern und Eltern bedauerlicherweise vor dem finanziellen Ruin. Zusätzlich zu Maßnahmen wie der Bereitstellung von Unterrichtsmaterialien und der Förderung von Lehreraustauschprogrammen sollten die Bischofskonferenzen dringendst prüfen, welchen Bedarf die Schulen in kirchlicher Trägerschaft im Heiligen Land an finanzieller Soforthilfe haben. Einige Instrumente zur Unterstützung der Schulen (wie etwa Patenschaften für Kinder oder das Päpstliche Missionswerk der Kinder) sind vielversprechend. Die Bischofskonferenzen sollten vielleicht aber auch andere potentielle Förderer ansprechen, denn langfristig könnte der Bedarf mit Hilfe von Stiftungen gedeckt werden. Allerdings dauert es seine Zeit, bis solche Instrumente zum Tragen kommen, während mit dringend benötigter Soforthilfe zunächst eine Schließung der Schulen verhindert werden muß. Die Versammlung wird zweckdienliche Unterlagen über die katholischen Schulen im Heiligen Land und über deren Gesamtbedarf bereitstellen.

(11) Kollekten

Die Katholiken haben einen großzügigen Beitrag zur Erhaltung der Heiligen Stätten und des Erbes im Heiligen Land und zur Unterstützung der pastoralen Arbeit geleistet. Dennoch müssen die lebendigen Gemeinschaften, ohne die das Heilige Land zum Museum würde, weiterhin dringend unterstützt werden. Alle hier vorgeschlagenen Maßnahmen erfordern finanzielle Mittel. Wir sind uns bewußt, welcher Druck auf vielen Katholiken und auch auf den Werken der Bischofskonferenzen lastet, der es für viele Konferenzen schwierig macht, langfristige Zusagen zu geben. Dennoch halten wir es für dringend erforderlich, daß die Bischofskonferenzen versuchen, Wege zu finden, wie sie

entweder die Einnahmen aus den jetzigen Kollekten für die Heiligen Stätten erhöhen. Da die Kollekte zwischen der Kustodie der Franziskaner und der Kongregation des Heiligen Stuhls für die Ostkirchen aufgeteilt wird, würde die Ortskirche durch eine Erhöhung in allen Bereichen mehr Mittel erhalten. Wenn diese Erhöhung aber schon Karfreitag 2002 wirksam werden soll, ist dringendes Handeln geboten.

oder auf einem anderen, jeweils geeigneten Wege, Mittel beschaffen, da jede Konferenz diese Mittel nach eigenem Ermessen verteilen kann. Wie bei der ersten Alternative ist auch hier eine rasche Umsetzung notwendig.

Wir glauben, daß die Vorbedingung für mehr Großzügigkeit seitens der Weltkirche ein stärkeres Bewußtsein für die Situation der Ortskirche und für den Mut und die Authentizität ihres Zeugnisses ist.

(12) Stärkung der Koordinationsmöglichkeiten der Gruppe

In Anbetracht der Einzigartigkeit des Heiligen Landes und des Ernstes der aktuellen Situation der Christen dort empfehlen wir den Bischofskonferenzen und ihren regionalen Zusammenschlüssen wie CCEE und COMECE, die Arbeit der Koordinationsgruppe auszuweiten und die derzeit geringe Zahl der Mitarbeiter zu erhöhen. Beispielsweise könnten die Bischofskonferenzen Mitarbeiter benennen und ihnen ausreichend Zeit zur Verfügung stellen, damit sie sich konsequent mit dieser Frage befassen können. Sie sollten ferner dafür sorgen, daß der Fürsprache und Solidarität für das Heilige Land in der Arbeit und den Zielen der nationalen Bischofskonferenzen höhere Priorität eingeräumt wird.

Jerusalem, 24. Januar 2002

7.

Achtzig Thesen für ein neues Friedenslager

Ein Entwurf von Gush Shalom

1 Der Friedensprozeß ist zusammengebrochen – und hat einen großen Teil des israelischen Friedenslager mit sich gerissen.

2 Vorübergehende zufällige Umstände wie persönliche oder parteipolitische Querelen, Versäumnisse der Führung, politischer Egoismus, interne und globale politische Entwicklungen sind nur wie Schaum auf den Wellen. So wichtig sie sein mögen, so können sie den totalen Zusammenbruch nicht hinreichend erklären.

3 Die wahre Erklärung kann nur unter der Oberfläche gefunden werden, an den Wurzeln des historischen Konflikts zwischen den beiden Völkern.

4 Der Madrid-Oslo-Prozeß scheiterte, weil beide Seiten versuchten, Ziele zu erreichen, die nicht miteinander in Einklang gebracht werden konnten.

5 Die Ziele jeder der beiden Seiten werden von ihren nationalen Grundinteressen her bestimmt, die von ihrer historischen Geschichtsauffassung, von ihren verschiedenen Ansichten über den 120 Jahre andauernden Konflikt geformt werden. Die nationalisraelische Geschichtsversion und die nationalpalästinensische Version derselben Geschichte sind im Ganzen wie im Detail gesehen völlig gegensätzlich.

6 Die Unterhändler und die Führung auf israelischer Seite verhandelten in völliger Unkenntnis der national-palästinensischen Geschichtsauffassung. Selbst wenn sie ernsthaft guten Willens waren, eine Lösung zu erreichen, waren ihre Bemühungen zum Scheitern verurteilt, da sie die nationalen Wünsche,

Traumata, Befürchtungen und Hoffnungen des palästinensischen Volkes nicht verstehen konnten. Und obwohl es keine Symmetrie zwischen den beiden Seiten gibt, war die palästinensische Haltung ähnlich.

7 Die Lösung eines so lange währenden historischen Konfliktes ist nur dann möglich, wenn jede Seite in der Lage ist, die nationale geistige Welt der andern Seite zu verstehen, und wenn sie bereit ist, ihr als gleichberechtigter zu begegnen. Eine unsensible, herablassende, anmaßende Haltung schließt jede Möglichkeit einer einvernehmlichen Lösung aus.

8 Die Regierung von Barak, in die so viel Hoffnung gesetzt worden war, war genau von dieser Haltung geprägt. Daher kam es zu der enormen Kluft zwischen anfänglichen Versprechen und den verhängnisvollen Ergebnissen.

9 Ein wichtiger Teil des alten Friedenslagers (auch die „Zionistische Linke" genannt oder die „vernünftige Öffentlichkeit") ist ähnlich geprägt und ist darum mit der Regierung, die sie unterstützte, zusammengebrochen.

10 Deshalb wäre die wichtigste Aufgabe eines neuen Friedenslagers, die falschen Mythen und die einseitige Sicht des Konfliktes aufzugeben. Das bedeutet nicht, daß die israelische Geschichtsauffassung automatisch zu verwerfen und die palästinensische, ohne sie zu hinterfragen, zu akzeptieren wäre. Doch es erfordert, die Position des anderen im historischen Konflikt mit offenem Sinn anzuhören und zu verstehen, um die Kluft zwischen beiden nationalen Geschichtsauffassungen zu überbrücken.

11 Jeder andere Weg würde zu einer endlosen Fortsetzung des Konfliktes mit Perioden scheinbarer Ruhe und scheinbarer Versöhnung führen, doch häufig unterbrochen von Ausbrüchen gewalttätiger, feindseliger Aktionen zwischen den beiden Völkern und zwischen Israel und der arabischen Welt. Wenn man das Tempo der Entwicklung von Massenvernichtungswaffen in Betracht zieht, können weitere Runden der Auseinandersetzungen zur Zerstörung aller Konfliktparteien führen.

Die Wurzel des Konflikts

12 Der israelisch-palästinensische Konflikt ist die Fortsetzung des historischen Zusammenpralls zwischen der zionistischen Bewegung und dem palästinensisch-arabischen Volke, ein Zusammenprall, der am Ende des 19. Jahrhundert begann und noch immer kein Ende gefunden hat.

13 Die zionistische Bewegung war im wesentlichen eine jüdische Reaktion auf die nationalen Bewegungen in Europa, die alle den Juden gegenüber feindlich gesinnt waren. Nachdem sie von den europäischen Nationen abgelehnt worden waren, entschieden einige Juden, sich selbst als Nation zu konstituieren und, nach dem neuen europäischen Modell, ihren eigenen Nationalstaat zu gründen, in dem sie Herr über ihr eigenes Schicksal sein könnten. Das Prinzip der Trennung, das die Basis der zionistischen Idee bildet, hatte später weitreichende Folgen. Das grundlegende zionistische Dogma, wonach eine Minorität, nach europäischem Modell, nicht in einem national homogenen Staat existieren könne, führte später zur praktischen Ausgrenzung der nationalen Minderheit im zionistischen Staat, der fünfzig Jahre später Wirklichkeit wurde.

14 Traditionelle und religiöse Gründe brachten die zionistische Bewegung nach Palästina (Hebräisch: Erez Israel) und es wurde entschieden, in diesem Land einen jüdischen Staat zu gründen. Die Losung lautete: „Ein Land ohne Volk für ein Volk ohne Land.“ Diese Losung wurde nicht nur aus Unkenntnis geprägt, sondern auch aufgrund der allgemeinen Arroganz gegenüber nicht-europäischen Völkern, die zu jener Zeit in Europa vorherrschte.

15 Palästina war nicht leer – weder zum Ende des 19. Jahrhunderts noch zu irgendeiner anderen Zeit. Zu jener Zeit lebte eine halbe Million Menschen in Palästina, 90 % davon waren Araber. Diese Bevölkerung war natürlich gegen das Eindringen eines anderen Volkes in ihr Land.

16 Die arabische Nationalbewegung entstand fast gleichzeitig wie die zionistische Bewegung, anfänglich um gegen das türkisch-osmanische Reich und nach dessen Zerstörung am Ende

des Ersten Weltkrieges gegen die Kolonialmächte zu kämpfen. Eine eigene arabisch-palästinensische Nationalbewegung entwickelte sich im Land, nachdem die Briten einen separaten Staat gegründet hatten, den sie Palästina nannten, und infolge des Kampfes gegen das Eindringen der Zionisten.

17 Seit Ende des Ersten Weltkrieges gab es eine zunehmende Auseinandersetzung zwischen den beiden Nationalbewegungen, der jüdisch-zionistischen und der palästinensisch-arabischen, und beide trachteten danach, im selben Land ihr Ziel zu verfolgen – das den andern völlig außer acht ließ. Diese Situation blieb unverändert bis zum heutigen Tag.

18 Als in Europa sich die Verfolgung der Juden intensivierte und die Länder der Welt ihre Tore für jüdische Einwanderer, die dem Inferno zu entkommen versuchten, schlossen, gewann die zionistische Bewegung an Stärke. Der Holocaust, dem sechs Millionen Juden zum Opfer fielen, verlieh der zionistischen Forderung, nämlich nach Errichtung des Staates Israel, moralische und politische Macht.

19 Das palästinensische Volk, das die Zunahme der jüdischen Bevölkerung in seinem Land beobachtete, konnte nicht einsehen, warum von ihm der Preis für die von Europäern an Juden begangenen Verbrechen gefordert wurde. Heftig wehrte es sich gegen weitere jüdische Einwanderung und gegen weiteren Landerwerb durch Juden.

20 Die totale Leugnung, durch beide Völker, der nationalen Existenz des anderen führte unvermeidlich zu einer falschen und verzerrten Wahrnehmung, die im kollektiven Bewußtsein beider tiefe Wurzeln schlug. Diese Wahrnehmung beeinflußt ihre Haltung zueinander bis auf den heutigen Tag.

21 Die Araber glaubten, daß die Juden vom westlichen Imperialismus in dieses Land verpflanzt worden seien, um die arabische Welt zu unterwerfen und seine Reichtümer zu kontrollieren. Diese Überzeugung wurde durch die Tatsache bestärkt, daß die zionistische Bewegung von Anfang an eine Allianz mit wenigstens einer westlichen Macht anstrebte (Deutschland,

Großbritannien, Frankreich, die USA), um den Widerstand der Araber zu brechen. Das Ergebnis war eine praktische Zusammenarbeit und Interessengemeinschaft zwischen dem zionistischen Projekt und imperialistischen und kolonialen Kräften, die sich gegen die arabische Nationalbewegung richteten.

22 Die Juden dagegen waren davon überzeugt, der arabische Widerstand gegenüber dem zionistischen Unternehmen – um die Juden aus den Flammen Europas zu retten – wäre die Folge der mörderischen Natur der Araber und des Islam. In ihren Augen waren die arabischen Kämpfer „Banditen" und die Aufstände jener Zeit wurden Ausschreitungen genannt. (Tatsächlich war der extremste zionistische Führer, Vladimir Zeev Jabotinsky, in den zwanziger Jahren mit seiner Erkenntnis fast allein, daß der arabische Widerstand gegen das zionistische Vorhaben unvermeidbar und normal und so gesehen sogar eine rechtmäßige Reaktion der „Eingeborenen" war, die ihr Land gegen fremde Eindringlinge verteidigten. Jabotinsky erkannte auch die Tatsache an, daß die Araber im Land eine eigene nationale Entität waren und verspottete Versuche, die Führer anderer arabischer Länder zu bestechen, um dem palästinensisch-arabischen Widerstand ein Ende zu setzen. Jabotinskys Schlußfolgerung war dann aber, eine „Eiserne Wand" gegen die Araber zu errichten und ihren Widerstand mit Gewalt zu brechen.)

23 Dieser totale Widerspruch in der Auffassung der Tatsachen hatte seine Wirkung auf alle Aspekte dieses Konfliktes. Zum Beispiel interpretierten die Juden ihren Kampf für „Jüdische Arbeit" als einen fortschrittlichen sozialen Versuch, aus einem Volk von Händlern und Spekulanten eines von Arbeitern und Bauern zumachen. Die Araber dagegen sahen darin einen verbrecherischen Versuch der Zionisten, sie zu enteignen, sie vom Arbeitsmarkt zu verdrängen und auf ihrem Land eine araberfreie separate jüdische Wirtschaft zu schaffen.

24 Die Zionisten waren stolz auf „die Erlösung des Landes". Sie hatten es zum vollen Wert erworben mit dem Geld, das Juden aus aller Welt gesammelt hatten. Die „Olim" (die neuen Einwanderer, wörtlich Pilger), die in ihrem früheren Leben Intellektuelle und Kaufleute waren, verdienten jetzt ihren Lebensun-

terhalt im „Schweiße ihres Angesichtes". Sie glaubten, daß sie all das mit friedlichen Mitteln erreicht hätten und ohne einen einzigen Araber zu enteignen. Für die Araber jedoch war es eine grausame Geschichte von Enteignung und Vertreibung. Die Juden erwarben Land von abwesenden arabischen Großgrundbesitzern und vertrieben gewaltsam dann die Fellachen, die seit Generationen auf und von diesem Land gelebt hatten. Zunächst ließen sich die Zionisten bei diesem Tun von der türkischen, dann von der britischen Polizei unterstützen. Die Araber mußten verzweifelt zusehen, wie ihnen ihr Boden weggenommen wurde.

25 Gegen die zionistische Behauptung, erfolgreich „die Wüste in einen Garten verwandelt" zu haben, zitierten die Araber Zeugnisse europäischer Reisender aus mehreren Jahrhunderten. Sie berichteten von einem Palästina, das besiedelt war und ein blühendes Land wie seine Nachbarländer.

Unabhängigkeit und Katastrophe

26 Der Kontrast der beiden nationalen Geschichtsauffassungen gipfelte im Krieg von 1948. Von den Juden wurde dieser „Unabhängigkeitskrieg" oder gar „Befreiungskrieg" genannt, von den Arabern „al-Nakba", die Katastrophe.

27 Mit der Zunahme des Konflikts in der Region und unter der Nachwirkung des Holocaust entschieden die Vereinten Nationen, das Land in zwei Staaten zu teilen, einen jüdischen und einen arabischen. Jerusalem und seine Umgebung sollte einen Sonderstatus erhalten unter internationaler Aufsicht. Den Juden waren 55% des Landes einschließlich des dünn besiedelten Negev zugeteilt.

28 Die zionistische Bewegung akzeptierte den Teilungsplan, davon überzeugt, daß es das Wichtigste war, eine feste Basis für jüdische Souveränität zu schaffen. In geschlossenen Sitzungen hat David Ben Gurion nie seine Absicht verhehlt, bei der nächsten Gelegenheit das den Juden gegebene Land zu erweitern. Deshalb definiert Israels Unabhängigkeitserklärung nicht Israels Grenzen und der Staat hat bis heute keine festgelegten Grenzen.

29 Die arabische Welt akzeptierte den Teilungsplan nicht und betrachtete ihn als einen nichtswürdigen Versuch der Vereinten Nationen (die damals ein Klub von westlichen und kommunistischen Staaten war), ein Land zu teilen, das ihnen nicht gehörte. Da man den größten Teil des Landes der jüdischen Minderheit übergab, die nur ein Drittel der Bevölkerung ausmachte, machte die Sache in ihren Augen noch weniger entschuldbar.

30 Der Krieg, der nach dem Teilungsplan von den Arabern begonnen wurde, war zwangsläufig ein „ethnischer" Krieg, eine Art von Krieg, in dem jede Seite versucht, so viel Land wie möglich zu erobern und die Bevölkerung der Gegenseite zu vertreiben. Eine solche Kampagne (die später „ethnische Säuberung" genannt wurde) ist immer mit Vertreibung und Greueltaten verbunden.

31 Der Krieg von 1948 war ein unmittelbare Fortsetzung des zionistisch-arabischen Konfliktes, bei der jede Seite versuchte, ihre Ziele zu erreichen. Die Juden wollten einen homogenen Nationalstaat errichten, der so groß wie möglich sein sollte. Die Araber wollten die zionistisch- jüdische Gemeinschaft vernichten, die sich in Palästina festgesetzt hatte.

32 Beide Seiten praktizierten ethnische Säuberung als integralen Bestandteil ihres Kampfes. Da blieben nicht viele Araber in den von Juden eroberten Gebieten, und kein Jude blieb in den von Arabern eroberten Gebieten. Da jedoch die von Juden eroberten Gebiete bei weitem größer waren als die von Arabern eroberten, war das Ergebnis keineswegs ausgeglichen. (Die Idee eines Bevölkerungsaustausches und „Transfers" war in den zionistischen Organisationen schon in den dreißiger Jahren aufgekommen. Tatsächlich bedeutet sie die Vertreibung der arabischen Bevölkerung aus dem Land. Auf der andern Seite waren viele Araber der Meinung, daß die Zionisten dorthin zurückgehen sollten, wo sie hergekommen waren.)

33 Der Mythos von „den Wenigen gegen die Vielen" wurde von den Juden gepflegt, um die Lage der jüdischen Gemeinschaft mit 650.000 Menschen gegen die gesamte arabische Welt von über hundert Millionen zu beschreiben. Die

jüdische Gemeinschaft verlor im Krieg ein Prozent ihrer Mitglieder. Die Araber malten ein völlig anderes Bild: Eine gespaltene arabische Bevölkerung ohne nennenswerte nationale Führung, ohne einheitliches Kommando über ihre schwachen Streitkräfte, mit wenigen armseligen, meistens veralteten Waffen stand einer außerordentlich gut organisierten jüdischen Gemeinschaft gegenüber, die im Gebrauch ihrer Waffen bestens ausgebildet war. Die benachbarten arabischen Staaten verrieten die Palästinenser und als sie schließlich ihre Armeen entsandten, operierten sie in Konkurrenz miteinander, unkoordiniert und ohne einen gemeinsamen Plan. Vom gesellschaftlichen und militärischen Standpunkt aus war die Kampfkraft der Israelis der der arabischen Staaten, die sich gerade erst von der kolonialen Epoche erholten, weit überlegen.

34 Entsprechend dem Plan der Vereinigten Nationen sollte der Anteil der arabischen Bevölkerung im jüdischen Staat etwa 40% betragen. Während des Krieges dehnte der jüdische Staat seine Grenzen aus, bis er 78% des Landes umfaßte. Dieses Gebiet war von fast allen Arabern verlassen worden. Die arabische Bevölkerung von Nazareth und ein paar Dörfern in Galiläa blieb fast zufällig zurück. Die Dörfer im sogenannten Dreieck waren von König Abdullah Israel als Teil eines Deals vermacht worden und konnte deshalb nicht evakuiert werden.

35 Im Krieg wurden etwa 750.000 Palästinenser entwurzelt. Einige flohen aus Angst vor der Kämpfen, wie es Zivilbevölkerung in jedem Krieg tut. Einige wurden durch Terrorakte wie das Massaker von Deir Yassin verscheucht. Andere wurden im Laufe der ethnischen Säuberung systematisch vertrieben.

36 Nicht weniger bedeutsam als die Vertreibung ist die Tatsache, daß es den Flüchtlingen nicht erlaubt war, nach den Kämpfen in ihre Häuser zurückzukehren, anders als es nach einem konventionellen Krieg üblich ist. Im Gegenteil, das neue Israel sah das Verschwinden der Araber als einen großen Segen an und beeilte sich, 450 Dörfer völlig zu zerstören. Auf den Ruinen wurden neue jüdische Ortschaften gebaut, denen neue hebräische Namen gegeben wurden. Die verlassenen Häuser in den Städten wurden den neuen Immigranten überlassen.

„Ein jüdischer Staat“

37 Die Unterzeichnung der Waffenstillstandsvereinbarungen am Ende des 1948er-Krieges brachte kein Ende des historischen Konfliktes. Im Gegenteil, dieser wurde auf eine neue und intensivere Ebene gehoben.

38 Der neue Staat Israel widmete seine frühen Jahre der Konsolidierung seines homogenen nationalen Charakters als „jüdischer Staat“. Große Teile des Bodens wurden enteignet – von den „Abwesenden“ (den Flüchtlingen) und von denen, die offiziell als „abwesend Anwesende“ bezeichnet wurden. (Araber, die zwar physisch in Israel geblieben waren, die aber nicht Bürger des Landes werden durften). Enteignet wurde sogar der größte Teil des Bodens der arabischen Bürger Israels. Auf diesen Ländereien wurde ein dichtes Netzwerk jüdischer Siedlungen geschaffen. Jüdische Immigranten wurden eingeladen oder sogar veranlaßt, in Massen zu kommen. Dieser große Aufwand vergrößerte die Macht des Staates in nur wenigen Jahren um ein Mehrfaches.

39 Zur selben Zeit führte der Staat nachdrücklich eine Politik zur Auslöschung der palästinensischen Gemeinschaft als eine nationale Entität. Mit israelischer Hilfe übernahm der transjordanische König Abdullah die Kontrolle über das Westjordanland, und seitdem gibt es praktisch eine israelische militärische Garantie für die Existenz des Königreichs Jordanien.

40 Der Hauptgrund für die Zusammenarbeit zwischen Israel und dem Hashemitischen Königreich, die über drei Generationen andauert, war die Verhinderung des Entstehens eines unabhängigen arabisch-palästinensischen Staates, der – damals wie heute – als ein wesentliches Hindernis für die Realisierung der zionistischen Ziele betrachtet wurde und wird.

41 Gegen Ende der fünfziger Jahre ereignete sich auf palästinensischer Seite ein historischer Wandel, als Yassir Arafat und seine Mitstreiter die Fatah-Bewegung gründeten, die die palästinensische Befreiungsbewegung aus der Vormundschaft der arabischen Regierungen führen sollte. Es war kein Zufall, daß diese Bewegung nach dem Scheitern des großen panarabischen

Konzepts entstand, dessen bekanntester Vertreter Gamal Abd el-Nasser war. Bis zu diesem Zeitpunkt hatten viele Palästinenser gehofft, in eine vereinigte all-arabische Nation aufgenommen zu werden. Als diese Hoffnung dahinschwand, erwachte die eigene palästinensische Nationalidentität aufs neue.

42 Die Palästinensische Befreiungsorganisation (PLO) wurde von Gamal Abd el-Nasser geschaffen, um selbständige palästinensische Aktionen zu verhindern, die ihn in einen unerwünschten Krieg mit Israel hätte hineinziehen können. Die Organisation sollte die ägyptische Herrschaft über die Palästinenser sichern. Doch nach der arabischen Niederlage im 1967er-Krieg übernahm die von Yassir Arafat geführte Fatah die Kontrolle über die PLO, die seither die einzige Vertreterin des palästinensischen Volkes ist.

„Der Sechs-Tage-Krieg"

43 Der Juni-Krieg 1967 wird – wie jedes Ereignis der vergangenen 120 Jahre – von beiden Seiten in sehr verschiedener Weise gesehen. Nach israelischem Mythos war es ein verzweifelter Verteidigungskrieg, der dem Staat Israel wunderbarerweise eine Menge Land bescherte. Nach palästinensischem Mythos tappten die Ägypter, Syrer und Jordanier in eine von Israel gestellte Falle, um all das zu erbeuten, was von Palästina noch übrig war.

44 Viele Israelis glauben, daß der „Sechs-Tage-Krieg" die Wurzel allen Übels ist und daß erst zu diesem Zeitpunkt das friedliebende und fortschrittliche Israel sich in einen Eroberer und Besatzer verwandelte. Diese Überzeugung erlaubt den Israelis, die Idee der absoluten Unschuld des Zionismus und des Staates Israel bis zu diesem Zeitpunkt aufrecht zu erhalten und ihre alten Mythen zu bewahren. Diese Legende entspricht aber nicht den Tatsachen.

45 Der Krieg von 1967 war eine neue Phase des alten Kampfes zwischen den zwei Nationalbewegungen. Er änderte nichts am Wesentlichen. Er änderte nur die Umstände. Die wesentlichen

Ziele der zionistischen Bewegung, ein jüdischer Staat, Expansion und Besiedelung machten große Fortschritte. Die besonderen Umstände dieses Krieges machten eine umfassende „ethnische Säuberung“ unmöglich. Aber mehrere Hunderttausende Palästinenser wurden trotzdem vertrieben.

46 Israel waren im Teilungsplan von 1947 55% des Landes (Palästina) zugesprochen worden; zusätzliche 23% wurden im 1948er-Krieg erobert und nun noch die verbliebenen 22% – jenseits der „Grünen Linie“ (der Waffenstillstandslinie von vor 1967). So wurde 1967 – unbeabsichtigt – das palästinensische Volk unter Israels Herrschaft wieder vereinigt, einschließlich eines Teils der Flüchtlinge.

47 Kaum war der Krieg beendet, begann die Siedlungsbewegung. Fast jede politische Gruppe des Staates beteiligte sich daran – von der messianisch-nationalistischen „Gush Emunin“ bis zu den „Linken“ der Vereinigten Kibbuz-Bewegung. Die ersten Siedler erhielten breite Unterstützung von seiten der meisten Politiker, von linken und rechten, von Yigal Alon (jüdische Siedlung in Hebron) bis Shimon Peres (Kdumin-Siedlung).

48 Die Tatsache, daß alle Regierungen Israels – wenn auch in unterschiedlichem Ausmaß – die Siedlungen hegten und pflegten, beweist, daß das Siedeln auf kein besonderes ideologisches Lager beschränkt ist und zur gesamten zionistischen Bewegung gehört. Der Eindruck, die Siedlungsbewegung sei von einer kleinen Minderheit geschaffen worden, ist illusorisch. Nur die ständige Unterstützung seitens aller Regierungsbehörden von 1967 bis heute konnte die gesetzgeberischen, die strategischen und die Haushalts-Infrastrukturen schaffen, die für so ein lange dauerndes und ausgedehntes Unternehmen erforderlich sind.

49 Die gesetzgeberische Infrastruktur enthält die irreführende Unterstellung, daß die Besatzungsmacht Eigentümerin des „regierungseigenen Bodens“ sei, obwohl es um die lebenswichtigen Landreserven der palästinensischen Bevölkerung geht. Es versteht sich von selbst, daß die Siedlungsbewegung gegen internationales Recht verstößt.

50 Der Streit zwischen den Anhängern von „Groß Israel" und denen des „Territorialen Kompromisses" ist in seinem Wesen nach ein Streit über den Weg, auf dem das grundlegende zionistische Anliegen – ein homogener jüdischer Staat auf dem größtmöglichen Territorium – zu erreichen ist: Die Anhänger des „Kompromisses" betonen den demographischen Aspekt und wollen die Einbeziehung der palästinensischen Bevölkerung in den Staat verhindern. Die Anhänger eines „Groß Israel" betonen den geographischen Aspekt und meinen (öffentlich oder privat), daß es möglich sei, die nicht-jüdische Bevölkerung aus dem Lande zu vertreiben (das Schlüsselwort: „Transfer").

51 Der Generalstab der israelischen Armee spielte bei der Planung und beim Bau der Siedlungen eine bedeutende Rolle. Er zeichnete die Karte der Siedlungen (Ariel Sharon): Blöcke von Siedlungen und Umgehungsstraßen, der Länge und der Breite nach, so daß das Westjordanland und der Gazastreifen zerstükkelt sind und die Palästinenser in isolierten Enklaven eingesperrt werden, von denen jede von Siedlungen und der Besatzungsarmee umzingelt ist.

52 Die Palästinenser nutzten verschiedene Methoden des Widerstandes, hauptsächlich Überfälle von Jordanien und dem Libanon aus sowie Angriffe innerhalb Israels und überall in der Welt. Diese Aktionen werden von den Israelis als „terroristisch" bezeichnet, während die Palästinenser in ihnen den legitimen Widerstand einer Nation unter Besatzung sehen. Die Führung der PLO, geleitet von Yassir Arafat, wurde von den Israelis lange Zeit als eine terroristische Führung angesehen, aber nach und nach wurde sie international als die „einzig legitime Vertretung" des palästinensischen Volkes anerkannt.

53 Als den Palästinensern klar wurde, daß diese Aktionen die Siedlungsbewegung nicht beenden konnten, die ihnen allmählich das Land unter den Füßen wegzog, begannen sie Ende 1987 die Intifada – einen Volksaufstand aller Bevölkerungsgruppen. In dieser Intifada wurden 1500 Palästinenser getötet, unter ihnen Hunderte von Kindern, das Mehrfache der israelischen Verluste.

Der Friedensprozeß

54 Der Oktoberkrieg 1973 begann mit dem Überraschungssieg der ägyptischen und syrischen Truppen und endete in ihrer Niederlage. Er überzeugte Yassir Arafat und seine engsten Mitarbeiter, daß es keinen militärischen Weg gibt, um die palästinensischen Ziele zu erreichen. Er beschloß, den politischen Weg zu einem Abkommen mit Israel zu beschreiten, um wenigstens einen Teil der nationalen Ziele durch Verhandlungen zu verwirklichen.

55 Um dafür eine Grundlage zu schaffen, stellte Arafat zunächst Verbindungen mit israelischen Persönlichkeiten her, die Einfluß auf die öffentliche Meinung und auf die Regierungspolitik in Israel hatten. Seine Vertreter (Said Hamami und Issam Sartawi) trafen sich mit Persönlichkeiten des öffentlichen Lebens Israels, jenen Pionieren des Friedens, die 1975 den „Israelischen Rat für einen israelisch-palästinensischen Frieden" gründeten.

56 Diese Verbindungen und die wachsende Erschöpfung der Israelis durch die Intifada, der Rückzug Jordaniens aus dem Westjordanland, die Veränderung der internationalen Bedingungen (der Zusammenbruch des kommunistischen Blocks, der Golfkrieg) führten zur Madrider Konferenz und später zum Oslo-Abkommen.

Das Oslo-Abkommen

57 Das Oslo-Abkommen hat positive und negative Eigenschaften.

58 Auf der positiven Seite führte das Abkommen Israel zu seiner ersten offiziellen Anerkennung des palästinensischen Volkes und seiner nationalen Führung und führte die palästinensische Nationalbewegung zur Anerkennung der Existenz Israels. Im Hinblick darauf war das Abkommen (und der Briefwechsel, der ihm vorausging) von größter historischer Bedeutung.

59 Das Abkommen gab der palästinensischen Nationalbewegung eine territoriale Basis auf palästinensischem Boden, die Struktur eines „Staates im Werden“ und bewaffnete Kräfte – Tatsachen, die später eine bedeutende Rolle in dem fortgehenden palästinensischen Kampfe spielten. Für die Israelis öffnete das Abkommen die Tore zur arabischen Welt und beendete die palästinensischen Angriffe – solange das Abkommen wirksam war.

60 Der hauptsächliche Mangel des Abkommens war, daß beide Seiten hofften, ihre vollkommen gegensätzlichen Ziele zu erreichen. Die Palästinenser sahen es als ein zeitweiliges Abkommen an, das den Weg zur Beendigung der Besatzung und zur Gründung eines Palästina-Staates in allen besetzten Gebieten bereitete. Auf der andern Seite sahen die jeweiligen israelischen Regierungen in ihm den Weg, die Besatzung in großen Teilen des Westjordanlandes und des Gazastreifens aufrecht zu erhalten mit einer palästinensischen Selbstregierung (self-government), die die Rolle einer Hilfsagentur für die Sicherheit Israels und der Siedlungen spielen sollte.

61 Darum stellt Oslo nicht den Beginn eines Prozesses zur Beendigung des Konfliktes dar, sondern eher eine neue Phase des Konfliktes.

62 Da die Erwartungen auf beiden Seiten so sehr von einander abwichen und jede völlig an die eigene nationale „Erzählung“ gebunden blieb, wurde jeder Teil des Abkommens verschieden interpretiert. Letzten Endes wurden viele Teile des Abkommens vor allem von Seiten Israels nicht umgesetzt (der dritte Rückzug, die vier sicheren Passagen zwischen dem Gazastreifen und dem Westjordanland u. a.).

63 Während der ganzen Periode des Oslo-Prozesses fuhr Israel mit der Ausdehnung der Siedlungen fort, indem es hauptsächlich unter verschiedenen Vorwänden neue gründete, die bestehenden vergrößerte, ein sorgfältig ausgearbeitetes Netz von Umgehungsstraßen baute, Land enteignete, Häuser zerstörte und Plantagen verwüstete. Die Palästinenser andrerseits nutzen die Zeit, ihre Kräfte innerhalb und außerhalb des Rahmens des Abkommens auszubauen. Tatsächlich ging der historische Kon-

flikt unter dem Vorwand der Verhandlungen und des „Friedensprozesses" – der stellvertretend für tatsächlichen Frieden stand – unvermindert weiter.

64 Im Gegensatz zu seinem Image, das sich nach seiner Ermordung noch verstärkte, hielt Yitzhak Rabin den Konflikt „auf dem Boden" am Leben, während er gleichzeitig den politischen Prozeß managte, Frieden zu israelischen Bedingungen zu erlangen. Da er ein Anhänger der zionistischen „Erzählung" war und ihre Mythologie akzeptierte, litt er an einer kognitiven Dissonanz, als seine Hoffnungen für Frieden mit seiner Vorstellungswelt zusammenprallten. Es hat anscheinend begonnen, einige Teile der palästinensischen Geschichtsdeutung wahrzunehmen – aber das war erst kurz vor seinem Lebensende.

65 Der Fall Shimon Peres ist viel ernster. Er schuf sich selbst ein internationales Image als Friedensmacher und richtete seine Redeweise derart aus, daß sie dieses Image reflektiert („Der Neue Nahe Osten"), während er im wesentlichen ein traditioneller zionistischer Falke blieb. Dies wurde während der kurzen und gewalttätigen Periode deutlich, als er nach der Ermordung Rabins als Ministerpräsident fungierte, und noch einmal, als er kürzlich die Rolle des Sprechers und Verteidigers von Sharon annahm.

66 Am deutlichsten wurde das israelische Dilemma, als Ehud Barak zur Macht kam und vollkommen von seiner Fähigkeit überzeugt war, daß er den Gordischen Knoten des historischen Konfliktes mit einem dramatischen Schlag beenden könne – in der Art Alexanders des Großen. Barak näherte sich dem Problem mit völliger Ignoranz gegenüber der palästinensischen Geschichtsdeutung und ohne Achtung vor derer Bedeutung. Er präsentierte seine Vorschläge als Ultimaten und war erschrocken und wütend, daß sie zurückgewiesen wurden.

67 In seinen eigenen Augen und auch denen eines Großteils der Israelis hatte Barak „jeden Stein umgedreht" und den Palästinensern „großzügigere Angebote als jeder Ministerpräsident vor ihm" gemacht. Als Gegenleistung wollte er, daß die Palästinenser sie als „Ende des Konfliktes" akzeptieren. Die Palästinenser betrachteten dies als groteske Anmaßung, da Barak

von ihnen faktisch verlangte, ihre nationalen Grundanliegen aufzugeben, wie das Recht auf Rückkehr und die Souveränität über Ost-Jerusalem und den Tempelberg. Mehr noch, während Barak die Ansprüche auf Annexion von Land als eine Angelegenheit von kaum erwähnenswerten Prozenten („Siedlungsblöcke") darstellte, sollten nach Berechnungen der Palästinenser tatsächlich 20% Land jenseits der „Grünen Linie" annektiert werden.

68 Die Palästinenser hatten ihrer Ansicht nach schon den entscheidenden Kompromiß gemacht, indem sie bereit waren, ihren Staat jenseits der Grünen Linie aufzubauen – auf nur 22% ihrer historischen Heimat. Deshalb konnten sie nur kleinen Grenzkorrekturen mit Landaustausch zustimmen. Die traditionelle israelische Position dagegen ist, daß die Errungenschaften des 1948er-Krieges feststehende Fakten sind, an denen nicht gerüttelt werden darf, und daß ein Kompromiß sich daher nur um die verbleibenden 22% drehen kann.

69 Wie die meisten Begriffe und Vorstellungen hat auch das Wort „Konzession" für beide Seiten verschiedene Bedeutungen.. Die Palästinenser sind davon überzeugt, daß sie bereits 78% ihres Landes „konzediert" hätten, wenn sie sich mit nur 22% davon begnügen. Die Israelis glauben ein „Zugeständnis" zu machen, wenn sie damit einverstanden sind, den Palästinensern Teile von diesen 22% (Westjordanland und Gazastreifen) zu „geben".

70 Der Camp David-Gipfel im Sommer 2000, der Arafat gegen seinen Willen aufgedrängt wurde, war vorzeitig und spitzte die Probleme zu. Barak forderte – seine Forderungen wurden beim Gipfel als solche Clintons präsentiert –, die Palästinenser sollten den Konflikt als beendet erklären und auf das Rückkehrrecht und die Rückkehr selbst verzichten; sie sollten komplizierte Regelungen für Ost-Jerusalem und den Tempelberg, ohne Souveränität über beides, akzeptieren; sie sollten mit großen territorialen Annexionen im Westjordanland und im Gazastreifen einverstanden sein, desgleichen mit israelischer Militärpräsenz in weiteren großen Gebieten und mit der israelischen Kontrolle über die Grenzen, die den palästinensischen Staat vom Rest der Welt trennen. Kein palästinensischer Führer könnte jemals solch ein

Abkommen unterzeichnen. Und so endete der Gipfel mit einem toten Punkt, und die Karrieren von Clinton und Barak waren auch am Ende.

Die al-Aksa-Intifada

71 Der Zusammenbruch des Gipfels, das Verschwinden jeglicher Hoffnung für ein Abkommen zwischen den beiden Seiten und die bedingungslose Pro-Israel-Haltung der Amerikaner führte unvermeidlich zu einer neuen Runde von gewalttätigen Konfrontationen, die den Namen al-Aksa-Intifada bekamen. Für die Palästinenser ist dies ein gerechtfertigter nationaler Aufstand gegen die fortdauernde Besatzung, deren Ende nicht in Sicht ist, und die es ermöglicht, ihnen ständig und täglich ihr Land unter den Füßen wegzuziehen. Für die Israelis ist dies ein Ausbruch mörderischen Terrors. Für die Palästinenser erscheinen die Ausführenden dieser Akte Nationalhelden – für die Israelis gnadenlose Verbrecher, die liquidiert werden müssen.

72 Die offiziellen Medien in Israel sprechen inzwischen nicht mehr von „Siedlern", sondern von „Einwohnern"; ein Angriff auf sie ist demnach ein Verbrechen gegen Zivilisten. Die Palästinenser dagegen sehen in den Siedlern die vorderste Reihe eines gefährlichen Feindes, dessen Absicht es ist, sie ihres Land zu berauben, und der besiegt werden muß.

73 Ein Großteil des israelischen „Friedenslagers" brach während der al-Aksa-Intifada zusammen, und es stellt sich heraus, daß viele seiner Überzeugungen auf tönernen Füßen standen. Besonders nachdem Barak „jeden Stein umgedreht" und „großzügigere Angebote als jeder frühere Ministerpräsident" gemacht hatte, war die Reaktion der Palästinenser für diesen Teil des „Friedenslagers" unbegreiflich. Dieser hatte nämlich die zionistische „Erzählung" nie gründlich revidiert und nicht zur Kenntnis genommen, daß es auch eine palästinensische „Erzählung" gibt. So blieb ihm nur die Erklärung, daß die Palästinenser das israelische Friedenslager betrogen hätten, daß sie nie beabsichtigt hätten, Frieden zu schließen, und daß es ihre wahre Absicht sei, die Juden ins Meer zu werfen, wie die zionistische Rechte seit jeher behauptet.

74 Das Ergebnis war, daß die Trennlinie zwischen der zionistischen „Rechten" und „Linken" verschwand. Die Führer der Arbeitspartei traten in die Sharon-Regierung ein und wurden ihre wirksamsten Apologeten (Shimon Peres) und sogar die formelle linke Opposition (Yossi Sarid) beteiligte sich am Konsens. Dies beweist erneut, daß die zionistische Geschichtsdeutung der entscheidende Faktor ist, der alle Facetten des politischen Establishments in Israel eint und die Unterschiede zwischen Rehavam Zeevi und Avraham Burg, Yitzah Levi und Yossi Sarid unbedeutend werden läßt.

75 Es gibt einen spürbaren Rückgang der palästinensischen Bereitschaft, den Dialog mit den israelischen Friedenskräften wieder aufzunehmen; dies ist eine Folge der großen Enttäuschung über die „linke Regierung", die nach den Netanjahu-Jahren so viele Hoffnungen geweckt hatte, wie auch eine Folge der Tatsache, daß, mit Ausnahme der kleinen radikalen Friedensgruppen, von keiner israelischen Empörung über die brutalen Reaktionen der Besatzungskräfte zu hören war. Die Tendenz, die Reihen zu schließen, typisch für jede Nation in einem Befreiungskrieg, ermöglicht es den extremen nationalistischen und religiösen Kräften auf der palästinensischen Seite, sich gegen jede israelisch-palästinensische Zusammenarbeit zu stellen.

Ein neues Friedenslager

76 Der Zusammenbruch des alten Friedenslagers erfordert die Schaffung eines neuen israelischen Friedenslagers, das realistisch, zeitgemäß, wirksam und stark sein wird, das auf die israelische Öffentlichkeit Einfluß ausüben und eine umfassende Neubewertung der alten Axiome herbeiführen kann, um einen Wechsel im israelischen politischen System zu bewirken.

77 Dazu muß das neue Friedenslager die öffentliche Meinung zu einer mutigen Neubewertung der nationalen „Erzählung" und deren Befreiung von falschen Mythen führen. Es muß danach streben, die Geschichtsauffassungen der beiden Völker in einer gemeinsamen „Erzählung" zu vereinen, die frei von Fälschungen ist und von beiden Seiten akzeptiert werden kann.

78 Dabei muß es der israelische Öffentlichkeit auch vermitteln, daß, bei all den schönen und positiven Seiten des zionistischen Unternehmens, dem palästinensischen Volk ein furchtbares Unrecht angetan wurde. Dieses Unrecht, das seinen Höhepunkt während der „Nakba" erreichte, verpflichtet uns, Verantwortung zu übernehmen und den Schaden wieder gutzumachen, so weit wie dies nur möglich ist.

79 Mit einem neuen Verständnis der Vergangenheit und der Gegenwart muß das neue Friedenslager einen Friedensplan erarbeiten, der auf folgender Grundlage beruht:

a) Neben Israel wird ein unabhängiger und freier Staat Palästina gegründet.
b) Die „Grüne Linie" wird die Grenze zwischen den beiden Staaten. Mit Zustimmung beider Seiten ist ein begrenzter Gebietsaustausch möglich.
c) Die israelischen Siedlungen auf dem Territorium des Staates Palästina werden geräumt.
d) Die Grenze zwischen den beiden Staaten wird nach einer zwischen beiden Seiten vereinbarten Regelung für die Bewegung von Personen und Gütern offen sein.
e) Jerusalem wird die Hauptstadt beider Staaten – West-Jerusalem die Hauptstadt Israels und Ost-Jerusalem die Hauptstadt Palästinas. Der Staat Palästina wird die vollständige Souveränität in Ost-Jerusalem besitzen, einschließlich des Haram al-Sharif (Tempelberg). Der Staat Israel wird die volle Souveränität in West-Jerusalem besitzen, einschließlich der West-Mauer („Klagemauer") und des jüdischen Viertels. Beide Staaten werden ein Abkommen über die physische Einheit der Stadt auf Verwaltungsebene schließen.
f) Israel wird prinzipiell das Recht der Palästinenser auf Rückkehr als ein unveräußerliches Menschenrecht anerkennen. Die praktische Lösung des Problems wird durch ein Abkommen erreicht, das auf gerechten, fairen und praktischen Erwägungen beruht und die Rückkehr auf das Gebiet des Staates Palästina, auf das Gebiet des Staates Israel und Entschädigungen einschließt.
g) Die Wasservorkommen werden gemeinsam kontrolliert und in einem gleichberechtigten und fairen Abkommen zugeteilt.

h) Die Sicherheit beider Staaten wird in einem zweiseitigen Abkommen garantiert, das die spezifischen Sicherheitsinteressen sowohl Israels als Palästinas berücksichtigt.
i) Israel und Palästina werden mit andern Staaten der Region zusammenarbeiten, um eine Nahost-Gemeinschaft nach dem Modell der Europäischen Union zu errichten.

80 Die Unterzeichnung eines Friedensabkommens und dessen ehrliche Umsetzung wird zu einer historischen Versöhnung zwischen den beiden Nationen führen, die auf Gleichheit, Zusammenarbeit und gegenseitiger Achtung beruht.

Aus dem Englischen übersetzt von Ernst Herbst und Ellen Rohlfs und vom Autor Uri Avnery autorisiert.

Vorgestellt von Gush Shalom als Entwurf für eine öffentliche Debatte. Wenn Sie dem Geist dieses Dokumentes grundsätzlich zustimmen, senden Sie bitte Ihre Anmerkungen an Gush Shalom:

info@gush-shalom.org – P.O. Box 3322, Tel-Aviv 61033

Die Hebräische und Englische Versionen finden Sie in

www.gush-shalom.org